村镇银行
高质量发展管理经验

《中国农村信用合作报》社 编

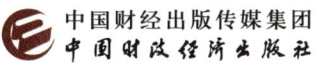

中国财政经济出版社
·北京·

图书在版编目（CIP）数据

村镇银行高质量发展管理经验／《中国农村信用合作报》社编．－－北京：中国财政经济出版社，2024.5
ISBN 978-7-5223-3107-2

Ⅰ.①村… Ⅱ.①中… Ⅲ.①村镇银行－银行经营－经营管理－研究－中国 Ⅳ.① F832.35

中国国家版本馆CIP数据核字（2024）第084418号

责任编辑：郁东敏	责任校对：胡永立
封面设计：中通世奥	责任印制：党　辉

村镇银行高质量发展管理经验
CUNZHEN YINHANG GAOZHILIANG FAZHAN GUANLI JINGYAN

中国财政经济出版社 出版

URL：http：//www.cfeph.cn
E-mail：cfeph@cfemg.cn

（版权所有　翻印必究）

社址：北京市海淀区阜成路甲28号　邮政编码：100142
营销中心电话：010-88191522
天猫网店：中国财政经济出版社旗舰店
网址：https://zgczjjcbs.tmall.com
中煤（北京）印务有限公司印刷　各地新华书店经销
成品尺寸：170mm×240mm　16开　22.75印张　357 000字
2024年5月第1版　2024年5月北京第1次印刷
定价：168.00元
ISBN 978-7-5223-3107-2
（图书出现印装问题，本社负责调换，电话：010-88190548）
本社图书质量投诉电话：010-88190744
打击盗版举报热线：010-88191661　QQ：2242791300

编辑委员会

主　任　徐道红
副主任　党云帆　霍云鹏　伍　洪
成　员　李　杰　吴叶琪　张振京　初明辉　徐国维
　　　　　陈智胜　刘欣欣　徐广昊　龚　杰　祖笠筌
　　　　　李道海　钟愿明　方有成

2007年3月，全国第一家村镇银行——四川仪陇惠民村镇银行挂牌成立。17个春秋，村镇银行如"雨后春笋"般遍布祖国的大江南北，从千里平原到群山峻岭，从万里波涛到戈壁沙漠，农民生活在哪里，村镇银行的服务就跟进到哪里，村镇银行从无到有、从少到多、从小到大，现已发展到1 600多家。"立足县域、支农支小"的村镇银行，以"爱拼才会赢"为信念，将"务实、创新、超越"作为追求目标，把业务发展融入乡村振兴宏大事业之中，融入当地经济社会发展之中。面对农村信用评价数据缺失、农民缺乏有效抵押物、农业风险较大的客观情况，村镇银行人打破传统思维模式，俯下身子，挽起裤腿，一脚泥、一身土，深入大街小巷，走向田间地头，问需求，找对策，寻找破解农村贷款难、贷款贵、贷款慢等难题的方法。村镇银行已成为金融支持乡村振兴的生力军。

村镇银行作为一个全新的金融生态，在业务开展、内部管理等方面没有可以借鉴的经验与模式；在发展过程中，又遇到同业竞争、团队建设、风险防范等诸多发展瓶颈和生存困难。村镇银行人用自己的智慧，勇于探索，成功地寻找到了具有自己特色的高质量发展路径和方法。

本书收录了88篇"高管访谈"稿件，记录了88位村镇银行高管埋头苦干、脚踏实地、勇于开拓创新的工作精神；展示了作为村镇银行发展中流砥柱高管们"爱农忧农"之心、"强农富农"担当，以及探索集约化转型的睿智和才能。书中有科学确定村镇银行战略发展定位的做法；有队伍管理与调动员工积极性的策略；有破解大型银行下沉压力可借鉴的方法；有科学、正确处理危机的举措；有将不同资源和力量与自身优势相融合的技巧；有"苔花如米小，也学牡丹开"的气概，更有"深耕差异化服务、推进精细化管理"的秘诀。此书汇聚了88位村镇银行高管睿智、情怀、才能、人品，许多经验、发展模式借鉴性强。

在这本书里，媒体人用自己独特的视角，发现和挖掘出村镇银行人创造性地将劳动力、劳动技能、种植、养殖等非标准化信息列为贷款评定参数，允许农村贷款客户有"瑕疵"，将人、事、用途等非标准化数据作为评价信用的重要依据等一系列创新之举。同时，还记录了村镇银行人将金融服务下沉、下沉、再下沉，"专心""用情""倾力"服务"三农"等做法。书中记载的成功案例，不但理论上行得通，而且经过了实践检验，并取得了成效。

村镇银行要高质量发展，必须要具备团结、奋进、创新要素和防范风险意识，要善于开展交流与学习，将别人的成功经验和本单位实际情况相结合，走出去、请进来，加强同业之间、与专家之间、与科技企业等不同行业与领域之间交流。提升自身素质、开阔思路、更新理念、融合资源是村镇银行高质量发展有效途径。

天道酬勤，业道酬新。面对激烈的市场竞争，村镇银行人要坚持内心的执着，用跨界的思维、新金融的理念继续着前行的脚步。

徐道红
《中国农村信用合作报》社社长、总编辑
2024年5月

目录

» 1. 担当国有银行使命　助力乡村全面振兴
　　访中银富登村镇银行董事长◎许伟 ·················· 001

» 2. 一心一意谋发展　干事创业勇担当
　　访湘西长行村镇银行董事长◎程青龙 ·················· 005

» 3. 苔花如米小　也学牡丹开
　　访昆山鹿城村镇银行董事长◎杨懋劼 ·················· 009

» 4. 以赤子之心照亮奋进之路
　　访恩施兴福村镇银行董事长◎徐燕 ·················· 013

» 5. 踔厉奋发谱新篇　赓续前行向未来
　　访重庆渝北银座村镇银行党支部书记、董事长◎王伟杰 ·················· 018

» 6. 以初心守定位　以恒心做普惠　敢为天下先　砥砺再前行
　　访四川仪陇惠民村镇银行党支部书记、拟任董事长◎李其龙 ·················· 021

» 7. 守初心担使命　砥砺奋进在普惠金融的路上
　　访安徽长丰科源村镇银行董事长◎王苏云 ·················· 026

» 8. 饮水思源　支农支小谱写高质量发展新篇章
　　访南阳村镇银行党委书记、董事长◎李洪志 ·················· 030

» 9. 微服务普惠大民生
　　访天津华明村镇银行董事长◎张渊 ·················· 034

» 10. 践行金融为民　打开普惠金融发展新思路
　　访西平中原村镇银行党支部书记、董事长◎陈惠军 ·················· 039

» 11. 搏浪前行　勇担支农支小主力军
　　　访江西广丰广信村镇银行董事长◎吴晖 …………… 043

» 12. "党建+"点燃高质量发展新动力
　　　访襄汾县万都村镇银行党支部书记、董事长◎杨志峰 ……… 047

» 13. 台州银行"北漂"京郊　顺风顺水又"顺义"
　　　访北京顺义银座村镇银行董事长、行长◎杨灵国 ………… 052

» 14. 礼赞初心　讴歌"新金融"
　　　访重庆彭水民泰村镇银行党支部书记、董事长◎朱华 …… 057

» 15. 走品牌之路　做百姓信任的银行
　　　访温岭联合村镇银行董事长◎钱慧强 ……………………… 061

» 16. 深耕县域　坚守定位　为地方经济高质量发展赋能
　　　访诸暨联合村镇银行董事长◎俞国荣 ……………………… 065

» 17. 不忘初心砥砺前行　笃行实干再启新征程
　　　访连江恒欣村镇银行党支部书记、董事长◎陈仁献 ……… 070

» 18. 千帆竞发奋楫者进
　　　访曲靖会泽长江村镇银行董事长◎徐晓波 ………………… 074

» 19. 退伍教员连创中银系村镇银行全国佳绩
　　　访山东巨野中银富登村镇银行董事长◎闫强 ……………… 079

» 20. "小银行"也能发挥"大能量"
　　　访哈尔滨农信村镇银行董事长◎马艳萍 …………………… 084

» 21. 深耕细作倾力服务"农小微"更上一层楼
　　　访江西玉山三清山村镇银行董事长◎徐平 ………………… 088

» 22. "七招"发力　打出高质量发展优异成绩
　　　访河南遂平中原村镇银行党支部书记、董事长◎魏云 …… 093

» 23. 有担当　才能干好"三农"事业
　　　访醴陵沪农商村镇银行党支部书记、董事长◎周亘亮 …… 098

» 24. 坚守支农支小　以数字化转型助力社区服务
　　　访吉林昌邑榆银村镇银行党支部书记、董事长◎纪江 …… 102

目录

» **25. "新战略"助力村镇银行闯"新道"**
访重庆忠县稠州村镇银行党支部书记◎左自如 …………… 107

» **26. 扎根红城　支农支小　做普惠金融的践行者**
访红花岗富民村镇银行董事长◎钱长江 …………………… 112

» **27. 乡村振兴帮大忙　共同富裕奔小康**
访安徽全椒中银富登村镇银行董事长兼行长◎南金玲 …… 115

» **28. 老区"小银行"谱写支农助小"大文章"**
访江西九江修水九银村镇银行行长◎陈阳 ………………… 119

» **29. 不忘初心勇毅前行　三十年见证蜕变与成长**
访长春净月榆银村镇银行党支部书记、董事长◎刘永富 … 123

» **30. 厦门翔安民生村镇银行实施党建共建　下沉服务重心助力乡村振兴**
访厦门翔安民生村镇银行股份有限公司行长◎林云达 …… 128

» **31. 坚守支农惠农初心　擦亮服务"金字招牌"**
访新乡中原村镇银行行长◎葛林 …………………………… 132

» **32. 心中有图　手中有招**
访湖南茶陵浦发村镇银行董事长◎车鸣 …………………… 136

» **33. "农散小快灵"让"伊通榆银""榆快""榆好"**
访伊通榆银村镇银行党支部书记、董事长◎高瑞祥 ……… 139

» **34. 让"民生品牌"扎根金浦大地**
访漳浦民生村镇银行党总支部书记、董事长◎黄智建 …… 143

» **35. 而今迈步从头越**
访福建蕉城刺桐红村镇银行执行董事◎林基点 …………… 147

» **36. 扎根县域　支农支小　打造"小而美"精品村镇银行**
访定远民丰村镇银行董事长◎袁帅 ………………………… 151

» **37. 绽放在雄安新区的"普惠金融之花"**
访中银富登村镇银行营业管理部党支部书记、总经理◎何秀东 …… 154

» **38. 深耕富民普惠路　勇做富民寒冬拓路人**
访金沙富民村镇银行党支部书记、董事长◎马敏 ………… 159

» **39. 普惠"小散户" 保障"大民生"**
　　访昆明官渡沪农商村镇银行党支部书记、董事长◎邓学花 …… 162

» **40. 金融"店小二""服微助农"见实效**
　　访重庆九龙坡民泰村镇银行董事、行长◎朱小林 …… 166

» **41. 凝心聚力谋发展 砥砺奋进谱新篇**
　　访大方富民村镇银行党支部书记、董事长◎孙忠富 …… 170

» **42. 精耕支农支小主业 做"小而美"的村镇银行**
　　访湖北京山中银富登村镇银行董事长◎王晓林 …… 173

» **43. 扎根县域"苟日新 日日新 又日新"**
　　访辽源西安区榆银村镇银行董事长◎唐宝山 …… 178

» **44. 助企便民点燃金融引擎 支农支小服务乡村振兴**
　　访长顺富民村镇银行董事长◎唐为利 …… 182

» **45. 勇做经济发达地区的"小而美"银行**
　　访江苏东台稠州村镇银行行长◎倪林焰 …… 184

» **46. 金融"活水"浇筑村民富裕之路**
　　访江西上饶中银富登村镇银行董事长◎王盐宁 …… 188

» **47. "三个勇当" 打造"精品村镇银行"**
　　访湖南石门沪农商村镇银行党支部书记、董事长◎陈明忠 …… 193

» **48. 以"卖货郎"精神打造"小而美"银行**
　　访山东单县中银富登村镇银行行长◎孙文杰 …… 198

» **49. 撑稳村行"小竹筏" 奋楫前行为"三农"**
　　访北京大兴九银村镇银行党委书记、董事长、行长◎王远昕 …… 201

» **50. 扎根西北大地 践行初心使命**
　　访新疆绿洲国民村镇银行党支部书记、董事长◎任明 …… 205

» **51. "小而美"也能开拓新天地**
　　访吉林辉南榆银村镇银行党支部书记、董事长◎许玉林 …… 210

» **52. 用好金融"活水" 助力乡村振兴**
　　访山西省平陆县河东村镇银行董事长◎康磊 …… 213

目录

» **53. 以党建引领高质量发展**
　　访都匀融通村镇银行党支部书记、董事长◎乔蓉 ············ 216

» **54. 深耕普惠金融　为乡村振兴贡献"富民力量"**
　　访南城富民村镇银行党支部书记、行长◎陈汝淼 ············ 220

» **55. 走好"小而美"特色路**
　　访吉林长白榆银村镇银行董事长◎谭晓轩 ············ 223

» **56. 深耕细作打造"小而精"的品质银行**
　　访南宁江南国民村镇银行董事长◎孙伟峰 ············ 225

» **57. 十二载初心如磐　新征程奋楫笃行**
　　访水城蒙银村镇银行党支部副书记、副董事长兼行长◎蒋艳 ····· 228

» **58. 逐鹿中原"小银行"创出"大业绩"**
　　访河南滑县中银富登村镇银行行长◎李敏杰 ············ 233

» **59. 践行富民万家的"引路人"**
　　访威宁富民村镇银行党支部书记、董事长◎林旭 ············ 237

» **60. 深耕普惠金融　践行为民初心　做有地方特色的"小而美"银行**
　　访吉林通化东昌榆银村镇银行党支部书记、董事长◎朱占武 ······ 240

» **61. 坚守普惠初心　做富民金融的践行者**
　　访西秀富民、遂昌富民村镇银行董事长◎周朝阳 ············ 244

» **62. 搏风击浪黄海边的小银行**
　　访江苏响水中银富登村镇银行行长◎吴蔚蔚 ············ 247

» **63. 从"小而苦"到"小而美"**
　　访吉林龙山榆银村镇银行董事长◎贾永军 ············ 251

» **64. 打造高质量发展"桂阳模式"**
　　访湖南桂阳沪农商村镇银行党支部书记、董事长◎尹日升 ······ 255

» **65. 坚守支农支小定位　打造"小而美"精品银行**
　　访天津宝坻浦发村镇银行行长◎王冬 ············ 259

» **66. 坚定初心服务"三农"　打造本土精品银行**
　　访浏阳江淮村镇银行行长◎袁媛 ············ 263

» 67. 助商利民"小而美" 花开边境乐融融
    访吉林龙井榆银村镇银行董事长◎孙昌洙 …………… 268

» 68. 助力"银都"闪耀"金光"
    访永兴沪农商村镇银行党支部书记、董事长◎车飞 …………… 271

» 69. 弘扬奋斗精神 绽放最美芳华
    访安源富民村镇银行党支部书记、董事长◎糜华 …………… 275

» 70. 路漫漫其修远兮 吾将上下而求索
    访湖南汨罗中银富登村镇银行董事长◎唐杰 …………… 278

» 71. 持续塑造品牌特色新优势
    访山东临清沪农商村镇银行行长◎张超杰 …………… 282

» 72. 同舟共济 共破难题 助力小微企业健康发展
    访神农架楚农商村镇银行党支部书记、董事长◎张靖 …………… 286

» 73. "参乡"榆银"榆"快先行
    访吉林抚松榆银村镇银行行长◎崔英 …………… 289

» 74. 服务送进百姓心坎 普惠金融落到实处
    访巨鹿融信村镇银行党支部书记、董事长◎张岛 …………… 293

» 75. 彩云之南建功立业助振兴
    访南华兴福村镇银行董事长◎马骏 …………… 297

» 76. 凝心聚力谋高质量发展
    访无为徽银村镇银行党支部书记、行长◎欧见秋 …………… 301

» 77. 深化强农金融服务 深耕县域农业沃土
    访安徽寿县联合村镇银行党支部书记、行长◎孙禄全 …………… 305

» 78. 联合你我力量 做当地百姓信任的银行
    访安徽霍邱联合村镇银行党支部书记、行长◎钱俊 …………… 307

» 79. 奋力打造金融服务乡村振兴"重要窗口"
    访谯城湖商村镇银行党总支书记、行长◎陈忠明 …………… 311

» 80. 打造新时代"小而美"的暖心银行
    访蒙城湖商村镇银行党支部书记、行长◎韩丽娜 …………… 315

» **81.** 助推普惠金融高质量发展　勇做服务实体经济生力军
　　　访凤台通商村镇银行党支部书记、董事长◎徐虎　………… 318

» **82.** 扬帆启航　谱写地方金融新篇章
　　　访安徽涡阳湖商村镇银行党支部书记、行长◎吴海平　……… 323

» **83.** 拾级而上　行稳致远
　　　访安徽濉溪湖商村镇银行党支部书记、行长◎吴云翔　……… 326

» **84.** 金融画笔勾勒美丽乡村　"三农"普惠唱响村银舞台
　　　访安徽宣州湖商村镇银行党支部书记、行长◎沈明明　……… 330

» **85.** 交一份合格的"民生答卷"
　　　访安徽天长民生村镇银行党总支书记、行长◎朱有辉　……… 334

» **86.** 党建引领　做好支农支小时代答卷
　　　访宁国民生村镇银行党总支书记、董事长◎周家凯　………… 338

» **87.** 坚守"金融为民"初心　勇担"强农兴农"使命
　　　访广西上林国民村镇银行党支部书记、董事长◎黄劲松　…… 342

» **88.** 为有"活水"奔涌来
　　　访丹江口楚农商村镇银行原行长◎刘朝东　…………………… 345

1. 担当国有银行使命　助力乡村全面振兴

访中银富登村镇银行董事长◎许伟

📷 伍洪

中银富登村镇银行（以下简称"中银富登"）是中国银行服务乡村振兴的专业平台，也是国有大型银行践行金融工作政治性、人民性的重要举措。在中国银行的重点支持下，中银富登在全国22个省（区、市）设立134家村镇银行，资产规模超1 100亿元，服务客户近500万户，是全国机构数量最多的村镇银行集团。

中银富登切实把习近平新时代中国特色社会主义思想转化为坚定理想、锤炼党性、推动工作的强大力量，将村镇银行"地处县域、扎根农村"的机构特点转化为"距离基层更近、惠及群众更广、服务'三农'更实"的经营特色。中央金融工作会议召开后，中银富登迅速将思想和行动统一到习近平总书记重要讲话精神和中央金融工作会议决策部署上来，聚焦乡村振兴主责主业，坚守支农支小定位，坚持稳健经营和高质量发展，以实际行动交上一份服务乡村振兴的"中行答卷"。

┣聚焦乡村振兴，扎实服务实体经济

坚持扎下身子、走村入户，将金融服务送到田间地头。中银富登的客户经理手持移动PAD设备，在田间地头开卡、到农户家中授信，用脚步丈量乡村，将金融服务直接触达县域、乡村以及偏远地区的基础客群，让村镇银行成为村民"身边的银行"。目前，中银富登覆盖了1.8万个行政村，占所在县域全部行政村的40%。中银富登结合党史学习教育和习近平新时代中国特色社会主义思想主题教育要求，在全辖实施"党建手牵手"包村到人活动，进一步提升下沉服务的质效，目前已实现9 600多个行政村的包村责任人对接。

坚持支农支小定位，服务客户所需所急。中银富登将支农支小作为立身之本，聚焦乡村振兴主责主业，以实际行动助力现代化农业强国建设。"锦上添花易、雪中送炭难"，中银富登坚持差异化经营，持续将小额、信用、经营性贷款作为展业重点，在县域乡村热土上播洒着金融"及时雨"、注入着金融"强心剂"。截至2023年12月末，中银富登累计服务县域和农村客户超500万户、累计发放贷款超3 200亿元、贷款客户数近50万户，户均贷款约为17万元，仅为行业平均值的50%，在可比同业中处于最低水平；农户和小微企业贷款占比超过95%，且相当一部分客户为首贷户，切实解决了县域基础客群的"融资难"问题。

以产业振兴为抓手，全面助力乡村振兴。产业振兴是乡村振兴的重中之重。中银富登提出服务乡村产业振兴"六个对接"工作思路，重点支持县域范围内比较优势明显、带动能力强、就业容量大的产业，把各地"土特产"做成"大文章"。在农业种植养殖、农产品收购、物流运输等90多个行业，中银富登结合当地经济特点打造"一县一业"差异化支持模式，"一县一业"贷款余额达到107亿元。例如，在"中国大蒜之乡"的河南杞县，中银富登围绕10月大蒜种植、3月蒜薹上市、4月鲜蒜成熟、6月干蒜入库的全周期流程，针对种植、收购、冷藏、贸易等不同环节的客户提供全方位金融服务，大蒜行业年发放贷款达两亿元以上。

⊢ 擦亮国有银行底色，服务国家重大战略落地

强化金融保障，服务国家粮食安全战略。中银富登把服务国家粮食安全和重要农产品供给摆在突出位置，做好粮食种植、加工、流通全产业链服务，以金融力量筑牢粮食安全防线。针对夏粮收购面广量大、时间紧、任务重的特点，中银富登在贷款额度、担保方式、利率方面做出豁免安排，支持本金到期后无还本续贷，极大提高了夏粮收购商的融资便利性。同时，中银富登加大现

金服务力度，满足夏粮收购商的取现需求，确保"粮出手、钱到手"。2023年，中银富登共为2 100余户粮食收购商提供信贷资金15.8亿元，同比增长70%，客户覆盖范围扩大了30%。

发挥示范引领作用，服务雄安新区建设。2020年8月，中银富登投管行在雄安新区正式开业，成为首家总部入驻雄安新区的全国性银行业金融机构，以实际行动示范引领北京非首都功能疏解。开业3年以来，中银富登创新推出"分包商建筑贷""征迁贷""雄安易贷"等特色产品，全力服务雄安新区的基础设施建设和传统产业转型升级，累计投放贷款接近32亿元，惠及2 000多户小微企业、个体工商户和"三农"客户，累计向雄安新区贡献纳税收入9 400多万元。

▶ 发挥特色优势，提升金融服务可得性和满意度

聚焦实质风险，建立"敢贷、愿贷、能贷、会贷"长效机制。针对县域客群普遍经营管理不规范、财务报表不健全等现状，中银富登从风险实质出发，创新风险管理模式，重点掌握客户"软信息"，确保贷款用途真实性；重视借款人第一还款来源，"轻押品而重人品，轻报表而重现金流"；打破"唯押品论"，破解抵押物不足造成的"融资难"问题，纯信用类贷款占比超过35%；创新准抵押等担保方式，接受包括农村集体土地上的房产、大棚、鱼塘等作为"准抵押物"，准抵押贷款占比达到39%；推出无还本续贷和"随借随还"服务，大幅节省客户利息支出，缓解"融资贵"的难题。

响应本地化需求，因地制宜创新产品。中银富登实施本地化经营，充分发挥"决策机制灵活、审批速度快、服务更贴身"的特点，全国范围内先后创新推出"郫县豆瓣酱贷""龙岗科创贷""象山渔船贷""睢宁农机贷"等400余种为当地客群量身定制的贷款产品。例如，山东曹县中银富登在深入一线、在问需于客户的基础上，接续创新推出"淘宝贷""木材贷"等产品，并提供"小微企业贷款受理不过夜、农户贷款现场办理完毕"等高效服务。截至目前，曹县中银富登服务贷款客户数超1万户，贷款余额24亿元。

▶ 坚持风险底线，实现稳健可持续发展

践行数字普惠，牢牢守住风险底线。防控风险是金融工作的永恒主题。

中银富登始终将风险管控摆在首位，坚决不以牺牲风险为代价追求业务发展，资产质量持续优于行业并保持高质量发展态势，以"三大铁律"为核心的合规文化深入人心，自机构成立以来未发生业内案件。同时，中银富登以大数据赋能，挖掘整合内部系统各项沉淀数据，并引入多元化外部数据，在此基础上开发了40多个风险模型和系统，构建了以客户为核心的全生命周期风险管理，大幅提高客户风险识别精度。

探索建立可持续经营模式。中银富登作为国内首批试点设立的投资管理型村镇银行，在各项业务保持较快增长的同时，不良率长期保持在2%以下，基本形成了"保本微利"的商业模式。10多年来，中银富登始终坚持党对金融的全面领导，确保中国特色金融的政治性、人民性定位不偏；坚持支农支小定位，贯彻中央重大部署和服务实体经济；坚持穿透与垂直管理，强化总部集中服务和强力控制；坚守风险底线和可持续经营要求；坚持科技赋能和数字化导向；坚持廉洁自律与全面从严治行。中央金融工作会议重点强调，中小金融机构特色化经营和处置化解风险，中银富登的实践探索将提供有益参考。

2. 一心一意谋发展　干事创业勇担当

访湘西长行村镇银行董事长◎程青龙

📷 党云帆　陈星涛　张文瑞

在党和国家的坚强领导下，武陵山区频频传来好消息。先有区域整体脱贫，书写"千年之变"；后有金融事业遍地开花，彰显改革伟力。湖南湘西长行村镇银行就是在金融改革大背景下应运而生的时代产物。作为全国首家地市级村镇银行，该行为"精准扶贫"重要思想首倡地——湘西自治州的脱贫攻坚、乡村振兴以及经济社会发展贡献了重要金融力量。

近几年，湘西长行村镇银行实现了进一步发展，资产总额、各项存款、各项贷款先后迈入"百亿元"俱乐部，在2023年末分别达到138.54亿元、109.48亿元、120.34亿元，综合实力居全国村镇银行前五、湖南省村镇银行第一。

细数发展历史，不难发现湘西长行村镇银行的发展经历也是跌宕起伏、荆棘密布的。2019年初，该行迎来了新一任董事长——程青龙，同时也迎来了新一轮发展，几年时间，总资产增加57.62亿元，增幅71.20%，各项存款增加51.45亿元，增幅88.65%，各项贷款增加56.57亿元，增幅88.72%。看着一张张亮丽的业绩单，总不禁让人猜想这是一位怎样的"司令员"。在美丽的凤凰沱江边，笔者初识湘西长行村镇银行董事长程青龙，儒雅可亲是他给人的第一印象，他欣然接受了我们的采访，述说了带领湘西长行村镇银行"追风赶

月"的实践与理想。

┠ 奋斗永无止境,二次创业首绘蓝图

在交谈中了解到,来到法人银行机构工作算是湘西长行村镇银行董事长程青龙的第二次创业,相比第一次在长沙银行的成功创业,这次他远赴他乡、首次主持法人银行工作,显得更为辛苦。正如他上任后在员工大会上的开场白:"最近这一段时间,我一直在思考,村镇银行到底怎么样发展,走一条什么样的路,就是怎样特色化地发展我们县域经济,具体讲,也就是农村金融怎么做。"随着对全行经营情况及存在问题的不断理清,他提出了发展是解决生存和一系列问题的根本途径,最终统一了全行认识,确立了"一心一意谋发展"的核心思想,并且不断丰富该核心思想的内涵。

他总是向全行员工强调,在实际工作中,要做到坚持以人为本、坚持回归本源、坚持改革创新、坚持合规经营的"四个坚持";在深耕湘西市场中,实现夯实零售根基可持续发展、精准对公业务发展方向稳进发展、改进营销服务模式创新发展、调整业务结构均衡发展的"四个发展";在改进工作方法上,开展"自省找茬"活动、对口帮扶活动、全面培训活动、"三基"建设活动的"四个活动";在推进群策群力中,不断丰富完善快乐文化、学习文化、合规文化、党建文化的"四个文化"等一些战略战术,系统绘就了创业蓝图,也成了全行后续经营发展与业务推进的遵循。

抓住公司治理服务地方服务实体"蛇打七寸,事抓关键"。在走马上任后,程青龙首先突出抓住公司治理这个关键,注重高屋建瓴、以上率下;强调培育积极向上的企业文化,大力弘扬"忠诚、干净、担当、简单"的工作作风,严惩歪风邪气,宣扬正能量;成立行纪委,强化监事会纪检监督制约作用;不断凝聚人心,解决增资扩股前老股东利润分配的历史遗留问题,提升全员基础待遇,行领导班子团结协作,形成互补优势;持续增强信心,通过进一步完善议事规则,编制"新三年"发展战略规划,将"转型发展"理念深入人心,坚定发展信心,为业务发展夯实基础。

程青龙倡导"斗争"意识,对城区支行进行扁平化管理,激活金融服务"一池春水";实施"能者上、庸者下、劣者汰"考核机制,培育了一批优秀年轻干部，巩固了人才强行基础；持续开展合规文化活动年建设，主张走一条合规稳健、内外兼修的可持续发展之路，坚决打好打赢信贷资产质量保卫战，将风险始终控制在监管和主发起行要求之内。

为发挥法人银行机构"短平快"优势，程青龙建立健全三级弹性授权体系，优化审批流程，简化审批手续，解决"融资慢"问题，2023年，该行各项贷款平均利率同比下降0.32个百分点，解决"融资贵"问题；适时推出"税务贷、流水贷、快捷贷、振兴消费贷"等类信用的主打信贷产品，累计投放28.22亿元，解决融资难问题；力克宏观经济下行影响，全力服务实体经济发展，累计投放各类贷款47.23亿元，引进长沙银行表内外业务资金34.53亿元，引进人行再贷款5.82亿元、国开行转贷款1亿元，在湘西自治州全域旅游经济、城市提质、招商引资项目、基础设施建设、农业特色产业里，到处都有湘西长行村镇银行的"大投放、大支持"。

⊢ 坚守本源主业，坚持"姓小姓农"

早在初来湘西长行村镇银行时，程青龙便对发展定位一再作出强调，即随着金融供给侧结构性改革的继续深化，必然要求银行不忘初心、回归本源、专注主业。因此我们要围绕村镇银行"小而精"的目标，坚持"服务'三农'、服务中小、服务居民"的业务发展定位，聚焦主业，力争监管指标全面达标，切实提升服务实体经济能力和水平。结合现在经济金融形势以及国有大行业务重回农村的态势来回看，他的强调无疑是正确的。在实践上，他也是这样躬身耕耘的，遇到特色产业项目，不管再忙，他都会到项目一线去调查走访。例如，为支持本地代表性、惠及性强的"黄金茶"、猕猴桃、百合、脐橙等产业，程青龙经常带领员工下乡进村入户了解农户困难与需求，并为农户量身开发了"惠农担""脐橙贷""百合贷""莓茶贷""互助五兴贷"等一系列特色信贷产品，为前期农户脱贫攻坚提供了有力信贷支撑。截至目前，该行小微企业贷款余额18.14亿元，贷款涉农率61.4%。如今，站在巩固拓展脱贫攻坚同乡村振兴有效衔接的历史起点上，他多次在全行重要会议上，向全体干部员工抛出了"金融服务乡村振兴的担当之问"。该行党委创新设立乡村振兴特色考核指标，坚持特色经营助力特色产业，开展产业授信、整村授信，对园区建设、乡村旅游、猕猴桃产销、粮食种植以及黄牛、脐橙、百合等产业授信10亿元,其做法受到各方媒体的关注和报道。

做好党的建设,赋能业务更好发展

作为湘西长行村镇银行党委书记,程青龙始终将党的建设放在首要位置,大力施行"党建强、发展强"双品牌战略,从党委顶层规划到基层支部执行,不断摸索前行、探索创新,将党建与金融进行融合,逐渐走出了符合自身体制特点的金融党建之路;建立了党领导下的公司治理和"三重一大"集体决策制,实现党建与公司治理的有效融合;全行分设14个党支部,"业务发展到哪里、党组织建到哪里",形成党建引领与业务发展互促互进的良好局面;建立总行党委委员联点县域制度,与地区发展形成"一盘棋""一条心"状态,他带领该行各党委委员积极对接各县市政府和中小微企业,通过实地走访,深入园区、市场,充分了解企业生产经营及融资需求情况,制订企业融资解决方案。2023年新培养入党积极分子14人、新发展党员4人,全行党员176人,占总人数46.44%。开展主题党日活动160余次,上党课600余人次,荣获湘西州财政局系统"先进基层党组织"称号。

华灯初上,美丽的沱江换上了"晚礼服",是如此的迷人醉眼。不知不觉,笔者与程青龙交谈了一下午的时间,通过这几个小时,可以深切感受到他对湘西这片土地的热爱,对湘西长行村镇银行事业的赤诚,可以感受到他所倡导的"一心一意谋发展"下的干事创业与担当,祝愿湘西长行村镇银行在争先进位中再创佳绩,写好服务县域乡村锦绣文章。

3. 苔花如米小　也学牡丹开

访昆山鹿城村镇银行董事长◎杨懋劼

徐道红　霍云鹏　练培冬

作为全国百强县之首的昆山，有着近40家不同的银行金融机构，昆山鹿城村镇银行在激烈的同业竞争中不但站住了脚，而且取得了稳健发展。该行2015年成功在"新三板"上市，成为全国首家挂牌上市的村镇银行。记者了解到，截至2024年3月底，昆山鹿城村镇银行总资产规模过百亿元，已成为村镇银行高质量发展典型代表之一。

谈到昆山鹿城村镇银行高质量发展经验，董事长杨懋劼说："谈不上经验，这几年我们的主要工作就是坚决落实中央和上级关于金融工作的部署和要求，特别是学习贯彻2023年10月召开的中央金融工作会议精神，认真落实国家金融监督管理总局的各项监管要求，坚守村镇银行定位，推动结构转型。昆山鹿城村镇银行坚持以高质量发展为引领，主要得益于主发起行南京银行的全力支持。南京银行党委将所发起的村镇银行作为金融强农、助力乡村振兴的重要阵地，在人力、财力、科技、风险防范等方面给予极大支持。"他进一步表示，南京银行根据村镇银行的特点，支持昆山鹿城村镇银行稳健发展，确保了战略规划执行的连续性；金融科技方面，在对科技系统运营提供大力支持的同时，系统升级改造中充分考虑了村镇银行个性化需求，并针对村镇银行金融科技人才短缺的实际，派出首席信息官驻行支持、指导；制定的村镇银行管理制度，既能调动村镇银行员工的积极性，充分发挥其开拓创新的能力，又能有效防范风险。

杨懋劼告诉记者，昆山鹿城村镇银行多年来一直深耕、精耕普惠金融，为客户提供有效、合适、及时的金融服务。针对大型银行业务下沉的情况，昆山鹿城村镇银行将自身定位为"百姓身边的社区银行"，不求大，不追求和大企业合作，坚持贴近社区、融入社区。"这两年我们推行服务再下沉，业务拓展到村委会旁边、下沉到农户家门口、小微企业门口，真正做到走街串巷，和目标客户打成一片。"杨懋劼说："昆山一直是贷款利率的'洼地'，昆山当地金融机构多，在普惠大背景下，大行纷纷降低贷款利率，极大地挤压了村镇银行的生存空间。我们不打利率竞争战，充分借助主发起行赋能的科技优势，用科技力量支持普惠金融发展；在内部管理上，借助科技手段，改造业务流程，提升决策的科学性、时效性及防风险能力，100万元以内的贷款，做到24小时内线上审核发放，几百万元的贷款，2~3天成功审核、发放，缩短了从获客到最终放款的时效，让客户能享受到普惠金融的及时、有效性。"此外，昆山鹿城村镇银行还用科技手段赋能客户经理管理客户，使客户经理从原来只能管理50户客户，扩大到管理100户客户。"我们用科技手段帮助客户经理设计日常拓展客户的路线安排，提高效率，在全面提升客户经理生产力和附加值的同时，在服务外延上做文章，充分发挥村镇银行人熟、情明优势，积极寻找除金融服务外，还能帮助企业解决的痛点问题。例如，昆山许多中小企业财务业务比较复杂，财务工作量较大，我们借助'科技+财务'的优势，开发了一套小型企业财务管理软件系统，满足企业多领域账目数据协同需求，减轻客户的财务工作量及人工成本压力，增强了客户黏性。"杨懋劼说道。

据了解，昆山鹿城村镇银行近几年盈利能力较强，每年股东均有很好的、稳定的回报。昆山鹿城村镇银行用实际行动响应中央和监管部门的要求，近两年每年的贷款利率均有所下降。杨懋劼说："近年来，我们的利润增长速度低于前几年，让利于小微企业，支持地方经济发展。我们不盲目追求'高大上'，网点面积都较小，非常接地气。"

在谈到金融的政治性、人民性时，杨懋劼说："我和班子成员、员工讲，认识和把握金融工作的政治性、人民性，对我们的工作实践具有长远和现实指导意义。'党中央在关心什么，人民群众在期盼什么'是金融高质量发展的关键。我们要坚决贯彻落实中央支持实体经济发展的要求，只要真心实意做普惠金融，支持小微企业发展，就会得到政府的支持、认同，支持过的小微企业也会记住我们。"在昆山，昆山鹿城村镇银行支持的许多小微企业已成长为中型或大型制造业企业，有些企业虽然已经不是该行的客户，但只要有合作机会，这些企业就会想到昆山鹿城村镇银行。

"有一家企业，为感恩我们当年的帮助，始终在我们这边保留50万元的业务合作。我们坚持走支小支微之路，一家当初只有10亩鱼塘的养鱼户，经过我们的金融扶持，现在已经发展成为具有较大规模的自动化养鱼专业户，成为我们重要的客户之一。在经营过程当中，我们也慢慢找到了和实体经济进一步结合的方向，无论从理论层面，还是实践经历，坚持金融的政治性、人民性均能促进我们和小微企业共同成长。"杨懋劼说道。在满足人民群众金融、生活等多方面需求方面，昆山鹿城村镇银行除了积极开展送金融服务上门外，还积极履行社会职责，在昆山市民政局注册成立了一家公益服务组织，邀请200多位已退休的村干部、教师等具有一定公信力的人员，开展反金融诈骗、金融知识宣传。公益服务者和银行员工一起穿着"红马甲"，来到社区，用"老百姓的话"普及金融知识，解答专业性问题，得到了人民群众的认可。杨懋劼说："虽然我们只是一家村镇银行，在贯彻落实金融工作的政治性、人民性方面，我们坚持学习与工作实践相结合，全方位提升认识，不单纯追求利润，坚定按照中央的部署贯彻落实。"

领导班子和人员队伍对村镇银行能否实现高质量发展影响非常大。杨懋劼说，昆山鹿城村镇银行领导班子很稳定、团结，长期在一起工作配合非常默契，讲感情但更讲原则，不失开创精神，已形成重大事宜研商、决策机制，做到重大事宜集体决策。杨懋劼告诉记者，在用人机制上，昆山鹿城村镇银行以自己培养干部为主，以空降型干部为补充。

"目前我行的1名副行长、1名营销总监和多名支行行长，都是自己培养起来的干部。无论是研究生，还是本科生，我们均先让他们从柜员干起，放到不同岗位上进行锻炼，不仅是让他们熟悉业务，也是让他们多角度认可企业文化。虽然很不容易，但自己培养起来的干部，文化认同性强，对我行感情深，愿意以普惠金融作为自己的事业起点和奋斗方向。业务上协调性好，也有助于企业文化传承。"杨懋劼说道。

"我们一直倡导苔花精神,虽然我行很小,但也要像苔花一样学牡丹绽放,因地制宜,结合自己的情况经营发展,实现社会效益和经济效益的有机结合。"杨懋劼所说的昆山鹿城村镇银行"苔花如米小 也学牡丹开"的企业文化,是敢于争先、勇于创新的亮剑精神,是愿意深耕小微、践行普惠的奉献精神。

4. 以赤子之心照亮奋进之路

访恩施兴福村镇银行董事长 ◎ 徐燕

📷 张振京

2007年，敢战善战的"兴福人"将"兴盛百业、福润万家"的种子播撒在湖北恩施广袤的大地上。10余年逐梦之旅，"兴福"的金字招牌在恩施大地遍地开花，下沉村镇的脚步烙印在恩施的每一寸土地。10余年奋发有为，恩施兴福村镇银行坚守定位、扎根农村、服务小微，用一颗支农支小的赤子之心照亮了奋进之路。

截至2023年12月末，恩施兴福村镇银行贷款余额近93亿元、存款余额超108亿元、贷款总户数超6万户、户均不到15万元，小微企业和农户贷款户数近5.8万户，占比超9成。该行机构达59家，员工总数超530人。经过10余年发展，恩施兴福村镇银行呈现出可喜的风貌，赢得了监管部门和社会各界的广泛认可。该行连续9年荣膺"全国百强村镇银行"称号；先后获得"服务'三农'与小微企业优秀单位""全国服务'三农'与小微企业优秀村镇银行""湖北省村镇银行支持乡村振兴先进单位""全国5A级优秀村镇银行""中国银行业协会授予的综合服务能力百强单位"。多年来，恩施兴福村镇银行对外输出管理型人才10余人，担任兴福号村镇银行董事长、监事长、行长助理等重要岗位，为村镇银行的发展壮大做出了积极贡献。

近日，恩施兴福村镇银行董事长徐燕接受了专访，带我们走进该行快速发展背后的故事。

"自成立以来，恩施兴福村镇银行积极响应国家有关支农支小的金融政策，紧紧围绕恩施州经济发展的区域特点、产业结构和行业状况，本着做

'小'、做'散'、做'精'的原则,专注服务县域、服务'三农'、服务社区,竭诚为小微企业和微小客户提供优质金融服务,努力改善县域金融服务供给不足的现状,促进农民增收、农业增产和农村经济大发展。10余年来,我们坚持扎根农村,累计服务存贷款客户超50万户,累计放贷超300亿元。"徐燕介绍说。

据了解,为了更好地服务地方经济发展,恩施兴福村镇银行紧紧围绕"抓好党建促发展"的经营理念,全面推动党建工作有新作为、新气象,以党建促进各项业务再上新台阶。

├ 坚持党建引领,筑牢发展之基

"问渠那得清如许,为有源头活水来",恩施兴福村镇银行始终将党组织建设作为企业发展的"源头活水"。徐燕介绍说:"恩施兴福村镇银行党总支成立于2014年10月,共下设10个支部,分别为1个机关支部、1个营业部党支部及8个县市支行党支部,共有党员132人,全部为大学专科以上学历,整体党员队伍综合素质高,朝气蓬勃、活力满满。2017年9月,我行机关党支部在恩施市197家非公企业党支部中,成为第一批率先通过"五星合格党支部"创建验收的支部之一,同年12月,其余8家支行支部全部通过"五星合格支部"验收。"恩施兴福村镇银行通过践行多项举措,不断强化党组织对业务发展的正向引领作用。

工作中,恩施兴福村镇银行狠抓思想建设,不断夯实支部管理基础,以庆祝中国共产党百年华诞为契机,深入推进全行"学党史、悟思想、办实事、开新局"百年党史学习教育,以更宽的视角、更大的格局和更高的目标推动高质量发展,着力打造风清气正、廉洁合规的红色银行;不断研究探索合规文化建设的新思路、新方法和新途径,建立和完善教育与管理、自律与他律、培训与宣传相结合的工作机制,增强党内政治生活的严肃性、原则性和战斗性。

为不断提高党员整体素质,恩施兴福村镇银行始终坚持有计划、有目标、有措施地开展支部工作,通过不断加强学习,建设学习型组织。该行积极开展支部主题党日活动,落实"三会一课"制度,多层次丰富学习内容,引导党员牢固树立"四个意识",真正使党员愿参加、受教育、有收获;开展党员"三亮工作"，以"亮身份、亮职责、亮服务"督促党员带头履行职责；认真做好优秀青年的考察工作，不断壮大支部力量。

为不断丰富党建元素内容，恩施兴福村镇银行按照创建标准设置党员活动阵地，在醒目位置张贴党组织标识，并设立党群活动室、党务公开栏、党员实事承诺、企业荣誉墙及与企业文化宣传专栏等，通过强化党员阵地建设，不断丰富党建元素内容，提升支部阵地建设水平；在推进学习型组织建设过程中，明确党支部书记为"第一责任人"，严格落实"一岗双责"，通过建立党务公开制度，依托行内OA系统、"小燕学堂"学习平台、微信公众号等宣传形式，及时公开基层党组织工作动态、理论学习等信息，提升思想宣传质量和水平。

为不断提高组织战斗能力，恩施兴福村镇银行通过多种形式的群体活动，不仅丰富了员工业余生活，也凝聚了队伍人心；创建党员示范岗、团员示范岗等活动，发挥党员的模范带头作用，激励全行员工竞相提升业务技能和工作实绩，形成"你追我赶"的良性竞争氛围，为推动全行业务发展提供强大动力。经过不懈发展，恩施兴福村镇银行已由当初只有6 000万元注册资本的小银行成长为初具规模、产品丰富、服务优质、特色鲜明的新型农村金融机构。

├ 全力支农支小，提升服务之效

在徐燕董事长看来，恩施兴福村镇银行深知国家设立村镇银行的初衷是为了增加农村金融市场供给、促进农村经济社会发展。因此，该行明确地将自身定位于服务本地"三农"和小微企业，并且在如何提高"三农两小"的可得性和满意度上下功夫。

坚持做小做散，打好支农支小"普惠战"。恩施兴福村镇银行牢记乡村振兴使命，不折不扣落实支农支小普惠金融政策。截至2023年12月末，该行农户和小微企业贷款余额83.91亿元，占比90.51%，较同期增幅超22%。

丰富担保方式，打好民企融资"攻坚战"。恩施兴福村镇银行着力提高信用贷款占比。截至2023年12月末，该行信用贷款余额53.14亿元，占比57.32%，较同期增幅超39%。

创新金融服务，打好乡村振兴"持久战"。为大力支持乡村振兴，恩施兴福村镇银行认真落实，着力推进"整村授信"工作，统筹做好信息采集、贷款统计、集中授信等工作，结合各县域经济特色，细分目标市场和目标客户，着力打通金融服务"最后一公里"，得到地方政府和百姓的高度认可。截至2023年12月末，该行开展的整村授信已覆盖全州2 000余个行政村。

优化营商环境，打好便民惠民"服务战"。恩施兴福村镇银行认真贯彻落实"百万千亿金惠工程"文件要求，实地为企业提供针对性、差异化金融服务，切实提升小微企业金融服务的获得感。加快贷款审批流程，丰富贷款提款方式，针对小额贷款业务，确保"3天完成审批、签约、放款"，对于授信客户做到"随借随还、降本节支"。

├ 履行社会责任，体现担当之为

徐燕董事长动情地表示"恩施兴福村镇银行取得今日之成绩实属不易，离不开社会各界的关心和厚爱，饮水思源，作为一家有担当的银行，在追求自身发展的同时，我们也从来不忘履行社会责任。"

自成立以来，该行即针对州内经济发展状况，主动真金白银让利实体企业，推出免费服务计划：即免收对公跨行转账汇款手续费、认证工具工本费、网银年费、网上银行跨行转账业务手续费、手机银行跨行转账手续费、短信业务手续费、借记卡ATM跨行取款手续费等多项费用。并协调政府相关部门对在该行办理贷款业务的客户，实行300万以下房产无需中介机构评估即办理抵押登记等减负措施。2023年以来，该行抵押类客户减免评估费118.23万元，为客户和中小企业减免利息125.98万元，百元贷款收益率下降63BP，客户融资成本直接下降超过5 000万元，有效降低了"三农两小"客户融资成本，切实缓解企业融资"贵"的问题。

在"普惠金融、责任银行"的使命感召下，随着网点进一步下沉乡镇，该行积极吸收一大批青年才俊加入我行的创业团队，目前员工总数已达539人，该行招聘原则是本地化，90%以上是银行网点所在地的大学毕业生，开业至今累计为1 000余人提供了就业岗位，为解决当地大学生和后勤保障人员就业难问题贡献了自己的力量。

在取得自身长足发展的同时，该行更是用实际行动反哺社会，自开业以共缴纳各种税费超3亿元。该行连续5年开展对藏区的衣物捐赠活动，累计捐赠衣物价值超过20万元。该行长期对口帮扶龙凤镇青堡小学、建始槐坦小学和各县市特殊学校，捐助教学设备等物资共计百万余元。2021年，新立项支持白杨坪镇麂子渡小学，至今累计捐赠价值已超过30万元。

不忘支农支小初心，牢记普惠金融使命。徐燕董事长表示，作为地方性法人金融机构，恩施兴福村镇银行将牢记肩头的责任和使命，常怀赤子之心，永葆创业激情，始终服务地方经济发展，为实现恩施州乡村振兴贡献金融力量。

5.踔厉奋发谱新篇　赓续前行向未来

访重庆渝北银座村镇银行党支部书记、董事长◎王伟杰

📷 徐一琪

2011年10月28日，一股新生的金融力量从东海之滨而来，在巴渝大地上生根发芽。重庆渝北银座村镇银行紧密围绕国家和地区重大发展战略，以"支农支小"为己任，专注小微客户市场，不断创新产品，致力于为每一位客户提供有温度、高品质的金融服务，在重庆当地树立了良好口碑。截至2023年12月末，该行资产总额122.48亿元，各项存款余额100.21亿元，各项贷款余额94.83亿元，经营规模位居重庆市村镇银行前列。

⊦ 坚持党建引领，谱写跨越发展新篇

重庆渝北银座村镇银行始终坚持以高质量党建引领高质量发展，不断推动党建工作与经营发展深入融合、相互促进，用党建"一面旗"谱写发展新篇章。

自成立之初，该行就将党建工作纳入公司治理各环节，充分发挥党委"把方向、管大局、保落实"的关键作用，坚定不移将党的决策部署和工作要求落到实处。

该行党支部通过支部委员调整及党员评优相关方案研讨会，有效落实监管部门要求的"双向进入、交叉任职"领导体制，并在支行层级确定三支党

员先锋队,以及"五好党员"年度评选方案;积极开展学习贯彻两会精神座谈会、"牢记为民情怀,办好民生实事"主题党员大会等丰富多元的活动;为厚植廉洁文化土壤,该行党委以"扣好第一粒扣子"为主题召开支部书记与青年面对面座谈会,强化青年廉洁从业教育,引导青年悟初心、肩重任、知敬畏、守底线;并通过"红色资源",开展播撒"清正"之种,铸造"廉洁"之魂主题党建活动。该行通过一系列行动不断强化党建引领,加强自身建设,统一思想认识,推动我行不断坚持高质量发展的步伐。

坚守小微情怀,传递普惠金融温度

该行始终坚守"小微情怀"、坚守普惠初心,以真诚专业、精益求精的服务为小微客户传递金融温度。通过不断下沉服务重心,坚持将小微企业、个体工商户、"三农"客户等作为核心客户群体,坚持"额小、面广、灵活、高效"的信贷投放原则,持续创新、创优金融产品和服务。

为满足小微客户资金及其他金融产品需求,该行积极发挥小微特色银行作用,扩大信贷供给覆盖面,持续进行信贷产品、结算支付产品的创新。该行"园区易贷""分期易贷""畅易贷"等产品大力满足了小微客户购买厂房、设备更新改造、流动性资金等需求;生意圈"e购贷"产品,基于供应链金融,黏合上下游企业,真正实现企业互惠互利、合作共赢。

探索特色支农,厚植乡村振兴沃土

作为服务于区域经济的新型农村金融机构,该行积极响应国家政策,以高质量金融服务助力乡村振兴提质增效,走出一条具有民生特色的支农之路。该行一直深入探索"互联网金融+乡村振兴"相结合的助农模式。2023年,我行联合渝北区大盛镇政府,通过青龙村"5G智慧农业"社会化服务及规模化经营模式,结合该行"生活圈"线上平台,开启智慧农业基地公益助农直播,助农销售柑橘约5 000斤,通过特色化、差异化的金融服务,该行帮助农户收入得到实质提升。

踔厉奋发,赓续前行。多年深耕,该行已完成从普惠金融践行者向引领者的转变,收获颇丰。该行连续8年荣获"渝北区金融工作特别贡献奖",先后获评"A级银行业金融机构""小微企业金融服务先进单位""全国百强村镇银行"等荣誉称号,为助推地方经济社会高质量发展贡献了自己的金融力量。

未来,重庆渝北银座村镇银行将不断强化金融使命担当,践行科学发展、富民兴渝的企业使命,以普惠信贷产品支持小微企业,为地方经济建设提供强有力的金融支撑,书写普惠金融新篇章。

6. 以初心守定位　以恒心做普惠
敢为天下先　砥砺再前行

访四川仪陇惠民村镇银行党支部书记、拟任董事长◎李其龙

📷 伍洪　方有成　陈柯浩

闻名遐迩的四川省南充市仪陇县是开国元勋朱德总司令和"为人民服务"光辉典范张思德同志的故乡，是川陕革命根据地的重要组成部分，也是国家级非物质文化遗产川北大木偶发源地，享有"中国民间文化艺术之乡"的称号，这就是全国首家为"三农"量身定做的村镇银行——四川仪陇惠民村镇银行诞生地。日前，笔者慕名而来，访问了该行党支部书记、拟任董事长李其龙。

初见李其龙，身材敦实，五官方正。拟任仪陇惠民村镇银行董事长的他，用较为"标准"的普通话向笔者介绍道："作为全国第一家村镇银行的仪陇惠民村镇银行，成立于2007年3月1日，是由四川天府银行（原南充市商业银行）发起设立的新型农村金融机构。目前，我行设有12家支行、12个金融服务站点，员工122名，是当地名副其实的金融生力军。"

李其龙接着谈到，仪陇惠民村镇银行自成立以来，始终坚持"服务'三农'、惠民共赢"的经营宗旨，始终坚守"服务'三农'、小微和城乡居民"的市场定位，以打造"特色银行""精品银行""安全银行"为战略目标，支持民众创业，助推城乡经济发展，在县域市场上精耕细作，各项业务扎实推进，存款、贷款规模在全县9家金融机构中排名第二。

├ 坚持"党建引领",持红心打造"红色银行"

仪陇惠民村镇银行党支部隶属于中国共产党四川天府银行委员会,在各级党委的坚强领导下,该行充分发挥党建引领作用,把全面加强党的领导与支持实体经济、有效化解风险、特色转型发展深度融合,坚持党管经营、党管风险、党管合规、党管监督,以全面从严治党推进从严治行,以高质量党建引领高质量发展。

一是严格落实"双向进入、交叉任职"的党建要求,设立支部委员会,包含书记、副书记、纪检委员、组织委员、宣传委员各一名,均由对口高管领导担任,严格执行"三重一大"议事规则,进一步强化党支部领导职能。二是参照"五好党支部"创建标准,弘扬"两德精神"(朱德和张思德),先后开展"强化党建引领、激发担当作为"以及学习贯彻习近平新时代中国特色社会主义思想等主题教育。三是完善清廉金融文化建设体制机制,厚植清廉金融文化土壤,构建清正廉洁金融生态环境。充分挖掘"德乡"红色文化元素,打造"清廉金融,德乡旗帜"的清廉金融文化基层品牌。四是常态化开展领导干部"四下基层"活动,开展基层大调研,"听真话、出真招",从乡村振兴、社会治理、金融便民等方面当好地方党委政府的"好帮手"。五是切实做好新时代背景下的思想政治工作,增强全行员工对党建精神的认同感,引导员工以"公平、公正、公心"的态度,以"沉得了身、吃得了苦、干得了事、担得了责、分得了忧"的工作作风,打造"有奉献、有爱心、有担当、有情怀"的"红色银行"。

├ 坚持"服务至上",秉初心打造"标杆银行"

"我认为高质量的金融服务是村镇银行的'看家本领',一方面服务小微、'三农'、城乡居民是村镇银行必须坚持的市场定位;另一方面,村镇银行在利率定价、体量规模、社会认知度等多个方面的竞争力都不如国有大型银行和城商行,只能在服务质量上精益求精,寻求差异化竞争,才能占据一席之地。"仪陇惠民村镇银行党支部书记、拟任董事长李其龙向笔者表示。

因此,仪陇惠民村镇银行在过去的17个年头中所采取的规范文明服务流程、提升信贷投放效率、下沉社区及农村服务等一系列措施，均是在秉承"心存善·水润物"的核心价值，坚持"以您为天，服务到府"的服务理念，不断强化服务质量这一核心竞争力，全心全意为小微企业和老百姓解决实际困难，逐步成长为县域金融服务标杆。李其龙向笔者进一步分享了仪陇惠民村镇银行"以您为天，服务到府"服务理念。

┝ 坚持"以民为本"，怀爱心打造"普惠银行"

秉承"金融为民、金融利民、金融惠民"的初心，仪陇惠民村镇银行围绕着"如何提高百姓生活质量、增强小微商户竞争力"这一核心主题，经过深度的思考和研究，决定以"立足普惠金融"为纲领，向下发展社区便民服务、"百千万万"普惠金融圈、"一行一部一亮点"特色金融平台等一系列专项项目，为民众谋求福利，为企业优化环境。

一是联合社区居委会在居民社区建立"幸福一站"，高频次、公益性地向广大居民提供涵盖衣、食、住、行、娱、教、医、文等多方面的金融服务和延伸生活服务，以此来提升老百姓的生活仪式感和幸福感。自2023年启动项目建设以来，该行已成功搭建"幸福一站"12个，覆盖72个社（小）区，先后开展金融知识讲座、亲子活动、老年人义诊、书法培训等形式多样、简单便民的活动近2 000场，服务百姓约50 000人，受到当地老百姓的广泛好评，银行社会认可度和信任度进一步提升，促使更多的老百姓愿意来"小银行"办理金融业务。

二是经过对县域产业、商户、市场的深入调研，制定"百千万万"普惠金融服务生态圈打造方案，将金融与产业链、供应链、贸易链相结合，预计通过未来几年的建设，能够实现源头供应商100家、优质合作供应商1 000家、个体工商户、小商小贩、夫妻门店10 000户，为成千上万的居民提供消费金融生活服务，最终形成一个党政、银行、商户、百姓、环境各方共赢的"五位一体"普惠金融服务生态圈。

三是仪陇惠民村镇银行各分支机构制定"一行一部一亮点"具体工作方案，专注养殖业、商超、机械制造等符合村镇银行市场定位且县域内有一定规模基础的行业，充分发挥银行"纽带"作用，打造特色服务平台，优化小微企业的经营环境，促进银行业务增长。如：该行在2023年成功搭建了肉牛养殖服务平台，通过联合肉牛养殖的上下游渠道供应商，实现为养殖户提供牛犊采购、饲料批发、防疫指导、屠宰销售、资金供给等"贯通式""一站式"的肉牛养殖服务，既为养殖户创造了优质的经营环境，又促使银行业务介入更加及时、安全和有效。

四是教育员工以自身的"辛苦指数"换取客户的"幸福指数"，鼓励员工为行动不便的客户提供上门金融服务，为客户解决实际困难。据估算，仪陇惠民村镇银行每年至少为上万户家庭提供上门金融服务。客户家中、医院、养老院等地经常出现该行员工的身影，披星戴月日夜兼程、白天跑客户晚上做资料已经成为该行员工的工作常态。

坚持"科技赋能"，靠慧心打造"智能银行"

"科技是第一生产力，好钢要用在刀刃上，"李其龙谈到了自己"小银行"的"大科技"方法论。他向笔者介绍道："在银行数字化转型的大背景下，科技赋能的作用对于银行的高质量发展至关重要。村镇银行虽然客观存在体量小、经营传统业务居多、自身科技力量较弱、可投入科技成本较少等问题，但是我行认为'麻雀虽小但要五脏俱全'，如果不能用科技手段去经营传统业务，迟早会被社会发展的洪流所淘汰。因此，积极通过寻求发起行帮助、联合专业公司等方式，将'好钢用在刀刃上'，利用相对有限的资源选择性地用在重要的系统端、设备端和产品端增加科技投入，从而提升业务效率。"

一是在发起行四川天府银行的支持下，仪陇惠民村镇银行内网办公、业务操作系统、流程银行、手机银行等均由发起行统一研发运行维护，能够最大限度地确保数据安全性和业务连续性。二是以手机银行为载体，搭建燃气、水电、交通罚没、医保等便民缴费服务场景，满足城乡居民便捷化、个性化的服务需求。三是与县内大型公立医院合作，搭建"银医"合作平台，通过"银医"信息化场景，每年为120万人次提供线上线下就医服务。四是与南充市不动产中心达成战略合作，成为仪陇县首家能在银行网点申请办理抵押登记的银行，也是南充市不动产首次与县级法人银行合作，开启了从贷款申请、抵押、注销"一站式"服务的授信模式。五是在全行所有网点布设自助取款机、大额循环取款机、综合柜员机、回单打印机等多种类智能机具，智能机具业务替代率超过60%。六是与专业公司合作，利用移动互联网、人工智能、大数据分析等技术，先后研发了"惠民e贷""惠民惠商贷"等新产品，通过全流程数字化运营、立体化风控模型，在"让数据多跑路，让客户少跑腿"的同时，有效促进零售信贷业务拓展和资产质量水平控制，真正实现"小而美""小而优"的经营愿景。

坚持"反哺社会"，以暖心打造"熟人银行"

"仪陇拥有深厚的红色革命历史底蕴，孕育出了'无私奉献 服务于民'的'两德精神'。我行作为仪陇土生土长的金融机构，又戴着敢为人先'全国第一家'的头衔，自诞生之日起便流淌着'红色血液'，肩负着强化基层地区金融供给和服务红色热土的'双重使命'。因此，除了在金融服务上持续发力外，我行多年来一直积极履行社会责任，不断反哺'德乡'热土，成为老百姓口口相传的'熟人银行'。"

为巩固拓展脱贫攻坚成果同乡村振兴有效衔接，仪陇惠民村镇银行主动选派两名驻村支部书记、两名工作队员，协助结对帮扶村开展各项乡村振兴工作。从2013年开始，该行持续开展帮扶助学活动，为县域经济困难家庭大学新生提供助学资金，累计发放助学资金110余万元，助力300余名经济困难家庭大学生逐梦青春，走进校园。

"作为全国第一家村镇银行，我行成立至今已经走入第18个年头。18年对于一个人来说，意味着从呱呱坠地到长大成人，而18年对于仪陇惠民村镇银行来说，同样意味着从一个注册资本仅为200万元、各项业务为零的初生银行成长为资产规模70余亿元，存款、贷款规模近100亿元的县域金融生力军。回首过往，仪陇惠民村镇银行取得的成绩离不开各级党委政府、行业监管单位、发起行的坚强领导；离不开同业兄弟机构、媒体单位的关心帮助；离不开广大客户、社会各界的信任支持；离不开所有'惠民人'的辛勤付出。展望未来，仪陇惠民村镇银行将不忘初心使命，把感恩之情化为策马扬帆的动力，新时代、新担当、新作为，再启航。"李其龙向笔者表示。

7. 守初心担使命　砥砺奋进在普惠金融的路上

访安徽长丰科源村镇银行董事长◎王苏云

📷 周方玉　方有成

地处江淮要冲的安徽省合肥市长丰县，是楚文化重要发祥地，粮油、草莓、贡鹅扬名全国，新能源汽车、智能装备、汽车零部件等产业发展迅猛，是全国百强县，全省"制造业十强县、十快县"、民营经济发展先进县，第一批国家农产品质量安全县。安徽长丰科源村镇银行党支部书记、董事长王苏云满怀信心地介绍了她的家乡概况。

王苏云谈到，早在2006年12月，原中国银保监会调整放宽农村地区银行业金融机构准入政策，村镇银行培育工作启动实施。安徽长丰科源村镇银行是由合肥科技农村商业银行发起设立的安徽省首家村镇银行，于2008年2月2日正式挂牌成立。成立以来，秉承立行宗旨，坚定支农支小的市场定位，主动融入县域经济发展，依托体制机制优势，开拓进取、务实创新，实现了经营实力与金融服务水平的同步提升，成为支持县域经济发展的一抹亮色。

▶ 扬帆起航，在明晰定位中笃定前行

村镇银行作为新生事物，成立之初面临着设立时间短、社会知名度和认

同度低、客户基础为零的重重压力和困难，如何在县域打开市场、站稳脚跟，成为当时迫切需要解决的首要问题。为此，我行前瞻区域经济金融环境，分析发展机遇，审视村镇银行优劣势，确立了"以小对小，服务'三农'，服务小微企业"错位竞争的战略。谈起安徽长丰科源村镇银行业务开展起步阶段的艰辛，该行董事长王苏云娓娓道来。16年来，面对复杂的经济形势、激烈的市场竞争，安徽长丰科源村镇银行坚守定位不动摇，在地方各级党委政府的正确领导下，在监管部门的有效监管指导下，在主发起行的关心支持下，坚持与行业拼差异、于市场找特色，致力于打造"三农"的普惠银行、百姓的贴心银行、小微企业的伙伴银行，以"补缺不拾遗"为业务拓展方向，逐步培育出一批稳定的客户群，在有效填补农村金融服务空白的同时，也在县域打开市场，迈出了快速发展的坚实步伐。

截至2023年12月末，该行资产总额75.51亿元，负债总额70.03亿元；各项存款余额65.81亿元，各项贷款余额48.08亿元；不良率0.75%，拨备覆盖率332.98%。运营以来，累计实现利润总额8.26亿元，缴纳税金3.11亿元。业务规模始终稳居全省村镇银行前列，监管评级二级，多年来，先后荣获"全国百强村镇银行""全国村镇银行品牌价值十强单位""2023村镇银行金融强农杰出业绩典范单位""安徽省文明单位""安徽省劳动竞赛先进集体""安徽省金融产品创新先进单位""安徽省巾帼建功先进集体""合肥市县域农村金融机构优质服务奖""长丰县目标管理优秀单位""长丰县纳税十强企业"等90余项荣誉称号。

├ 坚守初心，以金融"活水"滋润实体经济

安徽长丰科源村镇银行以恒心坚守初心，10余年来，牢记支农支小使命，倾力支持县域实体经济发展，以实际行动将普惠金融贯穿到业务发展的全过程。"作为县域法人银行，我行着力把扶持小微企业、服务实体经济发展作为重点工作进行推进落实。开业以来，已累计投放小微企业贷款325亿元，支持小微客户2.4万户。"安徽长丰科源村镇银行董事长王苏云介绍说。据介绍，该行依托辖内网点，主动对接乡镇产业园区，根据企业实际需求，不断创新小微金融服务模式，全面提升服务小微企业水平。针对小微企业抵质押物不足，融

资渠道窄等问题，该行率先开发推出商标权质押贷款、税融通、助保贷、创业贷、科创贷等产品。后为稳定经济大盘，支持重点领域发展，推出"专精特新"贷，"专利权"质押融资、"政信贷"等业务，截至2023年末，制造业贷款余额15.67亿元，其中，高新技术企业、专精特新、小巨人等重点产业链贷款投放户数和投放金额位居全县金融机构之首。

坚持以"农"为本，主动融入，大力发展绿色金融，服务乡村振兴战略。聚焦农业农村现代化建设重点领域，持续加大涉农资金投入，优先支持县域种植养殖大户、家庭农场、农民专业合作社等新型农业经营主体。"思'三农'所需，积本土优势"，该行加大创新力度，丰富担保方式，推出"保贷通""劝耕贷""惠农贷""码上贷"等系列特色支农金融产品，有效破解了农民贷款难的问题。聚焦乡村振兴，该行在全辖开启"整村授信"新模式，全方位满足广大农村居民的金融需求。积极参与选派乡村金融助理，开启金融助农新模式。截至2023年末，累计投放涉农贷款333亿元，余额41.08亿元，其中支持新农主体2 601户，金额23.08亿元；紧盯市场主体，加大个体工商户信贷支持力度，发放创业贷2 352户，金额3.84亿元；巩固拓展脱贫攻坚成果同乡村振兴有效衔接，发放"扶贫及脱贫人口小额贷款"3 686户，金额2.28亿元，以上均居县域金融机构之首。

党建引领，在强化管理中夯实发展之基

"坚持党对一切工作的领导，是金融企业健康发展的重要保障，也是确保方向不跑偏的关键所在。"安徽长丰科源村镇银行董事长王苏云称。一直以来，该行始终坚持党建引领，把党的领导写入公司章程，将党把方向、管大局、保落实的核心作用落到实处；深入开展党史学习教育、学习贯彻习近平新时代中国特色社会主义思想等主题教育，强化理论武装，加强红色教育，增强全员初心意识、使命担当，建强基层战斗堡垒，充分发挥广大党员的先锋模范作用，切实把党的思想、政治和组织优势转化为企业发展优势和内在动力。

该行坚持文化育人，实施"人才强行"战略，持续推进"学习型银行"建设。为加强员工培训力度，通过"请进来、走出去"模式，开展多层次业务培训，提升专业知识水平；定期开展岗位练兵、技能竞赛，提升操作能力；坚

持"德才兼备、以德为先"原则，完善人才培养机制，注重员工良好职业道德和心态的培育；畅通晋升渠道，建立后备人才库，激发青年员工潜能，让员工在竞争、有序、和谐的环境中不断成长、成才。同时，该行坚持"内控先行、合规为本"，持续强化内控合规管理，以打造流程银行为切入点，完善组织架构，明晰部门职责；契合实际，不断健全完善制度体系，为经营管理提供有效制度保障；推进全面风险管理，通过严把信贷客户准入关，强化客户经理业务培训，严格制度执行监督，构筑"防火墙"，实现风险"关口"前移；持续加强合规文化培育，在全行扎实开展清廉金融文化建设，进一步将依法合规经营、稳健发展的理念深植每位员工的心中。

采访接近尾声，王苏云才谦虚地坦陈了自己深厚的农金情怀。她跟笔者分享了自己的农金经历，自入职以来，是从原农信社基层业务员起步，从柜员、信贷员转身，在党组织的培养下，经过自己不断努力，参与了长丰科源村镇银行的筹办兴建，现作为班长，深感肩上责任重大，使命光荣，定将不负使命，为科源高质量发展带好队伍，把好风险。

面对未来，站在新起点上，安徽长丰科源村镇银行董事长王苏云表示："我行将秉承服务宗旨，'不忘初心、牢记使命'，脚踏实地，精耕细作，以更加坚定的信念、更加昂扬的斗志，在农村金融服务的道路上继续奋进，力争为长丰县域经济社会高质量发展做出更大的贡献。"

8.饮水思源　支农支小谱写高质量发展新篇章

访南阳村镇银行党委书记、董事长◎李洪志

📷 党云帆　刘尊

　　河南南阳村镇银行缘起"南水北调"，于2010年12月成立，是为贯彻国务院"南水北调"对口支援相关政策，在南阳市、天津市两地政府的主导和推动下，经银监部门批准，由天津4家国有银行联合京津宛三地法人企业共同出资设立，注册资本金5亿元，国有银行控股，资金实力雄厚，是全国为数不多的总分制村镇银行之一，是南阳市的独立市级法人金融机构，是津宛合作的重要成果。近日，记者来到河南南阳与南阳村镇银行党委书记、董事长李洪志就村镇银行在服务"三农"方面有哪些创新举措、在支持地方经济发展方面采取了哪些措施等话题进行交流。

　　记者： 南阳村镇银行缘起"南水北调"，到2023年末已经成立13年了。当时的成立背景是什么？"躬耕南阳"十三载取得了怎样的成绩？

　　李洪志： 建行以来，我行始终坚持依法合规经营，立足地方法人金融机构政治站位和村镇银行支农支小市场定位，把服务实体经济作为出发点和落脚点，积极投身普惠金融实践，积极服务南阳城乡居民、支持南阳"三农"、小微企业和实体经济发展。成立以来，我行累计投放贷款407亿元，存量贷款客户3.8万户，累计缴纳各项税费近4.7亿元，为促进地方经济发展、解决本地就业作出了应有贡献，获得了"2021年度南阳市消费者满意度调查活动"银行

业先进单位等多项荣誉称号。截至2023年末，我行总资产102.29亿元，突破100亿元大关；各项贷款余额64.61亿元，各项存款余额86.2亿元。

记者：刚才您介绍村镇银行的市场定位是支农支小，南阳是传统的农业大市，南阳村镇银行在服务"三农"方面有哪些创新举措？

李洪志：我行始终坚持以谋划政策作引领，紧抓国家乡村振兴战略机遇，出台助推乡村振兴战略行动方案，成立乡村振兴一部、二部，推出"乡村振兴卡"，开发"农家福""农易贷""商易贷"等产品，推进贷款产品整合，实现"一福纳百贷"，着力补齐城乡金融服务短板，涉农贷款占比长期保持在98%以上。我行坚持以创新发展为动力，借鉴学习国内先进小贷经验，建立专业化"半信贷工厂"式业务流程机制，组建并持续壮大普惠小贷团队，加强信贷人员业务培训，建立健全"敢贷愿贷"机制，落实尽职免责政策，提升"能贷会贷"助力"三农"发展工作水平。借助前沿金融科技，实行移动PAD外拓作业，信贷业务实现"一站式"综合服务，"一张纸"合约签订，全流程"一次办好"，放款时间缩短至3天以内，让金融服务直达工厂车间、市场街头和千家万户，打通金融服务"最后一公里"。我行坚持以实干落实作支撑，"嘴勤"多问客户需求，"手勤"多做惠民实事，"腿勤"多跑田间地头，保持村镇银行的"泥土味"，增强服务"三农"的"乡土情"。围绕南阳本地"粮、畜、菜、油"四大基础产业以及"花、药、果、菌、茶"特色产业，针对村居网格、商圈和专业化市场，加大信贷支持力度。我行先后开展"福助'三农'"、走基层"深耕扎根"活动，助力春耕备播、夏粮收储、秋粮播种等传统农业作业，不断增强金融普惠性。截至2023年末，我行网格授信业务实现南阳乡镇全覆盖，行政村覆盖率超过30%。授信户数2.5万户，授信金额36亿元；用信户数1.9万户，用信金额23亿元。

记者：南阳正在深入推进河南省副中心城市建设，南阳村镇银行在支持地方经济发展方面采取了哪些措施？

李洪志：坚持党建领航，把牢发展"方向盘"。我行始终坚持党的领导、加强党的建设，坚定不移听党话、跟党走，牢牢把握住发展道路和前进方向；坚决落实党中央"疫情要防住、经济要稳住、发展要安全"要求，召开助力稳住经济大盘工作部署会，专题研究落实举措，让各市场主体充分感受到政策红利。截至2023年末，我行普惠型小微企业贷款余额43亿元，有余额的普惠小微贷款客户2.4万户，持续实现"两增"达标；普惠小微企业客户占全市中小银行法人金融机构比重近40%。为当好金融"店小二"，我行深入开展"万人助万企""行长进万企"活动，搭建供需对接机制、融资保障机制、供应链保畅机制、高效服务机制，联合人民银行南阳中支、南阳市工商联、行业协会开展银企对接会，提升金融服务直达性；充分发挥产业链核心带动作用，深化与想念、牧原等南阳当地龙头企业合作，将优质金融"活水"引入产业链上下游，带动上下游小微企业共同发展；探索推广应收账款质押贷款，为企业开辟"绿色信贷通道"；投放国有背景公司和产业链贷款6.3亿元。为落实惠企政策，深耕支小"责任田"，我行严格执行"七不准""四公开"以及"两禁两限"监管要求，实行"阳光信贷工程"，围绕专精特新小微企业落实支农支小和减费让利等支持政策，帮助南阳小微企业等市场主体纾困解难，增强实体企业获得感。坚持资金取之于南阳，用之于南阳，信贷资金全部投放南阳当地。截至2023年末，我行存贷比达到75%，在全市中小银行法人机构中位居前列。2023年末，累计投放支农支小贷款14.7亿元。

记者：普惠金融是银行热点词汇，南阳村镇银行在增强金融普惠性方面发挥了什么作用？

李洪志：强化网点阵地作用，物理网点遍布城乡。2010年12月，南阳村镇银行总行、宛城、淅川支行同日成立。开业仅一年就实现了南阳市13个县域全覆盖。2012年以后，我行积极向乡镇地区延伸服务触角，进一步扩大服务半径。截至2023年末，南阳村镇银行共设立支行37家，其中区县级支行16家，乡镇级支行21家，形成了覆盖南阳市全部区县和部分重点乡镇的服务网络。

发挥科技赋能作用，结算渠道完善畅通。南阳村镇银行是省内首批自主发行银行卡的村镇银行，可以为客户提供网上银行、手机银行、微信银行、移动二维码扫码支付服务，二代支付系统支持网上银行的"7×24"小时服务和柜面大小额转账业务的"7×8"小时服务，支付结算效率不断提高；推进"适老化"服务，上线"老年版手机银行"APP，推进智慧网点建设，布设CRS、ATM等自助机具60台，智慧柜员机14台，探索柜面无纸化作业，柜面智能化服务水平进一步提高。

记者：十三岁正青春，南阳村镇银行在"十四五"规划时期对未来发展有什么规划？

李洪志： 当前，国家乡村振兴战略加速实施，南阳市正加快建设省副中心城市步伐，这为南阳村镇银行的发展提供了广阔空间。南阳村镇银行将在南阳市委、市政府正确领导下，饮水思源，躬耕南阳，在服务全市经济发展大局中实现自己高质量发展。今年我行提出，把南阳村镇银行建设成为践行普惠，深耕"三农"，回报股东，成就员工的"小而专""小而精""小而美"全国一流村镇银行的发展愿景，通过3~5年的时间，推动业务发展再上新台阶，转型发展取得新进展，合规建设达到新水平，企业文化影响力得到新提升，夯实高质量发展基础，实现业务全面转型，进而打造全国一流村镇银行。我行将持续加大"三农"和小微企业信贷资金支持，为南阳建设河南省副中心城市、实现高质量跨越发展贡献力量！

9.微服务普惠大民生

访天津华明村镇银行董事长 ◎ 张渊

📷 党云帆　杨喜明　宋双

走进天津华明村镇银行的任意一家支行，都会被他们热情周到的服务所感动，他们推出的"平价超市"获得了当地农户的大力称赞；他们推出的"网格化"服务，打通了金融服务"最后一步路"；他们推出的便民措施如"智能服务区""儿童服务区"等让人心生暖意。

他们的优质服务获得了当地政府、农户和企业的肯定，实现了多赢的局面。截至2021年5月末，该行资产总额31.09亿元，负债20.13亿元，所有者权益10.96亿元；存款余额17.61亿元，其中储蓄存款12.22亿元，较年初增长1.41亿元；各项贷款20.24亿元，较上年增长1.35亿元，其中小微企业贷款17.39亿元，有效支持了1 110户企业的生产经营，其中属于制造业贷款的有72户，合计金额3.27亿元，取得了显著的经济效益和社会效益。

⊢"党建引领"，坚守初心担使命

"我行在党建引领下，专注主业，小额普惠稳根基；创新科技，壮大基础强实力，扎根本土，构建发展新生态；传导理念，美化环境塑文化，努力实现了数量与质量、规模与效益的全面协调和可持续发展。"天津华明村镇银行董事长张渊向记者表示。

9.微服务普惠大民生

天津华明村镇银行是由东丽村镇银行历经迁址、更名、改制而来，主发起行为山东寿光农商银行，是天津市农村金融改革试点银行，全国首家民资入股的村镇银行，是东丽区首家实现"全功能"智慧网点的银行。自成立以来，华明村镇银行始终坚守支农扶小的使命，坚守打造"百年精品银行"样板店的愿景，按照"立足城乡，服务'三农'、服务中小企业、服务社区居民"的市场定位，探索"双引领"创新发展战略。

近年来，该行坚持把服务乡村振兴战略作为工作的总抓手，着力把金融资源高质量配置到农村经济社会发展的重点领域和薄弱环节，打造"党建+金融服务志愿者+社区融合"机制，献礼建党一百周年。

"党建+社区"，送服务入户。该行以灵活多样的党建共建为社区融合"搭台唱戏"，与区金融、各街道、各社区居委会签订"党建共建合作协议"，以发现和增进社区居民的信用价值为抓手，采取普法宣传、党建共创、服务共办的手段，取信于民，为居民提供义工服务、安心蔬菜、平价超市、代收快递等服务，让利于民，入户宣传"师出有名"；制定党员客户经理为社区金融服务专员，按照"人在路上跑、事在格中办"的网格化建设要求，支行员工在金融服务专员的带领下，每天"一包一杯一组人，爬楼入户""一桌一表一帐篷，定点造势"，社区宣传"有模有样"。截至目前，该行已为3万余户居民普及金融知识，惠及5万余人次。

"党建+活动"，送温暖下乡。该行以便民普惠的厅堂活动为品牌建设"添砖加瓦"，各支行、分理处每周开展两次专项沙龙营销活动，例如"冬日暖心下午茶""用鲜花点亮生活"插花花艺、"健康大讲堂"义诊、抽红包抓金币等活动，并在活动现场建立客户微信群，积极做好微信营销和后续跟踪服务；推出"收钱吧"服务，积极拓展商户代收、代付业务，推出"平价超市""免费洗车"，以"异业联盟"形式共享客户资源；各网点通过免费磨菜刀、理发等义工服务，增强客户黏性，改善、提升村镇银行的社会形象。

"党建+产品"，送贷款上门。该行以全面快捷的产品体系为精准支农"量身定制"。针对东丽区大学生、妇女创业，下岗居民再就业，该行推出产品"小额创业担保贷款"，解决他们自主创业资金需求。截至目前，该行"小额创业担保贷款"累计发放1 784笔、金额3.48亿元；针对东丽区还迁居民缺乏抵押物推出产品"置业贷"，解决还迁居民装修需求，已发放49笔、金额445

万元的贷款；针对公务员推出"工薪贷"，解决公务员、事业编消费资金需求，已发放贷款9笔、金额240万元；针对个体工商户、小微企业主推出"一抵通"贷款，现有贷款809笔、金额3.92亿元；针对新冠疫情后的复工复产企业，推出"复工贷"，累计已发放444笔、金额1.76亿元。同时，该行积极研发新产品，针对东丽区航空航天人才创新企业联盟贷款需求，研发了"科创苗圃贷"，目前已成功发放4笔、金额300万元；针对居民购买住房需求，研发了"住房按揭贷款"，目前正在与开发商商谈。今年以来，该行通过利率优惠、无还本续贷等方式为企业减费让利约150万元。

├"智慧引领"，科技创新添助力

为响应国家提倡农村中小金融机构"以技术创新为驱动，提供智能化、互助化、人性化的全新服务体验"的号召，天津华明村镇银行积极营造"智慧银行"全新客户体验，通过流程再造，全力打造属于自己的"科技金融生态圈"。

智慧网点再造，实现服务功能全面化。华明村镇银行现有1家营业部，8家支行，8家分理处，共计17家营业网点，其中8家分理处均改造成了集智能服务区、网银体验区、客户休息区、儿童活动区、养生课堂、客户交流区为一体的自助银行。该行还努力建设以自助设备为支撑，以网上银行、手机银行等特色支付工具为补充的支付结算体系，开通了"超级网银""收钱吧"服务，银行卡开通了支付宝、微信功能。截至2023年5月末，该行共发行"金融IC卡"3.31万张、拓展有效网银户数4 113户、"收钱吧"248台，极大地提高了农村金融服务的广度、深度和密度，推动农村金融服务向乡村和社区延伸。

审贷流程再造，实现贷款审批简洁化。该行首先梳理了零售类贷款业务的主打品种，即"一抵通""一户多保""亲情贷"及家庭备用金贷款，将贷款审批流程进行整合优化，实现贷款发放前"最多跑一次"；推出无还本续贷，切实提高客户的满意度。其次是优化线上流程。该行上线了微信银行、网上银行等多维度的信贷申请渠道，结合多种线下设备，以人工智能、大数据、云平台等金融应用为技术核心，快捷核实客户行为属性及相关信息，实现线上审批授信，线下快速放款的一站式贷款服务；并根据农村金融用户"小、频、急"

的特点，该行借助以上平台推出"白名单预授信"，当地居民可享受5万~20万元额度不等的预授信，一旦用信，按日计息。截至目前，该行已授信1 934户，用信458户，用信金额1 862万元，惠及2018户居民和小微企业主。

深度使用手机银行，实现智能化转型发展。该行上线直销银行，推出产品"人人都是银行家"，通过线上存款产品突破业务发展的地域限制，目前手机银行存款余额1.68亿元；优化手机银行代收业务，上线生活缴费模块，实现了手机银行代收话费、水费、燃气费、暖气费、物业费、学杂费等；推出积分商城，拓宽获客渠道，与商户合作推出线上优惠活动，建立商户联盟，梳理出商户与银行客户的共享机制，增强线上平台的活跃度和客户的黏性。

⊦ 布局长远，直面困难增信心

"村镇银行被形象的比喻为'戴着镣铐的舞者'。一是产品体系单一，因政策、规模限制和创新不足的原因，我行难以提供完善的金融服务，例如无理财产品、大额可转让存单等；二是科技动能不足，缺乏长效支持；三是人力资源匮乏。村镇银行品牌知名度不高、薪酬水平不具备竞争力，造成高端人才进不来，自己培养的人才留不住。面对困境，我行厘定思路，克难攻坚，挖掘新动能。"天津华明村镇银行董事长张渊向记者说道。

据介绍，该行坚定不移推进才人建设，增强发展支持力。为确保人尽其才，该行推行干部竞聘上岗制度，管理岗位将让有为有位的能者居之；实施"未来之光"营销人才计划，在后备人才库的基础上继续优化完善人才选拔机制，同时梳理岗位职责，优化部室人员配置，提升一线员工占比；以学代训，采取"在岗培训+交流学习"的模式，让表现优秀的员工派到主发起行进行交流学习；管理人员采取"外出考察+经验推广"的模式，帮助管理层学管理，外出学习要重实效，"取经"归来要传授经验，工作中要学会自主创新，举一反三。同时，该行制定"尽职免责"办法，明确免责条款，按照制度面前人人平等、有错必纠、谁主管谁负责、过错与责任相适应的原则，手把手地教管理，让管理人员既能放心大胆干工作，又能谨慎悉心带队伍。

为增强发展承载力，该行积极开展党建共建活动，通过活动引领，依托助农惠农的产品优势，给予社区居民家庭备用金及置业贷款，种植养殖户助业贷款等资金帮扶。同时，该行继续推进"四合"工程，即支行党支部书记与村支部书记"一对一"结对子，支行业务与街道、村委合作，客户经理与社区网格员合作、银行党员与社区党组织合作，党员"入社挂职"，照片"入楼公示"。为打造党建共建品牌形象，该行各支行与社区合作，组建"党员服务突击队"，开展"党建业务融合宣讲""金融夜校"等主题日活动，并建立"清单式营销"农户，整理出辖内城镇居民、小微企业、个体工商户四类客户清单，划分重点客户，由党员带头走访营销，全面提升服务精度。

为坚定不移推进精准营销，增强发展驱动力，该行坚持"一体化营销"理念，采取签署战略合作协议等形式，有计划、有重点、有步骤、分层次地推进代理业务发展，加快推进手机银行代收业务。目前，该行的手机银行业务已经实现了代缴电话费、代收教育费等功能。该行各支行还以此为契机，针对学校、医院等机构大户加强公关，加强与第三方合作，如与燃气公司合作，代收燃气费；与税务局合作，争取代收税金；与社保局合作，争取作为社保卡的代办行。同时，该行列出可能分红、分利息、分土地款、发放低保的村队或政府部门的清单，逐户上门公关，增加低成本资金沉淀。

为实现精准化营销，该行各网点做好分工，内勤以电话邀约、厅堂营销为主，外勤以入户拜访、精准营销为主，通过"白名单"授信、手机银行等业务，提升客户转化率。同时，该行借助富有特色的服务商圈，如依托其各支行"平价超市""异业联盟""会员优惠购"等衣食住行服务圈，实现客户由"到店"到"逛店"的转化，提高维系客户的能力。

10. 践行金融为民　打开普惠金融发展新思路

访西平中原村镇银行党支部书记、董事长◎陈惠军

伍洪　方有成　郑亚博　陈丹

近年来，河南西平中原村镇银行围绕地方经济发展大局，不断调整工作思路、不断改进发展理念、不断提升服务能力，在外部环境复杂多变、同业竞争持续加大的不利因素影响下，始终不忘初心，认真贯彻落实党中央、国务院关于普惠金融发展的决策部署，坚持金融工作的政治性、人民性、专业性，精准聚焦农村重点领域和薄弱环节，持续深化金融供给侧结构性改革，大力推进普惠金融高质量发展，切实增强人民群众金融服务的可得性、便利性及可持续性。日前，河南西平中原村镇银行党支部书记、董事长陈惠军接受专访，与笔者畅聊他的金融从业经历。

专访中，陈惠军首先介绍了自己的金融情怀和任职银行后的想法和做法。原来大学科班金融专业出身的他，算得上是一位"老金融人"了，从2009年出任驻马店银行副行长起，一干就是十三四个年头，其间，驻马店银行并入河南中原银行，现在自己仍然是兼任中原银行驻马店分行副行长职位，担任西平中原村镇银行董事长也有整整两年了。

"从昔日大银行'高大上'到今天村镇银行'小而美'的角色转换，是一件非常不容易的职业变革。"感慨良多的陈惠军娓娓道来他的"套路"。他说："随着服务重心加速下沉，互联网金融延伸渗透，银行业迈入跨行业、跨领域竞争的新阶段，面对这一变局和挑战，西平中原村镇银行努力把机制活、决策

快、门槛低、服务广的长板做长,坚定不移向更深处下沉、向长尾端发力、向宽领域拓展,以'长期主义'的定力和坚韧深耕支农支小的'主航道',为自身赢得更大空间、更高质量、更可持续的发展。西平中原村镇银行做了以下五个方面的工作。"

党建引领,金融助力携手共进

西平县地处中原腹地、河南中南部,这里土地肥沃物产富饶,是中原黄河文明的重要发祥地,相传这里是"三皇五帝"之黄帝元妃嫘祖的故里,也就是中国乃至世界桑蚕业始祖的诞生地。与此同时,这里丰富的铁矿资源、优质的水源及交通条件,造就了棠溪冶铁铸剑基地两千年来独步天下的雄风,其年代、规模、技艺、品类堪称世界第一。这里更是农业农村部奖评的"全国粮食生产先进县",也是肉、蛋、瓜、菜等优质农产品的重要生产地,只有因地制宜提供优质高效的金融服务,才能服务县域经济社会发展大局。

"高站位、强部署、在组织保障上下功夫。"陈惠军称,西平中原村镇银行坚持把"党建+金融"模式作为提升"支农支小支实"金融服务能力的有力抓手,牢固树立"立足县域、支持'三农'、支持小微、服务社区"市场定位,坚定实施"开拓市场、服务客户、防范风险、创造利润"的战略任务,聚焦"发展信贷主业、整村授信、社区化服务、场景化营销、数字化支撑"五大战略,坚持稳中求进工作总基调,持续做好农村金融体系建设工作。西平中原村镇银行积极争取地方党委政府更多政策支持,与西平县农业农村局、乡村振兴局、市场发展服务中心、市场监督管理局、20个乡镇政府、街道办事处、管委会成功签订乡村振兴战略合作协议,达成乡村振兴战略合作关系,助力西平中原村镇银行开展"助农、惠农"工作,践行普惠金融政策,积极创新金融实践活动,结合本地经济发展需要,将金融资源配置到乡村振兴重点领域和薄弱环节,将各项利好政策在实践中充分释放活力,成为农民致富、乡村振兴的"领路人"。同时,西平县人民政府下发《关于支持西平中原村镇银行高质量发展的指导意见》,支持西平中原村镇银行在发展基础上,继续加大县域各党政机关单位的支持力度,加强与政府、企事业单位合作力度,为业务转型发展营造良好外部营商环境。

坚守主责主业，大力推进整村授信

西平中原村镇银行按照支农支小的市场定位，坚持"小额、流动、分散""真人、真事、真交易"的原则推进业务发展，持续优化资产结构，夯实业务基础，坚持普惠金融理念，进一步发挥金融服务责任，切实解决贷款难的问题，发挥好支持乡村振兴主力军的作用，持续扩大基础客群，为广大乡村小微客群提供高效、便捷、优质的金融服务，激发金融"活水"功能，打通金融服务乡村的"最后一公里"。自开展整村授信工作以来，全行员工走出厅堂，深入乡村、走村访户，依据时节开展特色化营销、非金融服务、夜间走访等活动来弥补传统营销模式的不足，补齐营销空白区域，通过一次次"面对面"的直销，加强金融政策的宣传，树立良好的口碑，并通过建档立卡工作，完成广大农村居民金融信息的建立、核查工作，为下一步行内数字化转型提供基础数据支撑，也为后期建设农村金融体系打下坚实基础。

陈惠军还亮出了自己的成绩：截至2023年底，西平中原村镇银行在111个村委（社区）开展整村授信工作，完成建档立卡44 715户，备用金办理11 497户，备用金授信金额9.9亿元，用信5 636户，"支农支小"工作取得了一定的成效。

深耕社区化服务，打造社区银行服务体系

目前，"社区化服务"工作作为西平中原村镇银行发展的一项重要战略，紧紧围绕"一套方案""二项规划""三项实施""四类机构""五个关键"展开实施，每家网点根据区域划分在各网点服务半径范围内，制订区域作战地图，把相关行业、社区、单位、市场作为"连片区域"进行批量获客，以"人与人"的社会关系为切入点，依托关键组织和关键人，通过公益服务、特色活动、便民服务、在线团购、第三方合作（异业联盟）、引进智能审批一体机、个人征信自助查询机等形式，联通客户生意圈、生活圈，从而与客户建立联系，增强黏性，让客户接受西平中原村镇银行的服务，让西平中原村镇银行成为客户生意的伙伴、生活的助手、银行业务的首选银行，做好"社区化服务"是应对同业同质化竞争、践行西平中原村镇银行市场定位的需要，是打造特色村镇银行、破解发展困境的抓手。

搭建场景化服务，打造智慧金融服务体系

西平中原村镇银行坚持以客户服务为中心，以西平中原村镇银行特色存款、贷款产品发展为抓手，支撑和带动消费升级，同时，加大营销联动，用好、用活产品，充分发挥西平中原村镇银行在金融方面的专业优势，继续探索场景金融模式，以科技赋能，助力数字化金融发展，持续在智慧食堂、智慧物业、智慧校园等方面深耕细作，不断延伸"银行+民生"场景金融服务触角，突破时间、空间限制，全面打造"数智+民生服务"场景新生态；持续用好自媒体平台、非金融服务、"小觅金融管家"等场景，全面提升金融服务营销的广度和深度，满足辖区居民日益增长的便捷、高效的金融服务需求，助力乡村振兴。

数字化支撑，助力金融服务建设

数字化是西平中原村镇银行高质量发展的必经之路，是引领西平中原村镇银行业务创新的驱动力，加快推进数字化，也是响应党和国家、省委省政府战略号召的重要举措，亦是顺应时代发展趋势的必然要求，西平中原村镇银行通过推动"线上化、数据化、智能化、应用化、自主化"，将数字理念、数字技术应用到产品创新、客户服务、风险控制、运营管理等方面。2022年4月，西平中原村镇银行成功上线"移动小微贷"平台，经过16次功能升级、3次版本迭代，已初步实现了小额贷款全流程的线上化、智能化运转，共使用小微贷平台办理业务8 871笔，授信金额5.09亿元，平台总体使用率为84.62%。完成线下业务操作到线上化操作的转变；搭建信息采集系统，完成信贷基础信息库数据收录从0到1的突破；完善信息系统功能建设，开通无还本续贷、自动借新还旧功能，提升信贷系统适用性；升级手机银行循环支用功能，实现客户"7×24小时"自主支用，达成全天候金融服务支持。

河南西平中原村镇银行党支部书记、董事长陈惠军还表示，作为农村金融机构，西平中原村镇银行要充分发挥自身优势和渠道优势，坚持"贴心、专业、合作、共赢"的服务理念，不断创新金融服务，提升普惠金融的服务水平，助力小微企业等经营主体发展，大力推进普惠金融高质量发展，践行发展普惠金融的社会责任，以实际行动展现金融企业的社会担当。

11. 搏浪前行　勇担支农支小主力军

访江西广丰广信村镇银行董事长 ◎ 吴晖

📷 伍洪　方有成

日前，笔者从北京出发，直奔富有"豫章第一门户"美称的江西省上饶市广丰区，专访了由上饶银行发起成立的广丰广信村镇银行董事长吴晖。

在采访中，吴晖首先亮出了广丰广信村镇银行（以下简称"广丰村行"）的"招数"和"成绩单"。成立13年来，广丰村行秉持"同样的银行、不同的服务""做广丰人心中的好银行"的经营理念，坚持"服务'三农'、服务小微"的市场定位，以"传承：诚信、感恩，坚持：创新、分享"的价值观，积极投身农村金融工作和地方经济建设。截至2023年末，广丰村行资产余额51.99亿元。其中存款余额44.03亿元，累计服务客户37万余人；贷款余额34.94亿元，累计投放各项贷款191.88亿元，上缴税金位居当地金融机构前列。同时，吴晖称，广丰村行积极践行社会责任，持续开展广信"春苗助学"和"七彩梦"等公益倡议活动，累计投入公益资金上千万元。

⊢ 任凭竞争风浪高，我自绝活搏浪行

吴晖坦言道，面对大型银行下沉的竞争压力，村镇银行要坚守"扎根县域、支农支小"的市场定位，秉持差异化战略定位，走差异化发展之路，提升村镇银行竞争能力。服务、纪律、专业化和"异业联盟"这"四驾马车"不能

忘。一靠"同富圈""积分商城"等增值服务；二靠信贷社区活动（以下简称"社活"），将优惠惠及客户，促进双方互相了解、互相信任，增强黏性，促进业绩生产。广丰村行不仅是员工、股东的村行，更是客户的村行，把村行建设成为与客户、与社区共享的平台，只要是客户，只要他的诉求符合村行的需求和要求，就可以到这个平台上来"唱戏"。

吴晖向笔者介绍了广丰村行的"拳头"产品——"微海小贝"。这是一款微贷技术产品，历经多次改进和创新，目前，正在进行3.0版的升级。谈到整村授信工作时，他向笔者表示，其实质也是批量生产中的一种。把"村"这个概念的外延扩大，核心就是要抓准"村"的本质是什么。"村"是具有相同背景、关联性、信息来源的一群人的总称，"村"就是一个关键属性相同的客户群体，这样，整村推进的内涵就很丰富了，对每一个客群的整体生产，都可称之为整村推进，而且这个客群的规模，根据关键人队伍的完善程度，可大可小。

吴晖还把整村推进的方法总结为"一拓二炼三社活"，"拓"是拓展客户，"炼"是提炼绝对小额授信标准，"社活"是指开展形式各异的"五不"型"社活"。

"一拓"：拓客，总结为"2367法"，虽然每个客群差异不小，但万变不离其宗。拓客时，逼自己养成三维的思维习惯，即从某一层级客户出发，向上、水平、向下三大方向，最多能有多少条渠道，最终形成一个拓客网络。

"二炼"：提炼绝对小额授信标准的前提是，按照该行"三不贷"要求，经过关键人筛选，已经确定了可以授信人员的名单，现在只是研究对他们的授信额度。

"三社活"：通过"社活"与各客群客户是否保持全面、长期、有效的联系，直接决定着批量生产方式的成败。"客户不烦、经理不累、成本不高、人数不少、效果不错"，是银行当前对"社活"的设计要求。

因农而生，伴农而兴

在吴晖的工作阅历中，积累了与"三农"深厚的情怀。他饱含深情地告诉笔者说，村镇银行因农而生、伴农而兴，是金融支农支小的"生力军"，是党联系广大农民的金融纽带。广丰村行始终坚持以客户为中心，围绕"产业兴旺、生态宜居、乡风文明、治理有效、生活富裕"的总体要求，灵活设置多层级的机构形式，以"支行+便民服务点+村级联络站+流动信贷团队"的服务模式贴近服务客群，全面助力乡村振兴。

如何把金融助力"三农"落到实处见到实效？吴晖介绍了具体做法。广丰村行选派多支信贷团队深入全区235个村居，充分发挥人熟、地熟优势，紧密联系各乡镇（村居）党政，建立关键人队伍，设立乡村振兴服务站点，通过开展形式多样的"社活"，有效拉近与老百姓的关系，在短短一个月时间里完成全面挂牌。广丰村行加入挂点村委工作群、当地党员群、社区居民群、行业客户群共1 052个，群内人员共11.44万人。

广丰村行始终秉持"做广丰人心中好银行"的理念，以"防范非法集资""整治养老诈骗""防电诈""存款保险"等金融知识为切入点，制订了老百姓"看得懂、听得明白"的宣传方案，先后参与到村委工作例会、党员大会、基层组织生活会、乡贤会等党建共建活动中，目前，已在各乡镇开展党建共建宣传活动上百场，受众人群上万人。同时，以零钱兑换、现场开卡、贷款授信为着力点，送金融服务到田间地头，努力打通普惠金融服务群众"最后一公里"。

吴晖还表示，农户是重要的经营主体，也是践行普惠金融，实现乡村振兴的重要抓手。为提高"三农"办贷效率，优化客户服务体验，该行运用科技手段，成功推出"农易贷"移动办贷平台，为农户打造一条无障碍贷款通道。"农易贷"移动办贷平台可实现全流程线上办理，具有流程线上化、作业移动化的特点，客户通过微信小程序或线下网点即可提出贷款申请，客户经理通过移动办贷平台开展尽职调查，审批人员无纸化完成审批，从申请到放款，30分钟便可以办结，有效提升了客户的办贷体验。

在金融科技的强力加持下，广丰村行助力"三农"推进乡村振兴取得了可喜成绩。吴晖"晒"出了最新"成绩单"，截至2023年12月末，该行支农贷款累计投放客户6.42万户、累计投放金额149.79亿元，当前余额28.61亿元，占全部贷款的81.88%。

▸不忘初心，做广丰人"自己的银行"

吴晖表示，经过10余年的不懈奋斗，广丰村行取得了较好成绩，但面对日渐增加的竞争压力，必须搏浪前行，力争做广丰人"自己的银行"。此外，广丰村行将进一步提升数据化管理能力，搭建数仓管理平台、客户关系平台、授信管理平台等，实现信贷无纸化、"一键五查"等多种功能，提升金融服务实体经济能力。

与此同时，相比于其他商业银行和农村中小银行，村镇银行作为服务当地的小微银行，是一家社区银行，具有自身的特色。村镇银行是一定半径内社区居民的"共享银行""感情银行""盈利银行"，包含五个概念：

一是机构服务半径不大的银行。社区银行的机构，形式多样，有支行、便利店、驻村服务站等，形成一个供应网络，每一个机构都贴近主要服务客户群，但半径都不大，以中老年人步行30分钟左右为宜，约两公里。

二是服务社区居民的银行。"四小两居一新"群体，由此，得出客户定位"四个银行""四类主营业务"。

三是与客户共享发展成果、推进共同富裕的银行。充分了解客户群体的金融、生活需求，在网点功能、服务特色、产品研发、"异业联盟"等方面，围绕客户需求，迅速响应。

四是与客户感情交融的银行。和客户平等、信任、融洽地相处是银行的重要竞争力，要尽可能融洽到"客户上街能放心把孩子暂时托付给银行"的这种程度。

五是有持续盈利能力的银行。盈利是银行提供产品、服务的基础，社区银行需要走上投入与盈利成正比的良性循环发展道路。

如何做好社区银行，需要一个怎样的小微经营体系来支撑？这个体系即"一基四柱"，假设社区银行是一座凉亭，企业文化、愿景、使命等是基础，以"社活""客经""客户共享"为抓手的营销管理、以"微海小贝"为核心的信贷技术、以精细化管理为重点的内部管理、以灵便适度为特征的科技支撑，共同构建了社区银行这座"银客"共享的凉亭，吴晖在最后满怀憧憬地描绘了广丰村行的美好前景。

12. "党建+"点燃高质量发展新动力

访襄汾县万都村镇银行党支部书记、董事长 ◎ 杨志峰

杨喜明

近年来，山西省襄汾县万都村镇银行高度重视党建工作，始终坚持把党建作为推动银行业高质量发展的"红色引擎"，坚持将党建和业务拓展、普惠金融、企业文化共同推进、融汇提升，不断强化党支部的政治核心地位和方向引领作用，精心培育"红色支部"，用心打造党建文化，党支部和党员成为稳定发展的坚强后盾和中坚力量，充分发挥党支部的战斗堡垒作用和党员先锋模范作用，创造了"标准化党支部+学习型队伍+开放式阵地+社会责任"的万都村镇银行发展模式，实现了党建工作与企业发展同频共振。"红色银行"的打造使全体员工爆发出了强大的服务县域经济的动力，该行多次荣获省级、市级、县级荣誉，2023年被评为"省级清廉民企"单位，努力建设成为政府满意、百姓满意、股东满意、员工满意的银行。

┣"党建+"思想政治引领

走进襄汾县万都村镇银行，随处可见的是"红色氛围"，一楼企业文化大厅，总行大楼电梯间、步梯间均融入万都发展理念、企业精神、员工风貌等元素，在总行大楼五楼着重打造了清廉文化长廊、"五抓五强""廉政教育"等党建文化宣传墙，丰富企业文化建设，让员工时刻感受到党建文化的存在，接受

思想政治的洗礼。

襄汾县万都村镇银行董事长杨志峰向记者表示：作为一家地方性金融机构，业务发展是关键，但襄汾县万都村镇银行着重党建、经营"一盘棋"同步发展，折射出的是非公组织党建工作凝聚的巨大向心力。

据介绍，襄汾县万都村镇银行党支部自建立之初就坚持以党支部建设标准化为抓手，落实"四抓一整治"举措，即抓党建、抓环节、抓实效、抓业绩，全面开展党风廉政建设整治，全面实行企业负责人与党支部书记"一肩挑"，董事长兼任党支部书记。襄汾县万都村镇银行大力推行企业管理层与支委班子交叉任职，支委班子全部由管理层中的党员担任；将党建工作要求纳入企业章程，明确党支部在公司法人治理结构中的法定地位，把党的领导融入公司治理各环节，确保工作实效。在党支部的带领下，襄汾县万都村镇银行着力打造标准化党支部，不断强化党组织领导基层治理、引领产业发展、引导作风优良的领导核心作用。

"党建+"人才队伍建设

"襄汾县万都村镇银行积极提升企业内生力，打造学习型队伍。紧紧抓住职工晨会和党员集中学习例会时间，开展思想政治教育，进行各类技能培训，增强党员员工党性观念和主人翁意识，提升理论素养和业务水平"，杨志峰称。

据介绍，该行采取党支部委员轮流讲课、聘请专家授课、网络听课、交流学习、专题讨论、党建基础知识测试等形式，及时传达学习党建有关会议文件精神、应知应会知识和先进典型经验等，切实加强党员干部学习教育，确保党员干部始终保持先进性和敏锐度。

在抓好党员干部理想信念教育方面，该行牢固树立"四个意识"，坚定"四个自信"；以《中国共产党章程》《中国共产党纪律处分条例》和《中国共产党廉洁自律准则》为主要内容，抓好党纪党风建设，强化政治纪律和组织纪律；以意识形态教育为重点，筑牢党员干部思想意识防线。

"党建+"企业文化建设

自成立以来，襄汾县万都村镇银行按照"六有五室两统一"（"六有"，即有场所、有设施、有标志、有党旗、有书报、有制度;"五室",即多功能会议室、党建工作室、图书阅览室、党员活动室、谈心谈话室;"两统一",即统一命名、统一标识)标准,建成襄汾县标准化非公企业党群活动室示范点,在满足党员职工日常教育、活动需求的同时,全天候向党员、群众开放。

2023年11月28日,在县委组织部的安排部署下,襄汾县"两新"组织党群服务中心在襄汾县万都村镇银行建设成立并正式启用,服务全县96个非公经济组织、18个社会组织,尤其是搭建了"企业家之家""暖新驿站""两新讲堂"载体,强化服务功能,搭建服务"连心桥",提供党员教育、凝聚人才、服务群众的重要平台,为"两新"组织提供纾困解难、信息交流等帮助,通过党建联合,进一步强化支部建设,增强服务内动力。"两新组织"的成立,为全县各党支部搭建了学习和交流的平台,吸引各组织参观学习。

据介绍,襄汾县万都村镇银行党支部始终把积极履行社会责任作为企业发展的价值准则之一,突出实践导向,由党支部牵头,以党员为骨干,发动全体职工群众开展"我为群众办实事",组建了"万都党员先锋队""青年义务志愿队""巾帼志愿服务队""脱贫攻坚帮扶队""百人威风锣鼓队"等组织,深入辖内社区、乡村开展志愿服务,2023年全年开展110余场次,服务3.5万余人次。该党支部开展义务服务"三农"、保护环境、植树造林、慰问养老院老人、留守儿童等活动,激发了党员履行义务、服务群众、奉献社会的自觉意识。

⊢"党建+"服务实体经济

为全面贯彻落实国家普惠金融和乡村振兴战略,襄汾县万都村镇银行不断践行金融便民、金融惠民、金融利民的普惠金融精神,提升对"三农"经济的支持力度。

杨志峰告诉笔者:襄汾县万都村镇银行自2013年成立以来,始终恪守支农支小、扶持小微、服务村镇的服务理念,结合襄汾县域实际和金融服务状况,为将金融服务前移到"三农"需求的第一步,提升金融服务的精准度,襄汾县万都村镇银行发挥金融服务的创新精神,2021年7月经襄汾县委组织部委派,襄汾县万都村镇银行第一批"金融村干部"——27名党员干部首次挂职行政村，担当惠民政策宣传员、乡村振兴参谋员、金融风险防控员、普惠金融服务员、电子商务指导员、农村金融力量培养员。2023年3月，第四批"金融村干部"下挂，自此我行180名干部职工全部担任"金融村干部"，先后召开"金融村干部"重点产业帮扶推进会，打造'特色产业重点支持示范村'，召开"金融村干部"专项工作培训会、基层干部再对接以及"金融村干部"支农助农等活动。派驻至今，180名"金融村干部"共计开展驻点服务、现场宣传及专题讲座6 593余次，各类暖心服务8 881余次，开展"全民授信"活动937余次，授信7 646余户、金额7.19亿元，用信2 525户、金额2.88亿元，脚步踏遍襄汾县域236个行政村，丈量丁陶大地25万公里。2023年9月，在"金融'村干部'们工作经验的带动下，在县委县政府的正确领导和县委组织部的大力推动下，我行牢牢把握"面向'三农'、面向小微企业、面向社区家庭"的服务方向，创新"党建+社区、村居"模式，继续选派12名廉洁自律、道德高尚的同志担任县城12个社区的"金融助理"，100余名员工担任居民小区的"金融专员"，平均每个社区派驻12~15名专员组成"金融服务团队"专项服务社区金融工作，担任"金融助理""金融专员"以来，我行充分发挥桥梁纽带作用，开展节日慰问、爱老敬老、金融知识宣讲等活动，搭建"支农助农"桥梁，帮助解决农产品滞销问题，在2023年末，我行组织12个社区召开了"银行+社区"党建共建座谈会，推动党建工作和金融服务有机融合。2021年1月起，我行就开始探索一条"政银合作"新模式，与襄汾县行政审批局共同开展"一站式帮办代办，资金支持上门"的"一揽子"服务，通过商事登记帮办代办，将信贷资金支持前移到企业开办的第一步，"打通金融服务最后一步路"，实现了精准帮扶、精准支持、精准获客。2023年的9月，"政银合作"提档升级，丰富了合作内容，共同推进了服务的便民化、主体化，打造了"政银合作便民服务中心"。截至2023年12月末，我行先后将18 525份营业执照送至客户手中，现场授信3 112户，金额3.21亿元；用信2 106户，金额1.80亿元，充分发挥了助力乡村振兴金融主力军作用，同时为2 280户小微企业、商户就地帮办税务信息登记服务，充分发挥"三农"服务的作用，为优化县域营商环境添砖加瓦。

谈及下一步的部署时，杨志峰表示：新时代、新机遇、新万都，在新的一年里，襄汾县万都村镇银行将始终以党建为统领，全面贯彻落实党的二十大精神，以习近平新时代中国特色社会主义思想为指导，认真落实中央、省、市、县战略部署，立足新发展阶段，贯彻新发展理念，构建新发展格局，坚持"稳中求进、以进促稳"工作总基调，凝聚共识、提振信心、真抓实干，围绕"调结构、降成本、提质量、增效益"这一主题，奋力开创襄汾经济发展新局面。

13. 台州银行"北漂"京郊　顺风顺水又"顺义"

访北京顺义银座村镇银行董事长、行长 ◎ 杨灵国

📷 伍洪　方有成

全国金融界有个公认的说法：小微金融"全国看浙江，浙江看台州"。北京顺义银座村镇银行由台州银行主发起设立，厚植特色企业文化，做到"以文润色"，该行持续探索提高金融服务小微企业质效，在全国1 645家村镇银行里有着很高的赞誉，该行在支农支小、惠农强农、支持美丽乡村建设中发挥了重要作用。记者赶赴京郊顺义，专访了北京顺义银座村镇银行董事长兼行长杨灵国，探寻该行的发展奥秘。

├ 台州"南风"京郊化"春风"

"'银座银行'就是好！办理贷款就是快！我们这一条街的商户都是他们的客户。"在北京市顺义区石门市场，来自河北易县的水果商赵老板高兴地告诉记者。

"金杯银杯不如老百姓的口碑。"这一股新生的金融力量从东海之滨而来，在京郊大地上生根发芽13年，秉承支农支小的市场定位，不断向下深耕。北京顺义银座村镇银行自2011年成立以来，立足京郊实际，满足小微企业融资"短、小、频、急"的需求特征，为客户提供简单、方便、快捷的金融服务，打通了一条以社区居民为基础、以小微客户为受众的村镇银行"新航道"。

13. 台州银行"北漂"京郊 顺风顺水又"顺义"

说起"银座银行"的发展历程，杨灵国董事长如数家珍，侃侃而谈。自己本是千里之外的浙江台州黄岩人，1994年大学毕业即进入台州银行，彼时的台州银行才100多名员工。如今36年的台州银行，员工已超万名。2011年1月，台州银行挟改革之劲风，一路北上吹拂到了京郊顺义，化作缕缕春风，联合当地国有上市农企"顺鑫农业"发起设立北京顺义银座村镇银行，从此在京郊这片"顺风顺水又顺义"的热土上生根开花，结出累累硕果，成为超大型城市中一家"举足轻重"的村镇银行。杨灵国董事长清楚地记得，自己主动请缨外派顺义时，正是不惑之年，而今，他已经把人生中最美好的10年岁月奉献给了"银座银行"。

求木之长者，必固其根本。据杨灵国董事长介绍，该行自诞生之日起，便高度重视党建工作，与时俱进，守正创新，不断推动党建工作与金融服务的融合发展，在各级党委、政府、监管部门的正确引导下，将党建工作纳入公司章程重要章节，在公司治理制度层面明确党组织"把方向、管大局、保落实"的领导核心和政治核心作用，以高质量的党建工作实效，引领业务高质量发展。饮水思源，公益先行。北京顺义银座村镇银行积极投身社会公益事业，一方面，针对辖区老年人、困难户等特殊群体送慰问、送关怀、送知识；另一方面，下沉服务，深扎村居、社区，深入企业、园区开展公益金融服务活动。

秉承"小微企业伙伴银行"的服务宗旨，截至2024年1月末，该行存款余额121.09亿元，贷款余额69.94亿元，辖内12家营业网点，累计服务储蓄客户19余万户、贷款客户2.7余万户，信用、保证类贷款户数占比达90.1%，小微及"三农"的贷款占比达90%以上，户均70.3万元。北京顺义银座村镇银行为当地的经济社会发展作出了重要贡献，得到了国家有关部门的肯定和认可，也受到了顺义区委、区政府及监管部门的表彰和鼓励，更收获了成千上万位客户的热诚赞扬和高度信任。13年的砥砺前行，北京顺义银座村镇银行在京郊顺义俨然已根基苗壮、枝繁叶茂。

┝"生活圈""生意圈"同画"幸福圈"

记者来到顺义银座村镇银行，映入眼帘的是大气宽敞和明亮的营业厅，整洁规范的柜面让人感到温馨亲切。大厅右侧，陈列着三层、四层小巧精致的货架，货架上面粉、糖果和生活用品一应俱全。杨灵国董事长兴致盎然地介绍道："这是为客户精心打造的'两个圈子'之一的'生活圈'线下商品空间，既能为我行'生活圈'特约商户赋能，提供展销平台，也能使我行'生活圈'用户享受生活便利的同时享受真正的实惠。"

"从自身产品来讲，我们打造'两圈'平台，目的是能够赋能我行客户，我们搭建的'生活圈'平台，旨在让网点附近方圆3公里内的客户和商户成为我们的'圈友'，目前已经有4 000多户商户入驻'生活圈'。"杨灵国董事长引以为豪地向记者介绍道，该平台本着服务客户的功能定位，不仅推送物美价廉的生活用品，而且还包含了美食、理发、美容、汽车修理等多项百姓喜闻乐见的生活服务，通过"生活圈"平台，随时随地就能下单，极大地方便了"圈友"们线上线下采购和现场消费。

杨灵国董事长带领记者一行来到石门市场，一进到石门市场水果批发区，就见到了该行客户老赵。赵老板在石门市场做水果批发生意，见到顺义银座村镇银行的杨董事长和肖经理，立马热情地迎了上来。"感谢'银座银行'的支持啊，这两年多亏了你们为我提供的50万元信用贷款帮我渡过了难关！"赵老板不停地夸赞道。赵老板的店面约两百平方米，每年租金就有20万元。"多亏咱们银行的贷款，今年生意明显好起来了！"赵老板的朴实感染了在场的记者。

2022年6月，受新冠疫情影响，顺义区大孙各庄镇某村一西瓜种植大户面对大片成熟的西瓜，却苦水涟涟，"望瓜兴叹"。顺义银座村镇银行客户经理得知这位瓜农的苦衷，当即决定"临危救急"，组织力量连出三招助其销售西瓜：第一招是在银行的"生活圈"发布西瓜销售信息，向数万"圈友"展销；第二招是在银行大厅"生活圈专区"展示；第三招是直播带货，银行选派工作人员策划直播。该行第一次直播选在其营业大厅，1小时的直播带货帮助销售1 500斤西瓜，收入超3 900元，第二场直播直接搬到田间地头，在西瓜地里两小时的直播，就吸引了500余名圈内圈外粉丝和观众围观，两天时间销售西瓜5 500斤，总计促销收入14 000余元。

据了解，北京顺义银座村镇银行在京郊精心打造的另一个"圈子"就是"生意圈"。"生意圈"平台是该行为小微企业打造的专属供应链金融平台，意在方便生产商、批发商、零售商上下游之间的生意往来，该平台不仅解决了小

13. 台州银行"北漂"京郊　顺风顺水又"顺义"

微客户记账零散、繁琐和纰漏等问题，更重要的是该行还根据入驻"生意圈"客户的生产经营规模、征信等状况，对其进行"圈内"授信——"e购贷"，授信成功后，客户在向上游供货商订货时，可直接选择"e购贷"直接结账，随借随还，灵活方便。"很多企业都已经成功入驻'银座银行生意圈'平台，成为了核心企业，这不仅帮助他们极大地拓展了市场空间，而且也保障了他们在业务拓展过程中现金流的通畅。"杨灵国董事长继续介绍着。

├"北漂"京郊城乡"春满园"

随后，记者一行又前往顺义区南彩镇某大型生活超市进行走访。一抵达目的地，映入眼帘的便是占地15亩、建筑经营面积近8 000平方米的生活超市；走进超市，各色商品琳琅满目，前来选购的顾客络绎不绝。四十来岁的叶先生是浙江丽水市青田人，祖祖辈辈都是地地道道的农民，靠销售老家乐清市低压电器生意起家的他，十多年前带着梦想成为"北漂一族"，并在顺义区内创办了第一家大型民营超市。一路稳扎稳打，叶老板的超市从小到大，做到了今天的规模，算得上顺义当地数一数二的民营超市。

2011年1月，北京顺义银座村镇银行开业，叶先生冲着家乡情结，成了该行的第一批客户。叶老板至今记忆犹新，在"银座银行"取得的第一笔贷款是20万元。13年后的今天，叶老板在"银座银行"的贷款余额达250万元。目前，他在顺义区11个店面的年销售总额可达6 000万元，创造的就业岗位就有200多个。叶先生还当选了顺义工商联主席，北京市浙江青田商会副会长。"自己超市能取得这些成绩还得要真心感谢'银座银行'，是'银座银行'一路陪伴我发展壮大起来的。"叶老板衷心地感谢道。

叶先生只是该行支持"北漂"人发展壮大的一个缩影。据了解，在北京市顺义区李遂镇李遂村有一群不一样的农民，他们来自河南省信阳市光山县"北漂"到这里租地种地，主要种植蔬菜瓜果。这些几乎没有多少本钱的"新农人"，只有一身好劳力和一双勤劳的双手，在春播春种时节，他们急需资金支持，"银座银行"的客户经理立即上门走访了解情况，经过深入考察论证，最终向这些北漂的"新农人"发放了数笔纯信用贷款。截至目前，该行累计发放涉农贷款376.42亿元，其中信用贷款75.1亿元。

骐骥一跃，不能十步；驽马十驾，功在不舍。采访结束后，杨灵国董事长向记者表示：下一步，将继续传承和发扬做"中小企业伙伴银行"的市场定位，以"不是一番寒彻骨，争得梅花扑鼻香"的态度；以"咬定青山不放松，立根原在破岩中"的方法；以"长风破浪会有时，直挂云帆济沧海"的决心，真诚服务京郊这片热土，推进全行各项业务可持续、高质量发展，为京郊顺义贡献"银座银行"的金融力量。

14. 礼赞初心　讴歌"新金融"

访重庆彭水民泰村镇银行党支部书记、董事长◎朱华

伍洪　方有成　王港

"彭水民泰村镇银行下设营业网点5个，资产负债总规模近40亿元，累计发放贷款63.07亿元，累计服务县域客户7.7万余户，其中农户与小微企业贷款占比始终保持在90%以上"，重庆彭水民泰村镇银行党支部书记、董事长朱华向笔者介绍道。

▶ 扎根苗乡，扬起风帆开新局

彭水县——重庆市唯一以"苗族"为主的少数民族自治县，地处武陵山脉，依傍乌江流域，属"两山夹一槽"地貌。崇山峻岭之中的彭水县受自然地理禀赋所限，却显现出"第一产业弱、第二产业缺、第三产业虚""农民多、农村穷、农业弱""人居分散"等状况，边远农村地区较难获得金融服务。

朱华回味起自己"西征"中国西部并留下难得的"山海情"时称，受"西部开发"和"中西部联动"的感召，2012年6月，地处发达地区的浙江民泰商业银行便在彭水县发起设立重庆彭水民泰村镇银行，以助力乡村振兴宏伟事业。自成立以来，彭水民泰村镇银行始终坚持"善小而精，无微不至"的服务理念；坚守"服务'三农'、专注小微"定位；坚持党建领行，助推普惠金融服务走进千家万户。

党建领航，披荆斩棘谱新篇

浙江临海市出生且金融科班出身的朱华，在浙江民泰商业银行体系内任职已有15年之久，2020年9月，升任彭水民泰村镇银行董事长。朱华结合自己的实践经验总结表示，为不断推动党建融入公司治理、融入经营发展，着力实现"双融双强"，彭水民泰村镇银行将支部归口发起行，完成党员转移，在全行范围内实现党组织垂直管理。该行形成了以《公司章程》为"中点"，以党建制度为"起点"，纵向垂直到董、监事会、高级管理层、部门/支行，横向延伸到行政管理、市场发展、风险合规、运营执行、审计监督的双线交叉"网格"机制；全面推动"党建+N"活动创建，规范董、监、高履职，有序推进"双向进入、交叉任职"、严格落实支部前置董事会决策研究，优化完善会议决策内容。紧贴"民牌"平台建设，推动政治引领"民"牌、业务发展"民"牌、模范标杆"民"牌、清廉阵地"民"牌、创新服务"民"牌"五大民牌"建设。

聚焦主业，乘风破浪深普惠

支农支小、做深做实普惠金融服务既是村镇银行的使命与要求，也是契合农村金融需求与实现可持续发展的立身之本。正是彭水民泰村镇银行不断下沉金融服务，一如既往地坚持走好进村入户、批量化营销差异化发展道路，才能在过去十多年的艰辛发展历程中将"歪路"走正、"曲路"走直，并在复杂的经济环境中不断完善架构、制度等体制机制，基础客群不断壮大，发展基本面持续向好。朱华——给笔者梳理出彭水民泰村镇银行如何聚焦主业，奋勇前行的做法。

彭水民泰村镇银行通过在推进"营销点""示范点""普惠金融到村基地""金融服务港湾"等工作中活用整村授信的方式，依靠"党建联建"搭桥，深化"'银政''银企''银村'共建+整村授信"模式，充分发挥地方党政优势，促进"银行、地方党政、企业、农户"等多个层面资源共享、难题共解、产业互助；通过签订"联建共建普惠金融基地协议""整村授信协议"，既授信到村到户，又在基地共建上助推普惠金融覆盖面、业务创新能力、支小服务效

14. 礼赞初心 讴歌"新金融"

能"三提升"。

彭水民泰村镇银行积极落实"六稳""六保"、乡村振兴、绿色金融等政策，在班子成员的带头下，主动发挥党员、青年员工的实干精神，充分用好用足延期还本付息、普惠小微企业信用贷款等直达工具与支农支小再贷款，加大对小微企业、"三农"领域的信贷投放力度；不断提升移动机具PAD使用率，灵活提供期限匹配、随借随还、纯信用或农村住房抵押、二次抵押、"信用+担保"、PAD移动作业、简化资料采集等灵活多样的金融服务。

彭水民泰村镇银行在全行选拔组织"'红百合'志愿服务队""金融知识宣讲团"两支队伍，引导全行青年员工在"普惠金融到村服务基地"常态化地开展金融知识、防范电信网络诈骗等宣讲活动；建立客户经理联系制度，在村居"上墙"客户经理信息牌，广大青年员工走在田间地头，深入农户家中，与群众"面对面""零距离"拉家常、聊产业、看行情，认真了解他们发展的难题，实行"一户一策"，解决农户实际困难；针对脱贫农户，除了信贷支持外，在营业大厅内设立"农产品展柜"，并号召员工购买，拓宽农产品营销渠道。目前，该行信贷业务条线人数占比超60%，全年乡村工作时间占比保持80%以上。

彭水民泰村镇银行牢固树立"以人民为中心的发展思想"，紧紧围绕当地特色产业、特色旅游、行业协会等，开展入户金融需求调查，分类建立走访台账，细分客户群体，大力推行绿色信贷模式，因地制宜创新推出乡村振兴系列贷、绿色金融系列贷，不断夯实地域、机构、人员、客户、服务"五个下沉"基础定位。目前，该行累计授信建档农村基础信用户两万户，涉及4万余人；累计发放涉农贷款53.5亿元，发放普惠小微贷款48.18亿元，农户和小微企业贷款占比始终保持在90%以上。

├ 凝心聚力，搭建平台铸亮品牌

在坚守初心使命与服务践行上，彭水民泰村镇银行始终秉承"用激情点燃奋斗之火"的企业精神，用"善小而精，无微不至"的服务理念认真对待每一位客户，努力做实"重信、合规、融聚、精进、创新"的价值观，践行"用温暖的金融助推彭水的小微企业繁荣"的企业使命。

朱华表示，在搭建员工干事平台上，彭水民泰村镇银行始终以实现企业和职工真诚合作、共谋发展为目标，坚持以人为本，创新工作机制，努力构建规范有效、公正合理、互利共赢、和谐稳定的劳动关系；充分发挥"党工青"融合作用，活跃工会、共青团，强化日常活动练兵，注重打造丰富的企业文化活动、丰富工会活动种类，进一步增加行内"人情味"，提升员工对内对外凝聚力，提高员工对工作的认同感。

朱华最后向笔者一行介绍了彭水民泰村镇银行历年来的荣誉成绩单：成立至今，彭水民泰村镇银行已先后获得"全国金融企业绩效评价优秀（AAA）级单位""全国支农支小先进单位""重庆市金融服务进社区先进单位""重庆市优秀监管统计单位""重庆市小微企业金融服务先进银行""重庆市小微企业金融服务先进单位""黔江区优秀统计单位""先进基层党组织""重庆市和谐劳动关系评定等级'AAA'企业"等40余项奖项。

15. 走品牌之路 做百姓信任的银行

访温岭联合村镇银行董事长 ◎ 钱慧强

徐广昊

为助力"新温岭人"创业，创新推出"新邻·积分贷"；急农户所急，积极打造"邻里·仟禾福"项目；为拓宽农民融资渠道，推出农村土地承包经营权抵押贷款；当农业类种植、经营项目受限于生长周期长、效益低，需要金融资金助力时，"乡村振兴·兴农乐"应运而生。近年来，由杭州联合银行主发起的浙江温岭联合村镇银行始终与乡村发展保持同频共振，在创新金融产品、做实金融服务上持续发力，俨然成了行业里金融赋能乡村振兴的佼佼者。

扎根县域助力乡村振兴。"我行一直把普惠金融重点放在乡村，致力于通过我们的金融服务，让整个农村'活'起来，产业发展，村庄兴旺。"温岭联合村镇银行董事长钱慧强说。

党的十九大报告提出的实施乡村振兴战略，让深耕农村市场的温岭联合村镇银行"如鱼得水"。为了实现大力支持发展农村生产力、发展现代农业、拓宽农民增收渠道的目标，该行不断创新产品和服务模式，形成了富有自身品牌特色的产品库。

2020年7月，该行将"仟禾福"项目引入温岭，在全市范围内推广。"我们通过与杭州安邦农业生物科技合作，由银行出资免费为温岭的种植户提供'仟禾福'有机肥，助力绿色经济可持续发展，促进农业增产、农民增收。"

温岭联合村镇银行相关工作人员说。推广前期，该行以滨海支行作为"仟禾福"试点支行，为当地葡萄种植户提供首批"仟禾福"有机肥，并邀约农业专家不定期前来指导。截至目前，参与测试的农户已有123户，测试品种包含葡萄、甘蔗、红美人、草莓等，测试面积300余亩。

├助力"新温岭人"创业创新

目前温岭外来人口在册61.46万人，占温岭市户籍总人口的近50%，但受银行机构贷款政策、法律风险等因素影响，这些外来创业者在创业过程中普遍存在"融资难、融资贵""担保难、担保累"等问题。为此，2023年，温岭联合村镇银行组建了专门面对"新温岭人"的小微贷营销团队，推出产品"新邻·积分贷"。2023年6月17日，该行与温岭市流动人口服务中心签订党建共建合作协议，启动"党建联创"活动。

"新邻·积分贷"贷款额度最高可达100万元，是以温岭市流动人口积分为准入条件之一发放的小额个人贷款产品。温岭市流动人口积分20分（含）以上即可办理。该产品创新式接入了流动人口服务中心积分系统，将流动人口的积分与贷款利率挂钩，积分越高利率越低。截至目前，该行已向592位"新温岭人"提供信贷资金9 511万元。

"我们希望通过与流动人口服务中心的系统互通，把党建工作与业务发展有机融合起来，真正为'新温岭人'带来全方位帮扶，多措并举为创业创新注入新活力。"钱慧强表示。

不单是"新邻·积分贷"，该行还创新推出了"邻里"系列产品，例如针对移动商户的"邻里·移商贷"；针对3名及以上新贷款户组团来贷款的"邻里·拼团贷"；针对户籍地为温岭市区域以外，但经营地、工作地或常住地在温岭市的个人客户的"邻里·新邻贷"等，使该行的支农支小服务更加系统化、规范化、精细化。

├拓宽服务渠道，打通"神经末梢"

除了不断创新产品，为了更好地下沉到一线，全面打通农村金融服务"最后一公里"，温岭联合村镇银行还深入推进网格化、村居化营销战略，深

15. 走品牌之路 做百姓信任的银行

入走访乡镇、村社、企业、农户，打造"联合温邻"品牌，努力构建温情邻里关系，彻底打通农村金融服务的"神经末梢"。

"依托各个网格，我们打通信息沟壑，建立电子档案，勾勒客户画像，摸索村企的金融需求，主动上门送贷，第一时间为他们解决融资问题。"钱慧强介绍说。

为了及时满足网格内多元化的金融需求，该行逐步强化各经营单位的营销意识和催生特色营销方案，例如拓客会、菜场营销、异业联盟等，还搭建了"党建+金融"平台，以党员群体为切入点，逐步渗透到乡镇的村居当中，进而进入村居的产业圈，进一步扩大小微金融服务圈。2019年开始，该行与温岭辖区内各镇（街道）、村居（社区）、楼宇开展党建共建，推出红色信贷产品，并成立含村居（社区）内关键人的农户信息评议小组，进行"背靠背"评议，建立农户授信白名单，高效、精准、稳健地进行批量化授信服务。截至2023年12月末，已与1个楼宇、2个街道、3个机关单位、1个协会、1个商家、221个村居（社区）建立了党建联建关系，"整村授信"评议已落地249个村居；针对重点开发村居"整村授信"超5.5万余户，授信金额超50亿元。

同时，在行党委指导下，该行还组建了15个金融政策宣讲团，发挥金融青年作为金融服务主力军的作用，深入田间地头、村居社区、园区企业开展金融政策宣讲，进一步提升企业金融政策知晓率的同时，帮助企业用足用好政策，切实推动政策传导落地，走出了一条既"接地气"又"有特色"的经营发展之路。

创新产品，贴合市场需求

温岭联合村镇银行针对"党建+金融"平台，创新推出红色信贷产品——党员"标杆贷"与"红星卡"，希望以党员群体作为引领带动村民创业致富。2021年，中国银保监会台州监管分局党委联合台州市委"两新"工委，举办台州市银行业、保险业"金融党建+民营经济"表彰大会，温岭联合村镇银行的"创新红色信贷产品，助力民营经济高质量发展"项目凭借有特色、有成效的精准服务被评为"优秀书记领办项目"。

除此之外，该行与台州市新报基金融资担保有限责任公司、中国人民财产保险公司等对接合作业务，充分发挥其利率优惠、免找担保、办理便捷的优势，使小微企业轻装上阵；推出"拥军贷""军属贷""军人贷"系列产品，帮助解决军人军属就业融资问题；推出"扶泵乐""农房贷""果蔬贷""渔辅贷"等系列产品，扶持区域特色经济发展；推出"零门槛、零期限、零费用"的"续贷宝"，为优质企业降低周转成本、缓解周转难题。

"贷款金额可以更小，客户从事行业可以更广泛，走进基层的脚步可以更深入。作为村镇银行，我们的职责就是努力贴近小微企业和'三农'，当好金融'店小二'。"钱慧强说，"未来我们也将一直不断调整结构，把金融服务触角下沉得更深，用更优、更快、更好的服务做金融服务的'排头兵'、做温岭百姓信任的银行，努力将温岭联合村镇银行打造成为可持续稳健高质量发展的优秀村镇银行。"

16. 深耕县域　坚守定位　为地方经济高质量发展赋能

访诸暨联合村镇银行董事长◎俞国荣

📷 徐广昊

浙江诸暨联合村镇银行成立于2013年，现辖8家支行、13家便民服务点，共有员工205人。截至2023年12月末，该行存、贷款规模突破80亿元，创造净利润3.85亿元，完成股东分红8 800万元，累计上缴各项税收1.86亿元，成为业内的佼佼者。

经历风雨，终迎彩虹，回顾起发展历程，诸暨联合村镇银行董事长俞国荣感慨万千："开业初期，诸暨联合村镇银行因整体定位出现偏差、急功近利等原因，在2014年底风险爆发，隐性不良率达20%。在银行声誉方面，民间传言'村镇银行是小贷公司'，因此引起了监管部门的高度关注。面对这些问题，在股东的强烈要求下，主发起行——杭州联合银行于2014年末快速对董事会进行了换届选举，成立了新的领导班子，对银行的整体发展工作进行了大刀阔斧的改革创新。经过全体干部员工的努力奋斗，2023年1月18日，我行终于顺利地乔迁至自己建造的总部大楼，实现了'由小变大、由弱变强'的蝶变。"

2014年换届后，刚挑起担子的俞国荣马上对该行所遇的困境进行了细致分析。他认为，"思路决定出路、细节决定成败"，及时确立了"稳固根基立行、稳步发展兴行"的发展理念，提出了"齐人心、建架构、报规划、广宣

传、提合规、拓业务、遏不良、提质效"的24字工作方针，并将其扎扎实实地落实到了工作中，从根本上解决了该行当时面临的巨大困境，并迎来了新的发展生机。

├ 重文化、齐人心，着力打造农村金融服务精英队伍

作为在困境中临危受命接任的董事长，也作为诸暨市第二家法人银行机构"掌门人"的资深农村金融干部，俞国荣深刻意识到，只有坚持打造属于村镇银行特色的企业文化，才能最大限度凝聚共识，团结上下，在"白热化"的金融竞争中占据属于村镇银行自己的一席之地。

俞国荣积极打造"以奋斗者为本"的"狼性文化"，始终把经营村镇银行当作经营自己的家一样，并把工作当成"人生的最后一份事业"去经营，全身心投入银行的改革创新，"五加二""白加黑"地为团队拼搏。尤其在支行网点开业前期，他主动带领支行长、团队人员走访镇村两级党委、政府，自上而下打通渠道，和镇村两级领导建立良好的合作关系，为诸暨联合村镇银行分支机构业务的开展奠定了坚实基础。

俞国荣积极打造"人人都是村镇银行一份子"的家文化，积极发挥"党工妇团"力量，凝聚合力，每年组织开展工会元旦登山、职工疗休养旅游、员工生日慰问、健康体检、新春团拜会等一系列活动，让每名员工时刻都能够感受到村镇银行大家庭的温暖，打造"有温度的村镇银行"。经过多年发展，诸暨联合村镇银行的员工总人数从60人增长到200余人。同时，他凭着自身的影响力，还带来了一大批诸暨农商银行的"精英"。目前，诸暨联合村镇银行一半以上的中层管理人员都是从诸暨农商银行"挖"来的，这为该行健康可持续发展注入了强大的动力。

此外，俞国荣强化制度体系建设，在运营、信贷、综合、业管、合规等方面建立起基本覆盖到每个条线和每个风险环节的338项制度。他大力支持员工开展各类培训、技能比武、主题竞赛，让合规知识入脑入心，使全行上下由原来的"要我学"逐步转变为"我要学"的合规学习氛围。他严肃纪律，对不良贷款进行责任追究，杜绝违规违纪之风；借助检查整顿和"回头看"，创办合规内刊，督促员工检查、整改、学习不断巩固；积极打造"村镇银行的贷款

不是那么好逾期的"合规文化和风清气正的金融服务精英队伍。

├ 拓业务、夯基础，迅速提高村镇银行盈利能力

2014年末，诸暨联合村镇银行8.37亿元贷款中存在1.5亿元的不良贷款，贷款户均达到75万元。为"稀释"不良贷款，俞国荣提出"坚持市场定位，做'双基'；做大业务规模，降不良"的经营思路。通过产品创新、做大"贷款分母"来"稀释"存量风险，达到监管部门提出的"逐步化解、稳步推进"的监管要求。同时，该行积极对接当地财政局，2015年即获得财政资金招投标资格，得到财政资金存款3亿元，定期5年，增加了放贷资金的实力，实现"贷款分母"增大，"稀释"不良贷款压力。目前，该行存、贷款规模突破80亿元，位居绍兴市5家村镇银行榜首；户均贷款28万元，100万元以下贷款占比达70%以上，充分体现了坚持支农支小的市场定位，"做小做散"稳健发展的经营理念。

俞国荣带领队伍因地制宜创新产品，夯实发展基础；打造了"袜业贷""香榧贷"等特色经营行业贷和"养老贷""信用贷"等支农支小惠民贷两大贷款系列产品，以满足不同客户的信贷需求，促进了该行贷款业务的稳定发展。截至2023年12月末，该行信用贷款达到19.07亿元，占贷款规模的53.21%；为解决民生保障而发放的"养老贷"，更是引起当地监管部门和各级媒体的关注。

├ 整思路、遏不良，稳妥开展清收工作有成效

甫一上任的俞国荣，不良贷款成为他的"压力山大"。为此，他及时调整思路，一方面，严把贷前、贷中、贷后风险管理，形成"堵新三大防线"，成立风险合规部、内审部；另一方面，诸暨联合村镇银行于2017年成立"打逃办"，开展专项清收，便于客户经理轻装上阵拓业务。2022年，又成立"维权部"，专门管理该行历史疑难风险贷款并做实核销贷款的收回工作。在不断的发展探索中，该行逐渐形成了"上门催收、有礼有节；协商方案，落实进度；法院约谈，执行和解；悬赏执行，舆论施压；强制执行，司法拘留"的"控旧亮剑五步法则"，并创新了多种不良贷款清收手段，和当地法院联合在浙江省

首推"悬赏执行令",为该行的不良贷款清收工作起到了良好的震慑作用。同时,还执行转破产、限高、限驾、布控等系列强有力的措施,在当地宣传平台进行广泛宣传,制造舆论压力。经过6年的努力,该行始终将风险贷款不良率控制在了1%以下,不良贷款清收取得显著成效。

谋布局、推品牌,努力打造百姓信任的银行

诸暨联合村镇银行开业之初,该行职能部室设立尚不完善,一度存在前台、中台、后台不分的状况,操作风险极大。俞国荣到任后,第一时间细分了中台、后台,成立信贷管理部(风险管理部)、内审部等,完成商业银行架构体系建设。2023年,该行又进一步规范了公司治理的架构体系,设立董事会办公室,与综合管理部合署办公;设立监事会办公室,与内审部合署办公,从而保障了银行业务的合规经营。

在金融同业竞争"白热化"的诸暨,俞国荣认为,只有不断向前延伸服务触角,才能争取到源源不断的客户,并以此提升该行的社会影响力和知名度。于是,他谋篇布局,在市区建造起新的办公大楼,在辖内21个乡镇街道开设支行网点,物理网点覆盖率超过县域90%的乡镇,网点数量在当地业内位居第三,实现了普惠金融"村村通"。

俞国荣深刻意识到,品牌塑造和宣传推广对银行发展的重要性。对此,他在多维度、立体式地在宣传方面下功夫,先是在通往乡镇的公交车上和高铁站出口处等地投放广告,在员工私家车上贴上诸暨联合村镇银行标识,后又编辑并出版了《诸暨联合村镇银行》杂志,并邮寄给市委、市政府和各科局、乡镇、街道、村居的领导,以此介绍并扩大影响力。此外,该行还在当地党报、银行官方网站、微信公众号以及员工微信朋友圈上积极宣传该行品牌文化和各类产品信息,经过一系列举措,该行的社会知名度不断提升,赢得了良好的发展空间。

好学习、强交流,积极赋能县域经济发展

俞国荣坚持向先进银行学习并加强交流,积极助力诸暨村镇银行高质量发展。他不仅向"联合系村镇银行"内的长兴、温岭等兄弟银行学习业务人

员激励方式,而且还多次远赴山东临朐村镇银行、吉林前郭阳光村镇银行学习并创新研发出"联合系"村镇银行首台智能柜员机,并在诸暨城区设立了首批有人值守的科技金融便民服务点。如今,这样的服务点,该行已在当地开设了13家。此外,他还虚心向台州三门银座村镇银行学习成本控制,将历年成本收入比都控制在主发起行考核要求内;向玉山三清山村镇银行学习村居化营销之路,2023年,该行全年存款增长超8亿元;向福鼎恒兴村镇银行学习贷款的人均单产提升,2023年,该行贷款有效户增长量获"联合系村镇银行"第一名。

"只有永不停歇地探索,才有永不止步的进步。"俞国荣总是这样对自己的员工说。俞国荣表示:"诸暨联合村镇银行作为县域农村金融的生力军,站在10年发展的重要路口,面对新征途、新起点,将始终不忘初心,进一步加强党建引领业务发展。坚持服务'三农'和小微企业的业务导向不动摇,全力打造'诸暨百姓信任的银行',为诸暨经济社会发展贡献'联合系村镇银行'的力量。"

17. 不忘初心砥砺前行 笃行实干再启新征程

访连江恒欣村镇银行党支部书记、董事长◎陈仁献

📷 杨中增

2012年9月28日，承载着服务地方发展的使命，福建连江恒欣村镇银行正式挂牌成立。从一本蓝色的存折到划动手机的"和弦之音"，从三尺柜台到"一点即到"的网络银行，从单纯的"存贷汇"到如今琳琅满目的金融产品……

多年来，在当地政府的领导下，在监管部门的指导下，在发起行苍南农商银行的带领下，在社会各界的大力支持下，在全行干部职工的共同努力下，连江恒欣村镇银行将自身发展与地方经济发展紧密结合，不断增强服务"三农"、服务小微、振兴乡村的核心定位能力，闯出了一条有自身特色的经营发展之路。截至2023年12月底，该行资产总额超34亿元，存贷款余额超50亿元，累计纳税超1.7亿元，经营发展稳居福建省村镇银行前列。

├ 竞争力增强，支农支小显著提升

十余年来，连江恒欣村镇银行坚守支农支小战略定位，回归本源、专注主业，推动全行持续稳健高质量发展。

"截至2024年1月底，我行涉农贷款余额30.72亿元，占比95.42%，成为全县支农支小的重要力量。尤其借鉴发起行苍南农商银行成熟做法并结合连江当地实情开展的'整村授信'经营模式更是取得较好效益，受到农户的欢迎，

并得到监管部门领导的肯定。"连江恒欣村镇银行党支部书记、董事长陈仁献向笔者介绍道。据了解，截至2023年12月底，该行已拓展"信用村"150多个，服务客户8万余户，累计发放贷款200多亿元，覆盖了全县所有乡、镇和主要的行政村，有力地支持了地方"三农"经济发展和乡村经济振兴。

连江恒欣村镇银行还把"小微金融"列为发展战略之一，为小微企业量身制定贷款产品，不断优化信贷业务审批流程，持续提高贷款审批效率，加大小微企业的金融扶持力度、支持实体经济发展。截至2023年12月底，该行普惠小微企业贷款余额8.85亿元，连续多年完成"两增两控"小微企业金融服务年度监管指标，成为全县支小一支不容忽视的力量。

责任落实社会价值，不断彰显

十余年来，连江恒欣村镇银行"做一行专一行"，连续8年（2016—2023年）纳税超1 000万元，连续4年（2020—2023年）纳税超2 000万元，开业至今累计纳税超过1.7亿元，获评"千万元纳税大户""最美纳税人""纳税突出贡献奖"等荣誉称号，为推动地方财政和经济发展做出了积极贡献。

"目前，我行已在城关、琯头、黄岐、马鼻、丹阳、官坂、筱埕、下宫、贵安、苔菉设立了9家营业网点。此外，我行还设立了6处'普惠金融便民服务点'、3处'乡村金融知识宣传教育基地'，基本实现了农户'贷款不出镇，还款不出村'，有效打通了普惠金融'最后一公里'。"连江恒欣村镇银行党支部书记、董事长陈仁献介绍道。

作为连江人自己的银行，在发展壮大的同时，连江恒欣村镇银行始终聚焦群众关切、致力公益事业。该行已连续六年开展慈善助学活动，累计捐赠107万元，帮助230名经济困难高考学生入学就读；每年开展"情暖万家"走访慰问活动，将社会温暖传递给困难群众和老党员，累计走访慰问老党员和困难群众500余人；每年配合监管部门、地方政府部门开展"3·15"反洗钱、电信诈骗、金融知识进万家等公益宣传，共享金融改革成果……连续6年（2017—2022年）获评"全国百强村镇银行"，连续两年（2021—2022年）获评"全国5A级优秀村镇银行"，品牌估值10.01亿元，还获得"全国村镇银行综合服务能力百强单位""福建省模范职工之家""福州市青年五四奖章""福州市青年文明号""福州市职工之家""福州市工人先锋号""福州市优秀党员活动场所""连江县四星级党支部"等各类荣誉称号,用实际行动诠释了负责任企业的社会形象。

过去的十年光阴,不仅是连江恒欣村镇银行艰辛创业、稳健发展的曾经,更是连江恒欣村镇银行激情跨越、再铸辉煌的起点。

新征程、新梦想,不忘初心再出发

"未来,我行将围绕县委、县政府'一核引领、四轮驱动'发展布局,每年投入3亿元以上的信贷资金,用于农业、渔业、养殖业、种植业等'三农'领域、美丽乡村建设和小微企业发展,涉农贷款占比将始终保持在95%以上,小微企业贷款年均保持5 000万元以上的增长势头。"陈仁献向笔者表示。

助力乡村振兴,全面开展"整村授信"。连江恒欣村镇银行将在前期100多个"信用村"的基础上铺开新一轮的"整村授信"工作,3年时间完成全县275个自然村的建档全覆盖,积极在乡村产业、人才、文化、生态、组织振兴等方面提供资金支持。

统筹安排资金,支持"海上福州"桥头堡建设。连江恒欣村镇银行将继续加大渔业上下游产业资金扶持力度,支持育苗企业改进种苗质量,支持生态健康养殖,支持传统养殖业向深远海、智能化发展,支持发展休闲渔业等,主动在"海上福州"桥头堡建设中有所作为。

丰富信贷产品,服务实体经济发展。根据地方经济发展,连江恒欣村镇银行将推出更多的信贷产品,以满足农户、小微企业主、个体工商户及"夜色经济""网红经济""直播经济"发展的资金需求,全面融入全县城乡建设和产业发展。

增设物理网点,提升乡村金融服务。在现有9家支行的基础上,连江恒欣村镇银行计划在重要乡镇再增设多家普惠型支行,切实填补部分乡村金融服务空白,真正解决普惠金融"最后一公里"的问题。

加快转型升级,推动"数字化"建设。连江恒欣村镇银行将大力支持大数据、物联网、软件信息、人工智能等数字产业发展。同时,该行将寻求市场监督、法院、公安等政府部门大数据信息共享模式,探索网贷运营的可能性,力争贷款"一键办理"落地。

　　面向新时代新形势新使命,连江恒欣村镇银行将紧紧围绕县委、县政府中心工作,坚守使命定位,提升优质服务,不断提升服务地方经济发展的金融能力,扛起"海上福州"桥头堡建设的金融责任!

18. 千帆竞发奋楫者进

访曲靖会泽长江村镇银行董事长◎徐晓波

📷 党云帆　张勇强

云南省会泽县地处云贵川三省八县交界处乌蒙山腹地，这里曾是国家级扶贫开发重点县和乌蒙山片区集中连片特困地区、云南省27个国家级深度贫困县之一。2020年脱贫摘帽后，被列为国家乡村振兴重点帮扶县。近日，本报记者对曲靖会泽长江村镇银行（以下简称"会泽长江"）董事长、党支部书记徐晓波进行专访，作为根植于国家级贫困县的村镇银行如何实现自身发展？在坚决打赢打好精准脱贫攻坚这场历史性决战中，村镇银行如何作为？如何融入乡村振兴战略大局？会泽长江演绎了坚守定位、事不避难、主动作为的精彩故事。

记者：贵行被当地人民亲切地称作"会泽人民自己的银行"，请问董事长是如何利用村镇银行的禀赋优势，在地方经济发展中发挥金融生力军作用，为群众架设致富金桥的？

徐晓波：长江村镇银行源于荆楚江城，根植于西南边陲乌蒙山腹地的"曲靖会泽长江村镇银行"于2015年3月29日正式对外营业。会泽长江村行成立以来，胸怀"服务'三农'、服务小微"初心，肩负"助农兴农、富农强农"使命，深耕普惠金融，服务县域经济，打通农村金融服务的"最后一公里"，不断提升金融服务"三农"能力和水平。会泽长江村行经营理念深度契合国家方针政策，充分发挥决策链短、办事效率高、金融服务方式灵活、流程简便快捷等优势,以客户为中心,不断延伸服务半径,扩大普惠金融覆盖面,在支持脱贫攻坚、助力乡村振兴等方面发挥金融生力军作用。

在精准脱贫攻坚战中,会泽长江村行深入贯彻落实习近平总书记提出精准扶贫战略思想,不是单纯地把"精准扶贫"当作一项政治任务,而是把其当作一份责任、一种机遇,将"精准扶贫"作为扎根当地和业务发展的切入点和突破口。积极响应并深入贯彻落实扶贫政策和工作要求,举全行之力参与精准扶贫工作,在全行营造人人关心扶贫、人人重视扶贫、人人参与扶贫的良好氛围,深入贫困地区因地制宜谋发展,用心动情精准助力会泽县脱贫攻坚工作,将爱心和温暖及时带到贫困户身边,用活信贷资金积极主动做好相关金融精准扶贫工作,助推贫困地区精准脱贫。

在助力乡村振兴主战场上,会泽长江村行坚持"支农支小""做小做散",把准"农"脉,铆足干劲,念好"山字经",服务"山产业",重点加大对全县石榴、草莓、葡萄、苹果、蔬菜、辣椒、马铃薯、优质燕麦、生猪、肉牛、黑山羊、中药材等特色产业发展的信贷支持力度。丰富完善差异化、特色化产品,扎实做好脱贫人口小额信贷、创业贷,推进"整村授信",增加乡村振兴相关领域贷款投放,"贷"动产业兴旺、农民增收致富,助力乡村振兴,让更多群众成为普惠金融的受益者,充分突显了小银行的大作为。

截至2023年末,会泽长江各项存款余额10.1544亿元,贷款余额7.48亿元,其中仅涉农贷款占比达91.3%。自成立以来,累计发放涉农贷款19 145笔,金额29.04亿元。这些资金主要用于支持当地农业经营主体发展生产,不仅有效降低了农户及涉农企业的贷款融资成本,使其用得起还得上,而且吸纳了一批文化低、自身发展能力不足的建档立卡贫困户在种养殖基地务工,带动其脱贫。

记者:贵行在坚守市场定位、推进普惠金融、提升服务品质等方面积累了哪些好经验?

徐晓波:会泽长江自成立以来,始终坚持"支农、支小、支散"经营理念不动摇,扎实推进深耕"责任田"工程不松懈,全面开展"整村授信"抓好普惠金融服务,专注于服务县域"三农"和小微客户,积极支持实体经济发展。会泽长江紧紧围绕县、乡、村三级农业产业结构和经营者需求,适时创新适合"三农"需要的金融服务品种,坚持支农支小、做小做散、把农户小额扶贫产业贷款做大做强做优、针对农业产业化龙头企业量身定制金融产品、为农村劳动力转移提供金融支持，为客户提供多层次、全方位的金融服务。在业务拓展和服务方面，会泽长江设计服务标准"五步曲"，推出服务老年客户"六专"服务，把多元化金融知识宣传活动融入日常工作中，干部员工充分发扬"四千四万"精神，即"走遍千山万水、吃尽千辛万苦、道尽千言万语、历经千难万险"，充分发挥全员营销合力，形成"地无一片空、人无一个闲"的良好氛围，班子带头走街串巷、走村串户，当好惠民政策的传播者，做好普惠金融的践行者，让老百姓切实享受到方便快捷、极具特色的金融服务，"缺钱找村行、有钱存长江"已深入很多老百姓心中。

记者：贵行是如何把"支农、支小、支散"作为贷款营销工作的"定盘星"和"指南针"的？是如何结合县域实际，不断探索信贷业务种类，满足贷款客户需求的？

徐晓波：存款是立行之本，贷款是兴行之源。首先是坚持扎根县域，在经营绩效考核指标设置上，提高涉农、小微、个体及户均分值权重和占比，充分发挥指挥棒的导向作用。其次是专注信贷主业，在信贷业务发展和优化服务供给中，会泽长江将支持产业发展与乡村振兴紧密结合，积极做好信贷业务宣传和市场拓展工作，在风险可控前提下，结合县域实际，不断探索信贷业务种类，满足贷款客户的需求。通过支持产业扶贫、创新普惠金融支农产品等多种手段，加大对地方特色产业、重点企业、涉农项目发展和农业经营主体的信贷支持力度，带动辖内多个优势农业产业链发展和延伸。创新发放了草莓贷、石榴贷、中药贷、蔬菜贷、养殖贷、园林贷等特色产业信贷资金；创新贷款模式，与农担公司合作，解决种养殖大户难找保证人、难找抵押物的窘境，对农户、农业农村企业、新型农业经营主体、种养殖大户发放涉农贷款，有效降低了农户及涉农企业的贷款融资成本，吸纳了一批文化低、自身发展能力不足的建档立卡贫困户在种养殖基地务工，带动其脱贫。作为会泽县小额扶贫贷款、脱贫人口小额信贷承贷行之一，严格落实贷款发放政策，加大贷款发放力度，确保应贷尽贷，累计发放小额贷款1.3亿元，惠及6个乡镇3 071户贫困户。做实脱贫人口小额信贷投放，2023年累计发放脱贫人口小额信贷902笔，金额4 695.4万元。截至2023年末，脱贫人口小额信用贷款余额为7 822.76万元，余额户数为1 578户。根据需求做好产品创新，推出并办理农户易地扶贫搬迁贷款2 294户、1.21亿元,推出乐薪贷、乐享贷、乐家贷、乐车贷、乐活贷、保粒贷、抵粒贷、米粒贷、水易贷、林易贷、扶贫贷、小金灵、惠农贷、惠商贷、惠享贷、房抵贷、按揭贷、创业贷等形式多样针对性强的贷款品种,满足客户需求,解决了群众"融资难、融资慢"的问题。

记者: 贵行在实现自身业务发展的同时,在履行社会责任方面做了哪些工作?

徐晓波: 会泽长江默默耕耘,在实现自身业务发展的同时,用真心为政府分忧,用真情为百姓服务,积极履行社会责任。在脱贫攻坚中积极响应号召选派驻村工作队员奔赴一线,在推动乡村振兴和巩固拓展脱贫攻坚成果中进行定点帮扶,累计选派4名驻村工作队员投入一线工作,捐助近30万元,18名干部员工与103户脱贫户结对进行一对一帮扶,关注关心他们生产生活状况;率先上门抚慰因公牺牲扶贫干部家属1.1万元,主动为困难学习、孤寡老人送去物资钱款3.5万元,女职工自愿加入"爱心妈妈"公益团队,与留守女童结对帮扶,捐助3万元打造"爱心超市",向抗疫前线捐款捐物近4万元,组织干部职工投入文明城市、卫生城市创建等各类志愿服务中800余人次等,会泽长江通过一系列实际行动,打造了一家有责任和有良心的银行,赢得了社会各界的认可。近年来,荣获"全国十佳村镇银行""全国十佳精准扶贫村镇银行""全国快速发展优秀村镇银行""全国十佳服务乡村振兴先锋银行""村镇银行助力乡村振兴创新典范单位案例""村镇银行金融强农杰出业绩典范案例""曲靖市五星级文明单位""曲靖市金融服务乡村振兴劳动竞赛先进集体"等多项荣誉,银团合作项目受到共青团中央和团省委表彰。

记者: 贵行将在今后乡村振兴的综合化金融服务中如何助力?有何打算?

徐晓波: 下一步,会泽长江将切实提高政治站位,继续用实际行动践行普惠金融,抢抓国家乡村振兴的战略机遇,提升金融服务乡村振兴的战略能力,主动融入地方产业规划和乡村振兴大局,回归金融服务实体经济本源,不断优化资源配置,提升金融服务乡村振兴的能力和水平,创新服务模式和产品,扩大农村金融服务规模和覆盖面,防范农村金融风险,实现各项业务的可持续发展。同时,以旗帜鲜明抓好党建引领,勠力同心抢抓发展机遇,上下同欲扩大对外开放,坚定不移深化综合营销,持之以恒抓好队伍建设,常抓不懈筑牢风险防线为着力点,将"我为群众办实事""结对帮扶"落到实处,形成深度融入乡村、深受群众欢迎的长江特色,在乡村振兴中发挥"生力军"和"催化剂"作用,以长江村行人砥砺前行、接续奋斗的实干精神,实现"小而美""小而精""小而优"的愿景目标。

19. 退伍教员连创中银系村镇银行全国佳绩

访山东巨野中银富登村镇银行董事长◎闫强

📷 方有成　李宁　颜昊　杨俊芳

"咱当兵的人，就是不一样。为了国家安宁，我们紧握手中枪。说不一样，其实也一样。都在渴望辉煌，都在赢得荣光。"这是曾经流行于20世纪八九十年代的一首著名军旅歌曲，让无数军人及听众为此激昂奋进，也让成千上万退伍军人铭记在心，荣光再显。

想当年，在山东省巨野县读高中的闫强，响应国家号召来到北京武警某部参军入伍。自小习武的他升任副班长、班长后，连同他的老班长，一同被选为团部擒拿格斗教员，并以班长身份多次获得嘉奖后，光荣地加入中国共产党，3年后退伍返乡，成为当地一家国有大型银行的职员，从此迈入金融领域。2011年，经过原国有大型银行多岗位历练后的闫强，经推荐考察，被聘任为山东单县中银富登村镇银行副行长，分管业务。两年后，闫强升任曹县中银富登村镇银行行长，会同该行董事长联手创造了连续6年存、贷款总规模及年度新增规模中银富登全辖第一的佳绩，他本人也获得了中国银行总行"优秀共产党员"的称号。2022年11月，升任相邻县"麒麟之乡"——巨野中银富登村镇银行董事长，并再次创造不凡业绩，3项经营指标跻身"中银富登"全辖区前10。日前，笔者专程来到巨野县，想一探巨野中银富登村镇银行董事长闫强的管行、治行"秘籍"。

空降"麒麟之乡",硕果累累

地处鲁西南腹地的巨野县,属黄河冲积平原,物产富饶,相传是中国五大瑞兽麒麟空飘的着陆地。这里自古就是兵家必争之地,县内昌邑曾经五次立国建都。而近代的"巨野教案"影响深远,抗日战争和解放战争也在这里留下重要史迹。巨野正在向新型工业大县、经济大县奋进,落户于此的中银富登村镇银行10年前在此起步。闫强自豪地道出了家乡"独步天下"的文化内涵。闫强首先介绍了巨野中银富登村镇银行的前世今生。自2013年成立起,该行便肩负起了支农支小、服务县域经济的天然使命。10余载时光已过,该行已逐步建设成3个支行、4个营业网点、7个普惠金融服务点,金融服务阵地覆盖10个乡镇的机构布局。截至2023年12月末,该行涉农类贷款余额超12亿元,涉农贷款占比高达92%;普惠贷款余额超13亿元,占比超96%,占比位居全县第一名,为县域普惠金融做出了积极贡献。

任凭"风浪"高,我自岿然逐浪行

曾几何时,从北京武警某团退伍的闫强,变身为家乡某国有大型银行的科员起,既学会了"高高在上"的"高起点"姿态,也学会了"抓大放小"业务拓展的另样功夫,当他再次转型为中银富登系"小而美"村镇银行高管后,又要面临国有大型银行带来的压力时,可以用"处变不惊"来形容。闫强谈起此话题时,有些欲言又止,似有一言难尽之苦。他谈到,面对国有大型银行在县域业务下沉、贷款利率过低并轻松"掐尖"、客户流失的竞争局面,巨野中银富登村镇银行并没有因为机构规模小、品牌影响弱而选择"躺平",而是迅速调整营销策略,走差异化发展道路,盯准小额普惠市场,错位竞争。该行迅速组织团队进行市场调研,聚焦县域农村客户差异化需求,充分利用"欣农贷""乐家贷""宜居贷"等特色"敲门砖"产品,努力打通普惠金融服务的"最后一百米",提升县域农村金融服务的覆盖率和可得性。

巨野县南部乡镇与金乡县接壤,素有"蒜业十强"的美誉,巨野中银富登村镇银行始终保持着"信贷业务小额贷款批量做"的敏感性,围绕着大蒜种植、收储、贸易、加工等作了深入调研，分析不同环节的结算与用款周期，创新推出了"信用额度高、还款方式灵活"的"大蒜配资贷""大蒜收储贷""大蒜加工贷"，找到了新的业务增长点。"存款客户有8万户，贷款客户有1万户"。短短10年时间，巨野中银富登村镇银行便把可望而不可即的梦想演绎成闪亮的现实。闫强欣喜地与笔者分享其与全行员工们取得的骄人成绩。他说，鉴于巨野原本就是一个传统农业大县，种植养殖业农户数众多，但从事商品性生产经营的农业企业相对较少。而"整村推进"作为最为基础性的营销工具，自营业初期，全行上下统一思想，扎实开展基础营销入村、入户、入社区、入园区、入专业市场，给每位客户经理划分"责任区"，通过绘制"金融地图"的形式"挂图作战"，深入了解所属区域金融服务需求状况和信用环境，向所属区域进行集中授信。高质量发展促使村镇银行由粗放式管理提升为精细化管理模式，通过网格化运营，纵向到底，横向到边，不留死角盲区，提高贷款客户的精准度，切实满足了客户的实际需求。同时，网格化营销通过对目标市场、客户群体、所属行业、客户需求等方面的深度细分，有效地进行了资源整合，避免因信息不对称而产生的风险。通过包产责任到人，有效防范了因个人原因造成的操作风险，使信贷质量得到保障，为打造"小而美"的村镇银行奠定了坚实基础。

党建引领中心，科技立行展宏图

闫强进一步向笔者阐述了政治站位和业务推进的关系，他谈到，长期以来，该行始终坚持"政治上姓党、业务上姓农"的理念，践行普惠金融工作的政治性、人民性，坚持党建引领中心工作。目前，该行现有在岗员工99名，其中党员19名，6名高管均为党员，全行建有一个党支部。党支部深刻认识党的领导核心地位，高度重视"双向进入、交叉任职"工作要求，将党的领导融入经营管理的全过程，为全行发展提供坚实的政治保障。为切实融入当地经济发展，主动担当作为，助力当地经济发展，巨野中银富登村镇银行结合中银富登集团总部倡导的"百行服务进万村"活动，支委会成员积极与乡镇政府党委接洽沟通，开展"党建+乡村振兴"合作，通过党建共建与银行业务的互动，充分运用该行的优惠政策，切实让金融服务惠及小微企业、新型农业经营主体和农户、创业人员，推进当地经济高质量发展。

长期置身"三农"和小微企业的巨野中银富登村镇银行，没有因为身处农村而忽视科技，相反却在中银富登集团总部的指导下，紧跟科技金融的发展步伐。闫强解读了巨野中银富登村镇银行如何把"支农支小支微"与金融科技联动的细节，他说，对村镇银行而言，把握数字普惠新契机，不仅是做好县域金融服务的必要手段，也是自身在数字化时代突破瓶颈、谋求变革发展的必由之路。中银富登集团很早就确定了"科技立行"的目标，自主建设了契合普惠金融特点的信息科技系统。数字化浪潮兴起后，中银富登集团及时把握金融科技时代脉搏，用数字化思维重塑普惠金融基因，逐步将信息科技体系全面创新升级为涵盖营销、产品、风控、运营及人员管理的数字化普惠金融体系。在数字化产品方面，中银富登打造了"线上线下一体化"移动营销模式，通过应用人脸识别、电子证书、电子印章、数字地图等技术，客户经理手持移动PAD，登门拜访县域农村客户，在线上就能实现信息采集、开户、进件、审批、贷后等全流程操作。中银富登研发的"PAD自动决策贷款"和"中富翼贷"很受县域农村客户欢迎。首款产品"PAD自动决策贷款"，是专门针对"三农"客户，根据"整村推进"特定场景量身定做的批量业务"整村推进信用贷"，小额贷款最快15分钟就能完成自动审批；首款线上产品"中富翼贷"，是一款小额经营性纯线上信用贷款产品，通过大数据技术应用，为缺乏完整信用记录的小微客户提供便捷高效的信贷服务，客户申请贷款、签订合同以及还款均通过手机自助完成，平均3分钟就能完成审批和放款。截至2023年末，巨野中银富登村镇银行"整村推进信用贷"贷款余额达3.29亿元，位居中银富登集团第3位。

优秀的业绩离不开广大金融从业者的辛勤努力，更离不开"一把手"以及管理层的正确引导。笔者获悉，巨野中银富登村镇银行党支部书记、董事长闫强2011年加入中银富登，先后在多家中银富登系村镇银行任职，一度被评选为中国银行总行级"先锋共产党员"。有了这一光环的加持，2022年末，闫强调任巨野中银富登村镇银行任职后，一方面带着曹县中银富登村镇银行的经营发展经验，结合巨野县域环境迅速发现了巨野中银富登村镇银行业务发展的薄弱点；另一方面，闫强向中银富登总部争取了更多政策的支持。经过团队的共同努力，在2023年度授信余额50万元以上小微企业贷款户数当年新增近

100户，年度存贷款新增规模均超过了3亿元。截至2024年2月29日，巨野中银富登村镇银行存款余额超14亿元，排名中银富登系村镇银行第8名，贷款余额超14亿元，排名中银富登系村镇银行全国第6名，在机构考核业绩上2023年更是获评了"A+"，取得了历史性的突破。

20. "小银行"也能发挥"大能量"

访哈尔滨农信村镇银行董事长 ◎ 马艳萍

伍洪　彭生茂

2024年4月中旬，笔者走进哈尔滨，虽然刚刚错过了哈尔滨冬天的最后一场雪，但中央大街的夜色、马迭尔的冰棍、松花江的游人，依然能让人感受到这个冰雪城市的魅力。

在哈尔滨，除了感受到这座城市的魅力，笔者还感受到了另外一种魅力——由哈尔滨农商银行发起成立的哈尔滨农信村镇银行女董事长马艳萍非凡的魅力。

"截至2023年末，我行总资产超29亿元，存款突破26亿元，各项贷款余额近10亿元；累计贷款户数2.79万户、金额120亿元，其中累计发放小微企业贷款77亿元、农户贷款57亿元。2019年至2023年累计收入5.67亿元，累计盈利1.26亿元。"优雅、漂亮、干练、热情的哈尔滨农信村镇银行董事长马艳萍侃侃而谈。

马艳萍是农村金融系统一名资深干部，先后干过记账员、会计、内勤主任、基层信用社主任。2000年，马艳萍因工作出色，被提拔到哈尔滨市城郊农信联社任副主任、主任，后来农信社改农商银行后，担任哈尔滨农商银行行长。2018年7月，由哈尔滨农商银行派到哈尔滨农信村镇银行担任董事长。

在农村金融管理岗位干了28年的马艳萍，成了村镇银行的"救火队长"。马艳萍2018年7月接手成立于2012年2月注册资金5 000万元的哈尔滨农信村镇银行时，该行存款只有10亿元，客户稀少，业务困难，员工泄气，让这个在农村金融系统摸爬滚打了数十年的睿智农金人，头一次遇到了"硬骨头"。如何解决困难？村镇银行出路在哪里？这个"大梁"怎么挑？马艳萍苦思冥想。

困难困难，困在家里就难，出路出路，走出去才有路。马艳萍以身作则，带头号召员工"五加二""白加黑"地"走出去"。马艳萍到任以来，让一个曾经不为人知的"小银行"，居然成了如今接地气、聚人气的业界"明星"村镇银行，在地方支农支小中发挥着"大能量"。

交谈中，笔者了解到，哈尔滨农信村镇银行地处城乡接合部，所在的道里区金融同业环境竞争激烈，有各种银行网点近30家，老百姓对村镇银行不熟悉不了解，更愿意到知名度高的银行去办理业务。想要在夹缝中求生存，坚守设立村镇银行支农支小的初心和市场定位，回归本源，与其他银行错位经营，是村镇银行在激烈的金融竞争环境中求得生存的唯一"法宝"。凡涉及"三农"、城乡、社区及小微企业的业务，他们不但要做，而且要做好，让老百姓口口相传。

于是，马艳萍带头率先垂范，进政府、走农户、访小微，经过不懈的努力，不到半年时间，就与道里区政府签订了以"支农支微"为主要架构的战略合作协议。根据这个协议，该行将为全区资金需求500万元以下的符合条件的农户、小微企业、个体工商户提供信贷资金。或许是村镇银行人满满的"三农"情怀，或许是村镇银行坚守支农支小的初心定位，亦或是女董事长马艳萍丰富的农村金融实践经验和个人的睿智谈判，最终道里区各级地方政府领导被打动了，道里区政府同意将支农支小相应的财政资金存入村镇银行，并将哈尔滨太平国际机场二跑道改扩建的30亿元土地补偿款一次性存入哈尔滨农信村镇银行。那一刻，马艳萍到任仅7个月，这是马艳萍"走出去"寻找到的出路。

作为"领头雁"，带好团队也是马艳萍要思考的问题。马艳萍积极营造公正、公平、上进、温馨的工作环境。注重员工培训和学习成长，坚持有为者有位、实干者得实惠，将支农支小贷款发放的数量、质量、贡献度等综合因素作为考核的重要指标，加大绩效考核力度，激发员工潜能。同时，她在工作中激励员工，在生活上关心员工，重视员工的福利待遇和精神文化生活，努力解决员工的后顾之忧，便于员工全身心投入工作；提高总行及4个支行职工食堂的餐饮标准，兴办健身娱乐中心并购买跑步机、推胸训练器、乒乓球台，发放员工生日蛋糕卡和节日福利，春节慰问一线员工，走访生活有困难的员工，员工则"以行为家"，人人有归属感、幸福感、荣誉感。

"我们坚持以诚待人，服务立行。"马艳萍毫无保留地介绍着自己的"独门绝技"。据悉，该行给客户提供的服务，不单纯是周到、温馨的业务服务，还在生活上尽可能地为客户提供增值服务和帮助，真诚和客户交朋友，有多大能耐就使多大劲。例如，帮助客户的孩子升学选填志愿、推荐工作、看病就医等。该行王岗支行通过主动走进镇政府，并为百姓提供金融服务方案，两年从该镇吸储3 500万元。

在谈到内控、合规、内审与金融服务时，马艳萍董事长再次展示出一位资深农金人的水准："我行给一些其他银行不愿意放贷的客户发放贷款，是我们在坚持原则的前提下，灵活稳妥创新的成果。"据悉，该行遵循制度管人，制定出台了《哈尔滨农信村镇银行风险管理基本制度》《哈尔滨农信村镇银行审计基本制度》等一系列规章制度，形成了规矩做事、有效监测的行风。

2022年，为积极贯彻落实乡村振兴政策，扎实推进支农支小普惠金融发展，成立小微金融部，短短一年半的时间累计投放1.44亿元；同年太平支行亦开通信贷业务，累计投放7 000万元，极大满足当地农户春耕备耕、秋粮收购的融资需求。

"开拓进取，求实创新"，为拓宽金融覆盖面，在原有信贷产品的基础上，更新上线"商户通""惠农贷""兴农贷""兴村贷"等多款信贷产品，担保方式丰富，还款周期灵活，为广大农户提供更贴心的融资选择。目前正值春耕备耕与复工复产的关键时期，针对农户与养殖大户我行再次推出"种植贷""养殖贷"等多款信贷产品，一经推出广受好评，适合农户的信贷产品才是好产品，"服务'三农'，支持小微"是该村镇银行永恒的宗旨。

2023年，乡村新产业、新业态不断涌现，规模化、聚集化发展趋势明显，现代乡村产业体系正加快构建，这对增加农村金融服务供给提出了更高要求，也为推进农村普惠金融发展提供了难得的机遇。

针对乡村产业链特点及小农户资金需求，哈尔滨农信村镇银行鼓励全辖各机构运用新推出的惠农利民金融产品与服务，小微金融部率先实践，积极对接营销哈市周边县城村屯农户，客户经理每周两天分组走访依兰县、巴彦县、五常县及通河县等地，亲自上门为种植户办理，这样既为种植户提供了满意的服务，又保证了贷款户情况的真实性，农户贷款有单户授信金额小的特点，但小微金融部在备春耕阶段始终坚持每周上门走访营销，积少成多，截至2023年末，小微金融部惠农贷款余额达1 600万元，为种植户提供了切实的资金支持。

"这是我们的'三三制'信贷准则起到的作用。"马艳萍自豪地介绍，"三三制，即新客户3天内资金到位，老客户3小时贷款到账，新老客户3年内随用随还，循环使用，提前还款无违约金，真正为客户节约了成本，客户们都很喜欢，说我们这'小银行'发挥了'大能量'。"

当笔者不断探究其治行管行秘籍和方法时，她倾囊相授，那就是"小、快、灵、活、稳"，马艳萍如此道来，也是在"五字诀"的成功实践中，创造了该行在黑龙江省村镇银行队列第一方阵中的耀眼业绩。

21. 深耕细作倾力服务"农小微"更上一层楼

访江西玉山三清山村镇银行董事长 ◎ 徐平

方有成　沈文渊

玉山三清山村镇银行诞生于自然、文化双遗产宝地江西省玉山县，近几年，该行的成长不负三清山的盛名，创造出了不同凡响的优异成绩。

江西玉山县三清山风景名胜区，以峰奇林美道教文化极其厚重，成为国内国际罕见的双遗产宝地。同时，被誉为"中国最美的五大峰林"之一和"西太平洋边缘最美丽的花岗岩"。

玉山三清山村镇银行党支部书记、董事长徐平介绍说，玉山三清山村镇银行（以下简称"三清山村行"）坚持以"小微企业的补充银行、个体工商户的陪伴银行、农民朋友的生活银行、新市民的孵化银行"为市场定位，有效满足了玉山本土"三农"、小微客户群体、个体工商户等群体的金融需求，为当地的普惠金融、乡村振兴等事业发展贡献了金融力量。

三清山村行以"奋斗者精神"为企业文化内核，推动完善了"强而细的党建文化""廉而小的信贷文化""实而精的合规文化""广而多的社区文化"及"诚而慎的作风文化"，构筑了"一核五面"的企业文化体系。

记者：针对国有大银行业务普遍下沉、贷款利息下降带来的冲击，村镇银行如何扬长避短奋力前行？

徐平表示，大型金融机构下沉、贷款利率下降以及行业竞争的白热化给村镇银行带来了巨大的冲击和挑战。三清山村行客观研判当前新形势,充分发挥自身的优势,扬长避短,制定了应对市场竞争的"三驾马车"策略,即信贷纪律更"廉"、市场定位更"小"、金融服务更"美"。三清山村行将严明的信贷纪律作为提升竞争力的首要抓手,持续将"廉"的文化走深走实,见行见效,制定了"双底线、八不准、十规范、六监督"的信贷纪律管理制度,做到"不吃客户一餐饭、不抽客户一包烟"。

同时,不断调整自身客群架构,继续下沉经营重心,选择与自己契合度更好的客户层级深耕细作,做小做微,着力将200万元以下贷款占比提升到85%,着力将贷款户均降到25万元以下,进一步夯实发展基础;持续在丰富产品、简化流程、提高效率、强化专业、深化创新等方面发力,最大限度地为客户创造价值,增强与客户之间的黏性,如银行为客户提供直播带货服务、通过抖音短视频为客户品牌宣传等,得到了客户的广泛认可和赞誉。

针对玉山县三清山自然和文化双遗产带来的产业优势,该行及时创新推出"民宿贷"信贷产品,助力当地旅游文化产业发展。截至目前,该行已为三清山风景区附近153户农户提供贷款支持,贷款余额还有1 744万元。三清山民宿,在2023年国庆、中秋"双节"期间几乎是一"床"难求。乐观预计,这些民宿经营者今年每户能创造20万元至30万元的纯利润。许多民宿老板夸赞说:"感谢三清山村镇银行的支持,才让大家赶上了旅游旺季。"

记者: 村镇银行如何高效下沉,实现纵向到底、横向到边、授信到户、提高贷款客户的精准度、满足客户的投放速度和体验度?

发展乡镇经济、促进乡村振兴,是村镇银行的历史使命,更是村镇银行扎实发展根基的必然。三清山村行充分认识到深入乡镇的必要性,持续推进乡镇网格化建设和村居的发展,致力满足乡镇不同层次的金融需求。一是持续推动乡镇网点建设和转型。玉山有16个乡镇(含街道),目前,只在其中的5个乡镇设有物理网点,为了缩短服务半径,深入推进全域整镇、整村授信,三清山村行今年在3个乡镇设立了乡村振兴便民服务站,后续将大力推进"支行+便民服务站"建设,实现乡镇全覆盖。二是打造精品村管理考核体系。三清山村行制定整村授信的管理考核方案,从预授信覆盖面、有效户覆盖面、签约授信覆盖面、村民熟悉率、用信率五大方面,对整村授信工作开展评价考核,有效保障工作质效。三是做好辅助政策的配套。三清山村行简化了信贷业务流程，制订了信贷业务限时办结要求，推出了"乡村振兴贷""万能卡"等特色对口信贷产品，切实提高整村授信工作中的业务办结流畅度及满意度。

记者：村镇银行党建联建如何结合？如何推进？

三清山村行始终坚持党建与经营融合，每双周召开党建与行务工作会，深入学习贯彻习近平新时代中国特色社会主义思想，充分发挥村镇银行服务好、效率快、接地气的市场优势，践行普惠金融、乡村振兴的金融使命，广泛开展党建联动和共建活动。

三清山村行与樟村镇开展了"党建+网格+微小事"之"金融服务进万家"党建共建活动，签订了党建共建协议，本着"资源共享、优势互补、注重实效"的原则，共同夯实组织基础、共同提升作用能效、共同建设核心文化、共同促进改革发展等途径，深化"政银"合作，凝聚共同力量，把党建共建、互促互进的政治优势转化为服务乡村振兴、推动樟村高质量发展的有力措施。这也成为三清山村行推动樟村镇各村组整村授信工作迅速开展的重要契机。截至目前，三清山村行共与83个村委和社区建立了党建共建合作。

记者：村镇银行追求"小而美""小而优"，如何运用科技创新，更加高效地服务"三农"小微经济实体？

三清山村行针对自身科创发展能力不足的短板，紧紧依托发起行上饶银行积极开展产品科技创新。其一，是以行业为创新方向，通过存量贷款客户对某一行业开展经营规律调研，再根据其经营特点定制推出信贷产品，如"橱柜贷""家具贷""经销贷"等，满足橱柜、家具、副食品等行业全流程的融资需求；其二，是以区块发展的创新方向，借力政府支持政策，为特定区块经济发展提供信贷资金支持，定制推出如"园区贷""商圈贷""车易贷"等信贷产品；其三，是结合整村批量授信工作进程，以乡镇客户的经营需求、消费特点为设计参考，推出了"村居贷"信贷产品，夯实整村批量授信工作成果。在乡村振兴战略的指引下，三清山村行应势升级"村居贷"产品为"乡村振兴贷"，进一步巩固强化金融支持乡镇经济发展。

记者：三清山村行存贷款规模均领先全省县级村镇银行，自身"独门绝技"是什么？

在总结银行发展历程时，徐平表示，三清山村行在多年的经营发展中不断探索和总结，逐步形成了一系列具有自身特色的经营模式。徐平还着重介绍了"广多黏"的社区活动，并认为这是三清山村行立足本地并得以发展的最主要的特色工作。三清山村行每年组织上万场社区活动，保持平均每月一场大型活动、每天一场中型活动、每个小时一场小型活动的开展频率，确保与存贷款客户保持畅通有效的联系；亲切密集的社区活动，获得玉山广大百姓认可与信任，提升了知名度和客户黏性，奠定了扎实的客户基础和群众基础。其中，连续12届的"包粽达人"大赛深入人心，被老百姓亲切称赞为"包粽子银行"；与县老年体协合作，连续举办4届"村镇银行杯"运动健康节，广受各界好评。今年，社区活动的模式进一步丰富和现代化，如"村行·同富圈"直播、月度客户生日会，每日客户生日电话祝福、赶集活动等，加强了与信贷客户的联系与互动。

徐平深有感触地说，三清山村行得以健康发展并领先省内县级同业，关键是人才。自己在本科国际经济专业毕业后，从上饶银行柜员做起，经客户经理、支行行长到分行行长，16年来经5个地市15个岗位历练才走到今天，自己还带头在职攻读法学研究生。现在的三清山村行人才配置称得上比较科学合理，128名员工平均年龄只有32岁，六七成是本科学历，而6位高管更是"70后""80后"及"90后"各占两位。

三清山村行配备6名高管，从业经历多元且丰富，就从业年限上看，全部具备10年以上的银行从业经历；从从业的银行机构上看，既有人民银行、国有大行、城商行的从业经历，又有村行自身培养且具备长期在一线的实战经验。高管的从业经历对三清山村行发展的影响及取得的成绩主要体现在以下三个方面。

一是制订了引领前进的战略发展规划。三清山村行高管正确研判经济形势及政策走向，并结合发展的优势及瓶颈，制定了符合自身发展的战略规划及其配套制度，带领并推动全行业务的发展和创新。

二是搭建了完善的风险管理体系。在三清山村行高管的指导和推动下，在传统信贷"三查"的基础上，形成了以信贷调查"十六字"为代表的风控技术，以提炼行业规律为代表的总结技术，以贷款年审制为代表的贷后技术，以审计检查为代表的监控技术，以强纪律监督为代表的廉政建设技术，为稳健发展保驾护航。多年来，三清山村行不良率一直控制在1%左右。

三是打造了一支"奋斗者"小微团队。针对小微客户数量多、金额小，资金使用"短、频、急"等特点，三清山村行培养了一支踏实肯干、吃苦耐劳的奋斗者队伍。十多年如一日，走街串巷深耕市场，总是在第一时间响应客户的需求，客户经理人均管户300户，最高管户超600户。

22. "七招"发力 打出高质量发展优异成绩

访河南遂平中原村镇银行党支部书记、董事长◎魏云

吴叶琪 伍洪 方有成 王凯

地处中原腹地河南南部的驻马店市遂平县，山川秀美土地肥沃，物产富饶景色绝美，是国家重要商品粮食生产基地，更是有农业农村部倾力打造的国际农产品加工产业园。

植根于这片沃土的遂平中原村镇银行，自成立以来，便融入遂平县"三农"和小微实体经济发展的体系之中，取得了共生共赢共发展的可喜成绩。日前，笔者奔赴遂平县，访问了遂平中原村镇银行党支部书记、董事长魏云。

魏云性格直率，采访中，他自谦地说："我现在是双重身份，既是河南中原银行驻马店分行党委委员、副行长，又兼任遂平中原村镇银行党支部书记、董事长，但兼任遂平中原村镇银行董事长职位才一年的时间。自任职以来，在中原银行党委的正确领导下，始终坚持以党建工作为统领，聚焦改革转型，全面挖掘发展潜力，全力激发内在动力，实现了遂平中原村镇银行良好的发展局面。"

├ 存、贷款规模和客户实现两位数增长

魏云介绍，虽然自己任职时间不长，但通过全行同仁的努力奋斗，为2023年高速发展埋下伏笔。他亮出了2023年的成绩：截至2023年12月底，遂

平中原村镇银行各项存款余额11.81亿元，较年初增加3.48亿元；各项贷款余额7.54亿元，较年初增加0.49亿元；不良贷款余额较年初减少2.09亿元；新增客户数较年初增加40 210户；存款付息率2.62%，较2023年年初下降58BP，整体较2022年度呈下降趋势。

魏云自信地透露道，遂平中原村镇银行存贷款规模和客户均实现了两位数快速增长势头，在遂平县同业横向比较，也取得了不俗成绩。如在遂平县县域内9家金融机构存款新增排名中，遂平中原村镇银行列全县第二；在驻马店市辖内8家村镇银行存款增长中排名第一。尤其是在2023年度考核中，遂平中原村镇银行在"中原系"14家村镇银行中，喜获第一名，并荣获中原银行子公司2023年度优秀经营单位。

凝聚发展新合力，"七招"打出可喜成绩

遂平中原村镇银行董事长魏云欣喜地称，2023年取得的可喜成绩是全行上下一心艰苦奋战的结果，总结起来主要是以下七大方面，也可以说是"七大招数"，才成就了这份成绩。

第一招：建机制。完善激励机制，建立起以业绩为导向的工作机制，坚持"业绩升、薪酬升、业绩降、薪酬降"的原则，强化业绩考核与激励约束的紧密衔接，职位能上能下，工资能高能低，确保各项指标的有效落地。同时，打造"四种文化"，树立风清气正的形象。一是"家园文化"，让员工以行为家，丰富员工生活、关注员工家庭、提升员工内在动力；二是"简单文化"，做到以制度管人，以流程管事；三是"业绩文化"，深化"业绩就是硬道理"，通过业绩绩效与评比，激励各单位相互学习、不断前行，争创佳绩；四是"合规文化"，优化制度体系，压实主体责任，并牢固树立底线思维，打造风清气正的村行文化。

第二招：树品牌。遂平中原村镇银行始终依靠"母行"中原银行，并贴近政府，关注民生，注重服务质量，打造服务最好的品牌形象。首先是"政银"联建树品牌。坚持支农支小的市场定位，协同中原银行遂平支行，主动融入县域发展的方方面面，关注民生，服务实体，依靠政府公信力，打造具有社会责任担当的村行形象。截至2023年12月底，遂平中原村镇银行共参与政

府民生事件近百起，媒体报道128次，受众人群达到30万人次。其次是强练内功树品牌。紧扣"以客户为中心"的服务理念，从解决客户的痛点、难点出发，不断创新服务模式，丰富金融产品，加大服务质量的培训力度，严格考核，督导标准化服务体系有效落实，为客户提供"无形无感、无处不在"的金融服务。

第三招：抓获客。一是抓对公。实行"清单化"获客营销战略，紧盯重点项目，真正做到"走出去、沉下来、融进去"。2023年，新增对公客户182户，新增对公存款1 464万元。二是抓代发。以拓展代发业务为抓手，实现批量获客；截至12月底，共新增单位代发项目56个，新增代发人数26 753人。三是塑场景。深度对接本地教育系统，与辖内学校开展"智慧校园"业务合作。截至2023年12月底，县域各乡镇学校已全部合作，新增客户7 261人。四是整村授信。截至2023年12月底，累计走访农户采集信息11 903户，授信户数1 312户，授信金额21 091万元，用信户数952户，用信金额12 026万元。

第四招：做活动。遂平中原村镇银行对支行营销活动制定明白卡，除每周厅堂活动、每月行庆日活动等固定活动外，组织重要节日客户回馈、务工返乡宴、最美全家福、"1 500米半径营销"等各式各样营销活动，并将活动开展情况纳入绩效考核，通过活动，增强了客户黏性，提升了品牌形象。截至2023年12月底，累计开展各项活动3 694次。

第五招：造氛围。激励先进，鞭策后进。遂平中原村镇银行通过授予红黑旗、设立红黑榜，对业绩突出人员由董事长、行长慰问优秀员工家属，给予精神激励。同时，在全行范围内开展"树标杆、学榜样"活动，向先进学习；对于落后人员实施定期辅导、诫勉谈话等约束机制，营造"比、学、赶、帮、超"良好工作氛围。

第六招：督过程。建立了"日督导、周PK、月评比、季总结"机制。日督导，即组织"线上+线下"召开业绩督导会，要求各机构按节点完成序时进度；周PK，即采取"线上+线下"对各支行及部门指标完成情况进行通报；月评比，即对排名前3名的支行和前两名的部门进行奖励，对排名后3名的支行和后两名的部门进行惩罚；季总结，即每个考核节点结束后，召开阶段业绩总结会，落实奖惩，营造"不进即退"的氛围。

第七招：控风险。一是明确机制，压实责任。制定治旧控新攻坚活动方案，实行领导分片包干机制，行领导带队攻坚克难，掀起全员参与清收的工作热潮。二是"法警银"合作，重拳出击。借助联合清收活动契机，积极加强与遂平县公安局对接，多次召开联合清收工作推进会，研判项目，商讨方案，对六大集团客户及部分重点公司逾期贷款实控人、担保人传唤29人/次；县公安专班驻行专员协助我行对个人逾期贷款借款人、担保人传唤、实地约谈86人/次，形成了强有力的震慑；同时，与县法院深入沟通对接，开展"执行风暴"，近期累计开展大小执行行动15次，抓捕32人，拘留3人，有效达到"打击一批，震慑一片"之效果。三是发挥共债资产协同作用。充分发挥联动协调机制，与中原银行驻马店分行积极开展共债资产协同处置，依托分行更为全面的处置能力、处置手段、处置经验，协力攻坚共债资产的清收压降工作。

支农支小更上层楼

作为遂平中原村镇银行党支部书记、董事长，魏云始终坚持"服务小微、普惠'三农'"的市场定位，依法合规审慎经营，以服务地方经济为目标，以优质服务为手段，以制度流程为规范，将普惠金融落到实处，全方位助力县域经济发展。

采访中，笔者了解到，遂平县作为粮油生产加工强县，也是农业产业中重要的组成部分。如遂平中原村镇银行坚定发展定位，根据发展需求，制订专项方案，推动遂平县粮油加工企业的上游客户营销和推动工作，并建立"绿色通道"，提高业务审批办理效率；组织客户经理积极对接联系，摸清当地粮油产业上游客户情况，依托整村授信工作对"中原农贷"进行宣传，截至2023年12月底，新增投放9 117万元。

遂平中原村镇银行创新多方位合作模式，金融赋能农业产业发展，增加村集体收入，创新推出"农村集体经济组织贷款"，为遂平县域村级集体经济组织提供支持，通过"省农担+村委成员"担保的方式，为村集体经营、土地流转及购置农机具提供50万元以下的贷款资金支持，同时不断细化丰富创新产品，于2022年11月25日发放全县首笔农村集体经济组织贷款，为乡村振兴战略提供了资金保障。截至2023年12月底，遂平中原村镇银行分别向遂平县和兴镇、玉山镇、褚堂镇振兴合作社投放"农村集体经济组织贷款"8笔，金额400万元，为当地农村经济组织增加收入100余万元。

据遂平中原村镇银行董事长魏云介绍，自遂平中原村镇银行新领导班子成立以来，坚持党建引领，加强党建与业务的深度融合，通过"建机制、树品牌、抓获客、降不良"，有效提升资产质量，夯实发展基础，取得了可喜成绩。下一步，将深入贯彻落实上级党委工作思路，加强党支部建设，真正发挥好"三个作用"——班子核心作用、基层组织的堡垒作用、党员干部的带头作用，党建引领的示范作用，推进经营发展的高质效方向，更好地服务于"中原系"村镇银行战略重点的传导落地，促进业务发展；继续保持2023年发展势头，持续发力，坚持党建引领，紧紧围绕三年规划目标努力拼搏，不断强化高质量的综合服务、高水平的创新能力、高质效的金融支持，以服务新形象、工作新思路、业务新成绩、发展新气象，开创遂平中原村镇银行发展新局面。

23. 有担当 才能干好"三农"事业

访醴陵沪农商村镇银行党支部书记、董事长◎周亘亮

伍洪 宋健

近年来，湖南醴陵沪农商村镇银行始终扎根本土，不断深化践行"普惠金融助力百姓美好生活"的使命，做优"三个坚持"（坚持厅堂社区营销、坚持做小做散、坚持村居服务），在"自立自强"中找到了新的战略重任，在"惠及城乡"中找到了新的发展空间，在支农支小中找到了新的成长路径。让我们走进醴陵沪农商村镇银行，通过该行党支部书记、董事长周亘亮的讲述和介绍，一一详解该行高质量可持续发展的"成功密码"。

├ 赋予传统优势新的"创意"和"内涵"

"村镇银行作为'后起之秀'，既传承了大型商业银行的经营优势，又迸发出大型商业银行做不到的后发优势。'小而灵活''贴近农民''融入农村'作为村镇银行的传统优势，醴陵沪农商村镇银行更是做到了'青出于蓝而胜于蓝'，这也是我行的'看家本领'。截至2023年12月末，我行各项存款余额10.02亿元，各项贷款余额8.23亿元。"醴陵沪农商村镇银行党支部书记、董事长周亘亮向笔者介绍道。

在周亘亮的心里始终有一个天秤，时刻确保存款、贷款的平衡。既要做到各项存款稳定增长，又要做到各项贷款精准投放。重点做好"两件事"——

千言万语将存款"引进来",不辞辛劳将贷款"放出去"。

当其他银行,还在为什么是特色而"左顾右盼"时,醴陵沪农商村镇银行却在"执着前行"。该行通过"普惠讲堂",将金融知识宣讲送到社区、街道、乡镇和村居,还送到了蔬菜市场、超市、集市和田间地头,时刻为老百姓的"钱袋子"站岗执勤,守护着老百姓的"钱袋子"安全无忧。

周亘亮向笔者介绍道:"服务好老百姓,就是醴陵沪农商村镇银行的最大特色。一切服务,都要以老百姓的期盼和诉求为出发点,为老百姓增添助力,为老百姓纾困解难,为老百姓提供金融便利,这是村镇银行最应该有的鲜明态度和金融责任。"

传统优势既是基础服务,醴陵沪农商村镇银行不断将传统优势"做优、做精、做强",最终形成了自身的经营特色。

跟随着时代发展的脚步砥砺前行,醴陵沪农商村镇银行不仅为金融服务增加了一些新的"创意"和"内涵",而且还将传统优势嵌入发展的方方面面,为每一位老百姓提供优质的金融服务,做到了"创新"和"发展"的两者兼得,这是创新的基石,更是迈向高质量发展的阶梯。

2023年,经湖南省村镇银行协会评估验收,醴陵沪农商村镇银行营业部被评为"三星级网点"。

▶ 赋予禀赋优势新的"使命"和"重任"

"醴陵沪农商村镇银行自成立之日起,就继承了主发起行上海农商银行的'农信'基因,有着'集团化'的服务能力、'差异化'的经营特色,'精细化'的管理水平。正因为我们始终不忘自己'姓土''姓农'的属性,我们的禀赋优势才会更加突出。"周亘亮向笔者说道。

作为一支忠诚于党、忠诚于人民的红色金融队伍,醴陵沪农商村镇银行始终坚持党的全面领导,将党的领导嵌入到发展的各个层面,时刻怀有"为人民服务"的使命和重任,做党密切联系群众的"黏合剂"。截至2023年12月末,该行累计与当地23个社区签订党建共建协议,开展金融知识讲座30余场。

"了解你的员工,才会释放生产力。"周亘亮高度重视人才队伍建设,时常引导员工要在工作中做到既有担当,又有"以一当百"的"真功夫"。谁更擅长哪方面工作，他总能做到一清二楚，充分发挥每一位员工的"特长"，形成了一股强大的"生产力"。看着员工们饱满的精神面貌、踔厉奋发的工作状态，这份力量，至今依然在凝聚和释放。

近年来，在沪农商系村镇银行"评先评优"中，醴陵沪农商村镇银行微贷专营团队获评"尖刀团队"称号，客户经理张平、邓思洁获评"微贷尖兵"称号。

党建、人才等禀赋优势，是醴陵沪农商村镇银行的内在美，也是外在美。内在美，在于醴陵沪农商村镇银行以党建"穿针引线"，将人才、科技、产品等融为一体，综合发展实力与日俱增；外在美，在于醴陵沪农商村镇银行以普惠金融助力百姓美好生活，用辛勤的汗水换来了老百姓"金杯银杯"的好口碑。

┣ 赋予后发优势新的"方式"和"路径"

"乡村经济发展释放出巨大的发展能量，目前乡村发展仍处于发展初期，很多乡村特色产业还未真正形成产业链和规模效应，后续的发展潜力和空间将会更大。谁在乡村上站稳脚跟、扎根下去，谁就会牢牢掌握发展的主动权。"周亘亮向笔者介绍道。

近年来，醴陵沪农商村镇银行以"网格化"深入推进整村授信工作，深化践行"村居服务"这一战略重心，全面开启谋求高质量发展的崭新征程。"做好村居服务，就是我们最大的后发优势。"周亘亮一语中的。

"勤走乡间路，多敲百姓门"，醴陵沪农商村镇银行的干部员工从村民们不认识的"外乡人"，变成了"自家人"，能够得到当地老百姓的认可，得益于该行干部员工的脚踏实地、埋头苦干。

周亘亮带领干部员工一村一村走访、一户一户拜访，全面掌握每一个村居的产业特色构成、经济发展情况，全面倾听村民们在生产经营中存在的困难，"一村一策""一户一案"制订适配的金融服务方案，将"村居服务"一件一件落实到位、执行到位、服务到位。

在醴陵沪农商村镇银行客户经理"村居服务"台账上，能够清晰地看到当地村庄的发展和村民们的生产经营情况，以及资金需求等记载的事项，每天都有客户经理与村民们对接，为村民们提供金融支持。

以久久为功的意志，以持之以恒的毅力，醴陵沪农商村镇银行真正将"村居服务"做到了网格化、精细化和全面化。截至2023年12月末，该行已在当地21个村开展了整村授信，建档4 011户，授信1 351户、授信金额1.85亿元。

能将优势进行转化，这是醴陵沪农商村镇银行最大的优势。将传统优势转化为创新优势、将禀赋优势转化为本土优势、将后发优势转化为经营优势，在坚守中创新，在服务中发力，在发展中沉淀，醴陵沪农商村镇银行与"三农"的发展更加深度融合。

"有担当，才能干好'三农'事业。醴陵沪农商村镇银行将坚持稳健发展的思路不动摇，坚持深耕醴陵，支农支小的发展定位不动摇，认真贯彻落实'三个坚持'，与地方经济发展同频共振，助力乡村经济发展，聚焦传统优势、禀赋优势、后发优势持续发力，为打造'小而美'的村镇银行而不懈努力。"周亘亮向笔者表示道。

24.坚守支农支小　以数字化转型助力社区服务

访吉林昌邑榆银村镇银行党支部书记、董事长◎纪江

📷 王欣

近日,笔者采访了吉林昌邑榆银村镇银行党支部书记、董事长纪江,与纪江董事长探讨了村镇银行面临的挑战和机遇,并对村镇银行如何在激烈的竞争中找准定位,实现稳健发展,进行了深入的交流。

├ 稳健运营,成果彰显

"吉林市是吉林省第二大城市,是全国唯一的市与省重名的城市。吉林市位于吉林省中部偏东,辖区面积24 894平方公里,总人口411.6万人,全市国有银行和股份制银行共计22家分行和法人机构。在金融市场如此激烈的竞争环境中,村镇银行的发展、壮大是很艰难的。2015年12月成立至今,每届领导班子都在探索新路径,研发新产品,拓展新客户,提高知名度,强化员工队伍建设,各方面都奠定了坚实的基础。"在交谈中,吉林昌邑榆银村镇银行董事长纪江向笔者介绍道。

据笔者了解,吉林昌邑榆银村镇银行现有员工85人,5家支行。2021—2023年按照发起行的要求,开展3年零售攻坚,向五年实现"小而美"银行目标迈进,各项业务呈现飞速发展。截至2023年12月末,各项存款余额8.92亿元,各项贷款余额8.66亿元,存贷款成倍的数据增长是得益于发起行榆树农商银行和村镇银行管理部的正确决策和科技赋能的有效支撑,为村镇银行稳健经

营和发展奠定了坚实的基础。

├ 制度先行，队伍保障

吉林昌邑榆银村镇银行党支部书记、董事长纪江深入剖析了当前金融市场的激烈竞争和挑战。吉林市金融市场竞争激烈，22家银行、上百家银行储蓄网点，使村镇银行面临着巨大的压力。

尽管面对激烈竞争，在发起行"管好、放活、赋能、共享"的方针指导下，吉林昌邑榆银村镇银行在2023年取得了令人瞩目的业绩。存款和贷款余额的快速增长，超额完成年度计划，反映了在队伍建设、经营管理和风险控制方面的显著成就，为未来的发展奠定了坚实基础。

访谈中，笔者了解到，制度建设是吉林昌邑榆银村镇银行稳健发展的基础，人才队伍建设是根本保障。

在这一理念的影响下，吉林昌邑榆银村镇银行采取了积极有效的措施。在风险管控和制度规范方面，规范了信贷审批流程、规范了财务制度、修订反洗钱相关制度等，制度先行确保了银行运营的全面有效和安全有序。在员工队伍建设方面，面向社会公开招聘有识之士，近两年新招录员工36人，同时加强员工培训、提高员工整体素质。纪江董事长表示，培养专业的人，干专业的事，事半功倍。目前，吉林昌邑榆银村镇银行正在培育一支"能打仗、敢打仗、拉得出、打得赢"的"铁军"。

├ 聚焦零售，广泛授信

为适应金融市场的变革，吉林昌邑榆银村镇银行一直致力于深耕精细管理和持续创新，紧紧围绕以主发起行董事长李国英提出的"三年零售攻坚、五年实现'小而美'银行愿景"为核心，坚持"保质量、调结构、稳增长"的经营思路，以"两服务、四走进，开展四送、做好四员"为载体，人本管理为重点，网点建设为支撑，创建一流的团队，优质的服务，排除困难，举全力打赢零售成效年攻坚战。

纪江表示"我们始终坚持'小而美'的理念，实施网格化作战，深度推进整村授信，社区授信，提高贷款客户的精准度，先后开发'榆快金融'系列信贷产品和'榆快·慢生活'小程序,以更好地满足客户的需求和体验度。"

面对社区,吉林昌邑榆银村镇银行先后推出了"工薪贷""金领贷""天使贷""园丁贷""信易贷""房易贷";面对农村推出"榆农快贷""乡村振兴贷";为更好地支持小微企业,推出了"榆微快贷",多角度,多层面,满足了不同客户的需求。同时,吉林昌邑榆银村镇银行不断优化产品功能,实现了"快简足优好+八随五秒"的特点,在满足客户需求的同时还实现了很好的体验。"快简足优好":即速度快、手续简、额度足、利率优、服务好;"八随五秒":八随即随用随贷、随有随还、随时随地、随心随意;五秒即秒申、秒批、秒签、秒贷、秒还。

"小而美"是一种在规模相对小的前提下,通过深耕细作、"精细化管理+精细化服务",真正做到贴近客户、满足客户需求的经营策略。在实现"小而美"的实践中,这种理念将社区打造成银行业务发展的重要平台,为当地居民提供更加便捷、个性化的金融服务。

在吉林昌邑榆银村镇银行的战略中,"小而美"并非简单的口号,而是扎根于高管和员工心灵深处的经营理念,它必将推动吉林昌邑榆银村镇银行的服务重心聚焦于"三农",聚焦于小微企业,聚焦于社区,以实现更精细化、更贴近客户的服务。

在科技创新方面,吉林昌邑榆银村镇银行积极运用科技,实现数字化转型,及时推出适销对路的贷款产品,能线上,不线下,在满足不同客群需求的同时,使客户有更好的体验,简化了流程,提高了效率,方便了客户,真正成为社区居民、农户和小微企业的有力帮手。

吉林昌邑榆银村镇银行的成功来自于业务的稳健运营,更是得益于精细的管理和持续的创新。纪江董事长强调:"我们不仅要看到短期的业绩,更要注重长期的可持续发展。服务社区、服务'三农'、服务小微是我们坚持坚守的市场定位,是稳健发展的根本,精细化管理是手段,数字化转型是支撑,业务流程的优化和风险的有效控制是保障,只有这样,才能确保我们在市场竞争中始终保持稳健发展。"

⊦ 搞好宣传,打造品牌

纪江表示,吉林昌邑榆银村镇银行在提升知名度和宣传工作探索中,展开多项措施,通过投放广告、深入社区、走街宣传等活动,成功地提高了银行的知名度,优秀的服务赢得了广大客户的厚爱。

一是重点采取线上线下相结合的办法,扩大社会认知。在线上利用微信、抖音和公众号宣传,量化考核,全员通过朋友圈宣传贷款和存款产品;在线下的区域选择上,进社区、进超市、进广场、进养老院,面对面发放宣传单;时间安排上,各支行坚持班前班后1小时宣传,客户经理每天集中两个小时定点宣传。截至2023年12月末累计发放宣传单95 000份。

二是开展厅堂沙龙活动。截至2023年12月末各支行共举办40次沙龙活动,通过沙龙活动,增强了客户黏性,达到了口口相传的效果。

三是搞好节日营销。重要节日都开展了不同载体的活动,扩大了宣传面,增加了宣传频次。

四是积极参与重大赛事。2023年,吉林市举办的第五届世界马拉松比赛,吉林昌邑榆银村镇银行分两个组全程参与歌唱表演和啦啦队,为比赛健儿加油的同时,宣传上也收到了很好的成效。

尤其值得关注的是,2023年,成立了"榆银合唱团",从2023年8月开始,分别在吉林市万达广场、吉林市江畔公园、双吉文化宫、吉林市长白岛公园、吉林市大金牛广场、双吉泡菜节,举行了合唱团公益演出活动,通过在广场演出的方式提升知名度,深化了客户对银行的认知,更为银行树立了亲和力和社会责任感。

├ 数字驱动,智慧银行

在谈及村镇银行未来发展方向时,纪江董事长表示,吉林昌邑榆银村镇银行在发起行赋能政策的支持下,将坚持"信息化赋能、数字化驱动"的发展方向,积极探索数字化村镇银行建设。

吉林昌邑榆银村镇银行创新"党建+金融"模式,通过与乡镇党委、村(社区)党组织因地制宜开展党建共建,为提升政治素质、理论素质、业务素质搭建平台,助力基层党组织建设,更好地服务于农村。

吉林昌邑榆银村镇银行通过与社区定期对接,与村委及时沟通,找准产业振兴契合点,搭建"政银企农"沟通的金融纽带,实现广覆盖,全方位与客户接触，为区域内的农业生产、加工、销售等支柱性产业给予更多的金融支撑。

吉林昌邑榆银村镇银行嵌入产品营销和金融服务，创新推进"榆农快贷""榆微快贷"等智能线上产品，利用数字化产品的优势，践行普惠金融发展理念，为农村人才创业创新提供强有力的金融支撑。

吉林昌邑榆银村镇银行开展金融知识宣传，以服务点为支点，积极开展反假币、反诈骗宣传活动，定期组织开展金融产品下乡，有效提高当地百姓金融知识水平。这些措施旨在加强吉林榆银村镇银行的金融服务能力，推动其数字化转型，提高其在农村金融市场的竞争力。

在访谈的最后，纪江董事长表示："我认为村镇银行未来的发展趋势是智能化、数字化和个性化。村镇银行将通过人工智能、大数据等技术，实现智能化服务；通过数字化手段，提升服务效率、客户体验以及有效控制风险；通过个性化服务，满足客户的多元化需求，作为吉林昌邑'榆银人'，我们将不断学习，提升自己的专业素养和综合能力，以不变应万变，只要我们坚持坚守服务'三农'，服务小微，服务社区，有效控制风险，积极探索践行数字化银行，实现业务规模的稳步增长，效益的稳步提高，就一定能实现'小而美'银行愿景，最终实现可持续稳健发展。"

25. "新战略"助力村镇银行闯"新道"

访重庆忠县稠州村镇银行党支部书记 ◎ 左自如

📷 伍洪　方有成

"作为距离乡村更近、普惠金融更实、与小微农户更亲的村镇银行，坚持党建引领、建强人才队伍、精进业务布局，扎根忠县城乡，粘泥土带露珠接地气，作出了自己的一点点贡献。"重庆忠县稠州村镇银行党支部书记左自如胸有成竹地微笑着与笔者交流。

交流过程中，左自如眼神中总是流露出一种沉稳的平静，让人感到如沐春风，他的"一点点贡献"实则是助力村镇银行可持续发展的"大大"的战略规划。

左自如开诚布公地坦言，村镇银行从诞生之日起就面临着"先天不足"，如"品牌不响、业务渠道狭窄"等，近几年来，又面临着大型银行业务下沉对小额贷款市场的挤压，加之经济下行引发的信用风险冲击，大部分村镇银行经营不可谓不艰难。

如何走出困境、寻求一条村镇银行可持续发展之路？左自如结合自身多年的村镇银行管理经验，他认为，"只有科学的战略规划和精耕细作地实施，才会是解决村镇银行当前的困境及保持可持续发展的有效途径。"左自如面对笔者娓娓道来他的见解和实践。

├ 战略规划找"重心"

"金融科班"出身的左自如,历经柜员、中层、副行长和行长的多岗历练,有着丰富的理论和实践经验。他在向笔者解读其实战经验和体会时首先谈到,在当前形势下,村镇银行如果随波逐流、人云亦云、跟着大型银行的节奏跑,轻则活得很累、重则陷入"苦海",因为在同样的轨道和方式下,村镇银行很难取得竞争优势。解决之道就是要培育自己的核心竞争力,而要取得核心竞争力就必须有一个战略上的科学规划,即村镇银行除了队伍建设、内控管理外,要明确自己的主要展业区域、主要服务对象、经营方式等。

早在2021年下半年,左自如从江苏东台稠州村镇银行来到重庆忠县稠州村镇银行。初来乍到之时,他面对忠县稠州村镇银行网点集中在城区、贷款业务集中在大客户、同业竞争激烈和当地经济落后的现状,为解决发展中的困境,制订了"打造一家深耕农村区域、服务小散客户的特色化银行"的发展战略。

两年来,忠县稠州村镇银行在忠县乡镇新设支行3家、离行服务团队7个,储蓄存款年增长能力达到3亿元,两年来,新增1.5万元(以身份信息合并统计)以上客户3 500多户,是前10年同类口径客户增长数的70%,储蓄存款在总存款中的占比达80%,两年多新增小微贷款客户近1 700户,是前10年小微贷款新增户数的1.1倍。

├ 战略设计显优势

村镇银行的经营战略应该是能够发挥自身优势、符合当地环境和社会需求的总体设计,也就是既要有利于当期发展,也要为长远发展夯实基础,选择适合自己的主战场,形成局部优势。左自如接着又谈到了村镇银行战略设计的基本原则,"通俗地讲既要'他山之石可以攻玉',又要'入乡随俗'。"

左自如曾经先后在两家稠州系村镇银行出任高管,在江苏东台稠州村镇银行开业之初就建立了"以农村为主要展业区域、以小微客户为主要服务对象、以差异化为主要竞争手段"的发展战略,将6家支行全部设立在农村乡镇,通过战略实施,该行在农村市场、小微市场得到了快速发展。据了解,左自如赴任忠县之前,东台稠州村镇银行每年的存款、贷款的增长额均分别保持

25. "新战略"助力村镇银行闯"新道"

在3.5亿元左右。

├ "挂图作战"明方向

左自如结合自身经验一再阐明，再好的规划也要经过实践来检验。他表示，有了规划设计，战略的实施和"落地"就尤为关键。为了开发农村市场，忠县稠州村镇银行采取挂图作战网格化营销和包村到人的经营方式，为此专门设计了整套流程，包括内部培训、话术、信息收集方式、寻找关键人、服务告示牌、熟悉度考核、配套费用及绩效考核等，使客户经理走村入户时"有方向、有手段、有动力"。

为了推进小微贷款业务，左自如在忠县稠州村镇银行将"东台模式"改进"移植"到忠县，推进实施了主动授信业务，并从产品设计、数据统计及考核、激励机制、推广方式等方面作了更加先进的配套。近两年来，忠县稠州村镇银行户均贷款从49万元下降到25万元。

├ 善于"抗压"稳步调

村镇银行经营战略确定后，至少需要在3~5年的持续执行方能见成效，指望通过一两个招数就能扭转乾坤是不现实的。在当期经营指标的压力下，村镇银行管理层需要有着强大的"心脏"，必须维护好当前利益和长远战略的平衡，发起行应将战略目标作为重要工作要求。通过有计划地稳步推进战略实施，村镇银行才能走得更远、走得更稳。忠县稠州村镇银行党支部书记左自如体会到的作为主要管理者所承受的压力，个中滋味只有自己知道。

"征战"忠县两年后，左自如回忆起自己在东台稠州村镇银行的前3年，各项业务指标在"稠州系"中并不突出，但他同班子成员仍然按规划一步步推进，渐渐地才显示出了优势，从2016年起至今，东台稠州村镇银行每年在稠州系"KPI"考核中均名列前茅。

├ 人才队伍是支撑

千秋基业，人才为先。国家发展靠人才，民族振兴靠人才。村镇银行在战略实施中，人才也是最重要的因素，建立并培养好村镇银行自己的人才队伍是战略实施的有力支撑，而村镇银行的队伍建设方式也应有自己的特色。左自如认真梳理并总结出自己的"选人用人"经验，那就是，"真心爱才、悉心育才、精心用才"，全力打造"人才驿站""人才超市"，让聪明才智和创造活力在田间地头涌动；就地"取才"，建设"想干事"的乡土人才队伍，多方"聚才"，凝聚"会干事"的乡土人才队伍，精心"育才"，打造"能干事"的乡土人才队伍。

忠县稠州村镇银行根据岗位工作内容和特点确定不同标准，如选择在农村地区工作的客户经理的主要条件就是：当地人、人品好、年龄大（心理成熟）、学历低（可避免好高骛远）、女性为主（善于与农村大嫂聊天、有耐心），这样的选择标准，人力成本低、队伍稳定、与村民相融性强，更有利于在地广人稀的农村开展工作。

忠县稠州村镇银行对新入行的客户经理采取"边学边干、边干边学"，理论与实际相结合的方式。为了帮助新客户经理快速掌握信贷制度、流程、产品、客户营销方式等业务，该行设计了"体验式"贷款，要求新入行客户经理在完成上岗资格考试后的3个月内，必须完成18笔"体验式"贷款，提升新入行客户经理的理论知识和业务技能。

创新定位强功能

创新能够突破工作瓶颈，解决战略实施中的"拦路虎"。合理的经营定位能够保证战略的实施不偏离方向。"助推剂"和"稳定剂"是村镇银行科学战略得以成功实施的重要一环。左自如最后分析了其治行管行的"秘籍"，就是成为服务农村金融"最后一公里"的"领导者银行"。一是推动乡镇支行包村到人开展工作，提高忠县稠州村镇银行客户经理在村民中的熟悉度、认知度。二是持续、稳步推进整村授信工作，争取尽快达到全覆盖。三是进一步发挥离行营销团队的服务功能，成为"缝隙市场"的"挖掘者银行"。四是开发小众行业，培育忠县稠州村镇银行在小众行业贷款中的"主办行"地位。

目前，该行梳理了33个小众行业，如，道路运输行业、挖掘机行业、渣土车行业、生猪养殖行业、装修行业等，其中已形成贷款投放的有24个行业，成为服务"城市平民"的"大排档式银行"。与公务员、事业单位工作人员及高收入白领相比，普通老百姓并没有被各家银行作为重要的目标客户进行系统性地开发，这是一个规模较大的群体，不求"阳春白雪，但重下里巴人"，忠县稠州村镇银行通过主动授信、移动展业、入户入区宣传营销，力求大部分城镇普通老百姓能用上忠县稠州村镇银行的贷款。成为"主动授信+移动展业"的"行走银行"。忠县稠州村镇银行重点锁定小微企业主、个体经营户、城镇区域普通平民、村居农户，重点发展小额贷款市场，让忠县稠州村镇银行的主动授信贷款成为老百姓可以随时使用的"钱包"。

截至2023年末，忠县稠州村镇银行对城镇居民的主动授信户达3 065户、授信额17 462万元，用信额为8 287万元。其中，2023年通过移动机具操作的贷款笔数占80%。访谈最后，忠县稠州村镇银行党支部书记左自如欣喜地透露，截至2023年12月末，该行各项存款余额11.88亿元，较2023年初增幅达24.14%，各项贷款余额8.19亿元，当年累计发放贷款8.16亿元，其中，"乡村振兴贷"有效村居178个，达标村居145个，签约户数6 193户，贷款余额2 360万元，用信率5.1%。

他信心满满地表示，忠县稠州村镇银行将继续深化践行"普惠金融助力百姓美好生活"的使命，坚持"做小做散"、坚持村居服务，将继续在"自立自强"中找到属于自己的位置，在支农支小中找到匹配自己的价值。

26. 扎根红城　支农支小　做普惠金融的践行者

访红花岗富民村镇银行董事长◎钱长江

📷 穆昌艳

"欲实现局面扭转并从一个胜利走向另一个胜利，从一个高峰攀越另一个高峰，不仅要有务实精神、专心实干的践行力，还要有善思善为、敢于担当的奋斗精神！我们将继续践行普惠金融，为新时代富民金融努力奋斗。"红花岗富民村镇银行董事长钱长江是如此说的，也是如此做的。

"坚守支农支小战略方向，下沉服务，扎根村居社区，推行全面风险管理，努力走出一条普惠金融与合规金融兼容并蓄的和谐发展之路，力求在激烈的竞争中实现弯道超越，打造高效高质的、可持续发展的村镇银行。"这是钱长江在红花岗富民时期明确的业务发展方向和理念。2015年，钱长江从鹿城农商银行转战富民村镇银行，他奋斗过的地方，内控管理趋实、存贷实力趋强、风险控制趋优，一点一滴地打造、树立了良好富民村行形象。

遵义红花岗富民村镇银行于2014年开业，2017年发展陷入瓶颈，钱长江带着组织的重托，肩负使命来到红花岗富民，到任后其强管理、抓发展、优指标，以身作则，身先士卒，在主发起行强大后盾的支持和指导下，扎实推进普惠金融落地，带领团队一次次超越，一年年进步，推动各项业务和指标不断更上一层楼。

├ 普惠服务范围要全覆盖

红花岗区下辖4镇11办，为转变发展思路，扎根黔北红城，钱长江履职后迅速启动调研，决策部署，以"普惠大走访""整村建档、联评授信""党建联建"等工具为抓手，带头下沉走访村居（社区）、商圈企业，积极推动普惠金融战略的实施。科学分配客户经理团队，包保片区、细化阵地，深入村居、社区、周边市场，与村委、社区对接，推进业务精准营销，再以镇、村、单位为圆心，向其管辖范围辐射，"以点带面"促进普惠金融业务覆盖面扩大，促使红花岗富民发展实现稳中向好，综合实力持续增强。

截至2023年末，红花岗富民新增3个服务点，客户经理队伍扩充至50名，业务营销团队扩大至10支，村居服务由原来的3镇8办到覆盖全区，并延伸服务其他区域18镇22办，商圈营销覆盖主城区四城区；存贷规模达23亿元，较2017年末增长17.83亿元。红花岗富民品牌知名度得到有效提升，与老百姓贴得越来越近，富民金融走得越来越稳健。

├ 普惠服务对象要全覆盖

在红花岗富民期间，钱长江带领员工坚守"支农支小"市场定位，牢牢抓住"农村、社区、小微企业和个体工商户"四大关键区域，与"三农"同根同源，与"小微"不离不弃，投入"普惠快贷""信保贷"等产品将金融服务和资源优先配置到"三农"、小微企业等重点领域及薄弱环节，跟进"公积贷""抵押贷"，向城乡教师、公务系统、企事业单位等投放信贷服务。鼓励员工充分利用人缘、地缘、亲缘优势，结合常态化走村入户工作机制，进一步深入推进服务对象辐射面和覆盖面。截至2023年末，累计投放涉农贷款3.07万笔金额23.36亿元，较2017年增长2.62万笔16.63亿元，累计缴纳税金2 241万元，为广大客户群体和区域社会经济建设做出了积极贡献。

大道至简，实干为要。欲实现局面扭转并从一个胜利走向另一个胜利，从一个高峰攀越另一个高峰，不仅要有务实精神、专心实干的践行力，还要有善思善为、敢于担当的奋斗精神，这是钱长江在富民金融工作9年的总结。钱长江表示，新时代、新普惠、新征程，要始终牢记支农支小的历史使命，切实下沉服务重心，激荡新气象、激发新作为、开创新局面，持续保持"不等、不靠、不拖"的主动性，"想为、敢为、善为"的精气神，继续做普惠金融的践行者，为打造新时代"小而精、小而美、小而优、小而强"的富民金融不懈奋斗。

27. 乡村振兴帮大忙　共同富裕奔小康

访安徽全椒中银富登村镇银行董事长兼行长 ◎ 南金玲

方有成　李宁　朱培京

"小康不小康，关键在老乡。"在助力乡村振兴的宏大事业中，为解决广袤乡村金融服务"最后一公里"的难题，由中国银行与新加坡淡马锡旗下富登金融控股公司合作发起设立的中银富登村镇银行，设立法人机构134家，在乡镇设立支行网点189家，形成了覆盖22个省（自治区、直辖市）县域农村的金融服务网络，资产规模超1 100亿元，服务客户近500万户，是全国机构数量最多的村镇银行集团。在该集团内，有一家业绩较突出、发展较稳健、人均考核靠前的村镇银行，那就是安徽全椒中银富登村镇银行。日前，该行党支部书记、董事长兼行长南金玲接受了笔者的专访。

南金玲首先向笔者介绍了全椒中银富登村镇银行的基本情况。全椒县位于安徽省滁州市，四周分别与滁州市南谯区、南京市浦口区、马鞍山市含山县和合肥市肥东县接壤，交通位置便利，具有较好的农业和工业基础，该行是中银富登集团首批设立的法人机构之一。

自2012年开行以来，历经12年的耕耘和发展，全椒中银富登村镇银行始终坚持支农支小的定位，将村镇银行"地处县域、扎根农村"的特点转化为"距离基层更近、惠及群众更广、服务'三农'更实"的经营特色。截至目前，该行存贷款规模超32.6亿元，累计发放贷款69.61亿元，服务县域客户超

8万户，资本净额从3 000万元增至2.12亿元，在当地累计缴税超8 000万元，取得了良好的经营效益和客户口碑。回忆起开业至今的发展历程，该行党支部书记、董事长兼行长南金玲不禁感慨万千，脑海中浮现了许许多多的故事。

"虾兵虾将"助致富，金融服务促发展

南金玲如数家珍地向笔者分享道："针对'三山五丘二分圩'，兼具山区、丘陵和水乡特色的全椒县，坚持扬己所长，发展特色种植养殖业。小龙虾作为一道征服全国人民味蕾的美食，市场需求不断扩大，全椒县也正是抓住了这样的机会，推动'虾'路生金，带来致富'钱'景，全县虾稻生态综合种植养殖面积达到35.4万亩，规模居滁州第一，全省前列。"

南金玲谈起她的"稻虾经"来，真可谓头头是道。她向笔者介绍道："要论起全椒县虾稻生态种植养殖的佼佼者，不得不提远近闻名的全椒县银花家庭农场。"该农场负责人张银花原本在北京有一份稳定的工作和安逸的生活，为响应家乡号召，2014年她毅然回到全椒县十字镇百子村，承包了土地，开始经营起家庭农场。摆在面前首先要解决的就是在经营过程中流动资金不足的问题。一次偶然的机会，全椒中银富登村镇银行客户经理入村宣传来到了张银花的农场，在了解了她的情况之后，立即帮助张银花准备申贷资料，并在很快的时间内为其发放了一笔20万元的农业经营贷款——"欣农贷"。

解决了资金问题后，张银花更有干劲了，经过9年的发展，农场的规模也逐步扩大，从最初的400亩发展到今天的1 300亩，从原来的只卖小龙虾发展到今天育苗、售苗"一条龙"，原来的普通水稻也升级为现在的生态大米，她的农场也成了远近闻名的"国家级综合种养示范区"。张银花的故事只是全椒中银富登村镇银行扎根县域、服务"三农"的一个缩影。截至2024年3月末，该行在当地服务虾稻生态种养殖户超过280户，累计发放贷款超3亿元，贷款余额6 500万元，为全椒县发展地方特色农业注入了重要的金融力量。

强化金融服务，守护粮食安全

"粮食安全是关乎十四亿人吃饭的民生大计，作为国有控股、服务'三农'的村镇银行，助力粮食颗粒归仓、筑牢粮食安全'压舱石'是责无旁贷的

重要工作。"南金玲着重阐释了自己对粮食安全的认识，并向笔者介绍了全椒中银富登村镇银行的主要做法。

全椒县及周边区域地处长江两岸，是重要的粮食产区，当地的粮食收购行业规模相当可观，但从事粮食收购行业的农户在融资的时候常常存在押品不足、时效要求短、额度需求大等诸多问题。面对粮食收购行业客户的这些难点，2022年，全椒中银富登结合当地粮食收购行业情况，向中银富登总部申请了对于粮食主产区的"粮食收购专项授信政策"豁免，通过对农户的从业时间、经营规模、资产情况、人品口碑等方面入手，减轻对抵押品的依赖，重视第一还款来源，对于诚信经营、人品可靠的客户，主动放大抵押品的可贷金额，并且增加纯信用额度，解决了收购商们每年收购季用款量大、时间紧的难题。

"秀保烘干房"是全椒县古河镇一家经营多年的粮食收购商，老板韦秀保夫妻两人是土生土长的古河镇人，一直从事着粮食种植及买卖行业。经过多年的积累，韦秀保从单纯的种粮、卖粮，发展成为集种、收、烘、存、卖为一体的综合性粮食经营商。"我做粮食这行很多年，经常遇到资金难题，以前找过多家银行申请贷款，但额度都不高，而且审批手续多、耗时长。自从2022年与全椒中银富登村镇银行合作以来，他们客户经理全程上门服务，通过移动PAD为我现场开卡、录入申贷资料、拍摄审核照片，只用了两天时间就让我拿到了100万元的纯信用的贷款，帮了我很大的忙。"韦秀保想起3年前与该行首次合作的情景，激动地向笔者说道。从2022年至今，该行在当地共计为韦秀保这样的粮食大户授信40余户、金额达5 028万元。

▶凝心聚力建新功，擦亮党徽为人民

"中银富登是中国银行助力国家乡村振兴战略、支持'三农'发展的重要举措，我行始终坚守定位、不忘初心，在支农支小方面不断探索，包括坚持践行中国特色金融的政治性、人民性，全心全意为客户服务，发展普惠金融、助力乡村全面振兴，同时，我行积极响应数字普惠金融的发展趋势，通过金融科技提高服务效率和风险控制能力。"全椒中银富登村镇银行党支部书记、董事长兼行长南金玲向笔者表示。

针对"三农"及小微客户资金需求的"短、小、频、急"的特点,该行利用数字化手段,如移动PAD和手机银行,提高金融服务的覆盖面和渗透率,并利用"地缘"优势,深耕细作,与国有大型银行在业务发展模式上形成差异化竞争,下沉至县域农村市场的"最后一公里",把现代化的优质金融服务真正送到农民的手中,助力现代化农业强国的建设。

近年来,全椒中银富登村镇银行坚决贯彻中银富登总部"做散、做小、做信用、做批量"的业务发展理念,充分利用移动PAD、在线审批等电子渠道,大力推广"中富翼贷""整村推进信用贷"等特色产品,并在2023年与全椒县金融办签署整村推进合作协议,安排专人与金融办对接,通过网格化布局和工作要求,走村入户了解农户们的金融需求。经过1年多时间的入村走访,该行累计召开业务推介会200余场次。截至2024年3月,该行贷款余额14.32亿元,服务县域贷款客户5 956户,户均贷款余额24.04万元,在支农支小、助力乡村振兴方面取得了优秀的成绩单,先后获得中国银行总行授予的"开门红中国银行总行青年突击队""中银富登先锋号"等称号;该行党支部书记南金玲也先后获得"中国银行优秀共产党员""滁州市最美军嫂""滁州市巾帼建功标兵"等表彰称号。

"一个党支部就是一座堡垒,一名党员就是一面旗帜。要把业务干好,必须把党建工作抓好,充分贯彻党中央党建引领业务发展的重要指示,发挥党员的先锋模范带头作用。"这是南金玲书记在工作中常说的一段话,而她也正是这样严格要求自己并以身作则,打造了一支"懂农业、爱农村、爱农民"的金融队伍。访谈接近尾声。南金玲说道,自己是中银富登村镇银行的首批老员工,2011年,加入全椒中银富登村镇银行后,从该行人力资源经理到客户经理,再一步步从客户经理成长为业务部门负责人、支行行长、业务副行长、行长,2021年接任董事长,现在是党支部书记、董事长和行长"三职一肩担"。

"虽然自感责任重大,但更觉使命光荣,我行将始终围绕党中央关于金融工作的重要指示,专注小微和'三农'领域,在全椒县域的特色化农业产业上下功夫,提供优质、便捷、专业的金融服务,帮助家乡人民追求更美好的生活,过上幸福好日子,为建设现代化社会主义强国添砖加瓦、贡献力量。"南金玲向笔者表示。

28. 老区"小银行"谱写支农助小"大文章"

访江西九江修水九银村镇银行行长 ◎陈阳

方有成　余旭

"修水县位于江西省西北部，九江市西部，修河上游，地处幕阜山与九岭山山脉之间，位于江西省、湖南省和湖北省三省交界处，是江西省面积最大和九江市人口最多的县，作为九江市域副中心城市，还是著名的革命老区，中国工农革命军第一面军旗在这里设计、制作并率先升起，'秋收起义'第一枪在这里打响。"修水九银村镇银行行长陈阳自豪地向笔者介绍这里的光荣革命历史。

根植于红色沃土的修水九银村镇银行是江西省成立的第一家村镇银行，于2007年12月开业。截至2023年末，该行资产总额12.01亿元，各项存款余额9.93亿元、贷款余额9.48亿元。

作为江西省新型的农村金融机构的代表，修水九银村镇银行在国家大力扶持发展农村金融的形势下，始终坚持"立足'三农'、服务小微"的总体经营方针，先后开设5家物理网点和11家"乡村振兴金融服务站"，金融服务覆盖城区及乡镇。同时，该行持续创新经营机制，拓展业务领域，致力于打造高效的以深耕当地农村市场、助力乡村振兴为特色的村镇银行，先后获得"支持地方经济发展优质服务单位""金融系统支持地方经济建设奖""全国百强村镇银行""江西省优秀企业""乡村振兴金融服务先进单位""全国支农支小优秀村镇银行"等荣誉称号。

⊦ 精准定位市场,"做小、做微、做村居"

"针对国有大型银行业务下沉,修水九银村镇银行可以说是处变不惊,正确应对,'做小、做微、做村居',求生存、求发展。"陈阳向笔者分享了其应对策略。

成立17年以来,修水九银村镇银行始终坚持"立足'三农'、服务小微"的市场定位,扎根农村市场,以服务普惠型小微企业为依托,"做小、做微、做村居",大力发展涉农贷款和普惠小微贷款。截至目前,该行涉农贷款占总贷款规模的98%,普惠型小微企业贷款占比95%。同时,该行实施错位竞争战略,深耕农村市场,推进"乡村振兴金融服务站"建设,将业务范围嵌入至村组。

自2020年开始,该行便派驻50%的一线营销人员下沉至乡村,培养农村金融新生力量。"乡村振兴金融服务站"以"驻村网格化营销"为抓手,客户经理走村串户,深入田间地头、农家小院、猪舍牛棚,开启"整村建档、扫码获客"的上门服务模式;通过网格化运营,纵向到底,横向到边,开展整村授信,根据"两有一无"筛选批量"白名单"客户,为每个"白名单"客户颁发预授信码,召开户主大会,对愿意提供充分信息,并具备明确信贷需求的进行单户授信,对信息获取不充分的"白名单"客户,实行"小额无差别基础授信全覆盖",通过基础预授信触达所有客户对象,拓宽贷款客户来源,提高贷款客户精准度,实现整村授信。截至2023年末,该行"乡村振兴金融服务站"贷款余额2.82亿元,较上年增长1.24亿元;户数2 609户,较上年增长936户,"乡村振兴金融服务站"已成为该行发展的中坚力量。

⊦ 匠心耕耘助"三农",砥砺奋进担使命

修水九银村镇银行坚持"政治上'姓党',业务上'姓农'"的属性,充分发挥党建引领作用,切实推进"三个作用"有效落地,助力"三农"和小微实体经济健康发展。

一是政治核心作用。要求全行修好"两颗心",一颗始终爱国爱党的心、一颗爱行爱岗的心。通过培养适合在农村发展业务的"金融支书",联合乡镇

28.老区"小银行"谱写支农助小"大文章"

党委、村委等开展党建联建和共建活动,用专业的金融能力践行扎根农村市场的初心使命,切实打造出专属"九银"服务特色的品牌形象,争做当地百姓心中的"荣誉村民""金融顾问"。

二是先锋模范作用。下沉服务重心,优先选派党员驻扎村组,发挥其先锋模范带头作用,将党员干部定位为服务农村经济发展和乡村振兴的践行者。同时,广泛在村组间开展党建联建和共建活动,贯彻实施"月月有主题,周周有活动"常态化营销机制,针对重大节假日务工返乡人群,实行错峰休假,营销旺季实行"无差别"工作日。2023年,该行全年累计开展活动157场次,开展精准营销26场次。

三是战斗堡垒作用。挂牌"信用示范村",促进"银政""银村"关系,推进整村授信。发动员工深入乡镇村组、田间地头,实行"上门办贷"机制,缩短办贷时长,提高办贷效率,切实提升金融服务质量。积极融入地方发展大局,该行先后与修水县中小企业融资担保有限责任公司开展"总对总"批量担保业务合作签约,与修水县退役军人事务局关于支持退役军人就业合作协议签约,并配合当地监管部门打造江西省首家"普惠金融服务中心",成功发放江西省首笔"普惠金融服务中心"贷款。

┝借力金融科技,提升核心竞争力

陈阳向笔者介绍说:"科技是第一生产力,金融科技是推动银行转型升级的'新引擎'"如何科学正确地使用,她认为有以下几大方面:

一是线上产品进行引流。我行通过纯线上小额信用贷款吸引客户,通过线上贷款测额可分析得出客户的信用状况、资产负债情况、收入状况,进而深入挖掘客户需求,进行二次营销。

二是通过移动设备与信贷系统的联动,缩短业务流程,提高工作效率。目前,我行的移动办公软件、"九银爱客"和催收系统,员工均可以通过电脑端和手机移动端同步登录,对于外出营销或催收,可随时定位、填写相应客户信息,提高了工作效率。

三是利用科技创新优化贷款产品。通过大数据、人工智能等技术手段,对客户进行更精细化的分类,为不同客户群体量身定制贷款产品。同时,通过开发移动应用程序、在线服务平台等方式，为客户提供更便捷、高效的贷款申请和办理流程。

四是利用科技手段提升风险管理能力。通过建立智能化的风控模型，实现对贷款申请人的信用评估、风险预警等功能，降低银行的信贷风险。

此外，还可以利用区块链等技术手段，提高贷款交易的透明度和安全性。目前，该行正在使用的风险预警系统、催收系统、押品管理系统均为通过科技手段控制信用风险的运用。综上所述，通过深入了解客户需求、利用科技创新优化产品、加强合作与营销推广等措施，村镇银行可以推出适销对路的贷款产品，充分满足各类客群需求，成为服务群众的有力帮手。

自2008年进入九江银行工作以来，陈阳在金融体系已工作了16年。2020年，她进入修水九银村镇银行至今，充分利用自身较好的理论功底和实践工作经验，带领修水九银村镇银行连续3年获得"九江银行优秀团队"称号，在岗期间，该行授信规模累计涨幅达115%。采访即将结束，陈阳再次谈到了自己的金融经历和农村金融情怀："虽然我行是一家地方法人'小银行'，但一定会不辱使命，努力谱写出助农支小的'大文章'。"

29. 不忘初心勇毅前行　三十年见证蜕变与成长

访长春净月榆银村镇银行党支部书记、董事长◎刘永富

伍洪　初明辉

7月的吉林，绿草如茵，一望无际的翠绿秧苗和玉米，在太阳的照耀下显得格外绚丽，加之各种野花也竞相开放，交相辉映的美景让人沉醉其中。在吉林的采访中，除了这些美景令人难忘，还有一群"农信人"也在记者心中留下了深深的烙印。长春净月榆银村镇银行党支部书记、董事长刘永富就是其中一位。

├ 追寻梦想初入农信

在农信工作了30年的刘永富，是一位农村金融的资深领导。访谈中，他坦诚地回顾了自己初入银行的行业初心。1993年，已经在乡镇供销社采购员岗位工作了5年的他，充满着对金融"活水"浇灌农村地区发展的热忱和使命感，毅然决然地选择了加入当时的三道湖信用社。

30年前，吉林农村信用社正处于发展的初期。那时的吉林以农业为主导产业，农村信用社在满足农民金融需求、支持农村经济发展方面扮演着至关重要的角色。当时，吉林农村信用社多数是在乡村地区设立的小规模金融机构，主要承担着为农民提供简单的储蓄、贷款及支付服务的职责。由于地域经济相对落后，农村地区金融条件相对薄弱，信用社面临着诸多困难和挑战，例如缺乏先进的金融技术、金融产品单一、资金来源不稳定等。

"算盘和手工记账成为了当时在信用社工作的必备技能。"刘永富回忆说："白天骑着自行车背着算盘和账本下乡，走村串户，傍晚回到信用社交账对账。所以，那时候老百姓都叫我们'背包银行'，同时农民也对金融理念完全陌生，这给金融业务的开展带来了巨大的挑战。"

记者在长春净月榆银村镇银行刘永富董事长的办公桌上看到，白色珠子的算盘和记账本整齐地放在一起。

一天天一年年，刘永富在农信这个大家庭中坚持不懈，开展金融教育，积极推出贴近农民需求的金融产品，逐渐改善农村地区的金融服务，农村经济慢慢发展起来，单位效益越来越好，自己也慢慢地成长起来，先后担任燕平信用社主任、八道江联社理事长、再到辉南伊通榆银村镇银行董事长和长春净月榆银村镇银行董事长，这也成为他最为自豪的成就之一。

行业巨变践行责任

"随着国家对农村金融体系的重视，吉林全省农村金融机构开始得到政策扶持，并相继出台一系列政策，鼓励农村金融机构加强业务创新和风险管理。在政策的推动下，全省农村金融机构开始逐渐拓展业务范围，提供更多元化的金融服务，而后随着经济的转型升级，农村金融机构也面临着转型的压力。在市场经济的冲击下，传统的简单储蓄、贷款等业务已经难以满足农民多样化的金融需求。因此，农村金融机构开始积极调整业务结构，拓展金融产品和服务，加强与乡村经济的融合。"刘永富向记者介绍道。

随着如今吉林经济的不断发展，农村金融机构也迎来了现代化发展的新阶段。在金融科技的助力下，农村金融机构的业务范围更加广泛，涵盖储蓄、贷款、支付、保险、投资等多个领域。农村金融机构通过手机银行、互联网银行等方式，将金融服务延伸到了更广阔的乡村地区。

在现代化发展的过程中，农村金融机构也加强了与大型商业银行的合作，借助其优势资源，进一步提高金融服务水平。同时，一些农村金融机构还积极推进绿色金融、普惠金融等社会责任项目，为乡村振兴和农村经济发展贡献力量。

"在过去的30年中，银行业经历了翻天覆地的变化，面对科技的迅猛发展和金融业务的创新，村镇银行也不断适应发展，不断推陈出新。"刘永富表示，数字化技术的引入为农村地区带来了更便捷的金融服务体验，也吸引了更多年轻人加入这个行业。

刘永富和他的团队一直将服务农村地区的经济发展作为自己的责任。他们积极响应国家乡村振兴战略，支持乡村产业发展、扶持农民创业，并通过金融手段助力地方经济发展。这些举措不仅推动了农村地区的经济发展，也让村民们切实感受到金融服务的便利和温暖。

采访得知，长春净月榆银村镇银行的发起行榆树农村商业银行提出3年"零售攻坚"全局战略目标，尤其是零售类贷款产品的研发推广，是在"国家政策倡导、市场需求旺盛、风险全面可控、效率优先提高"的前提下开展的。零售业务的特点是苦累细慢，经常加班加点，从年头到年尾背负指标压力，工作十分琐碎，并且很难快速见效。刘永富带领团队积极响应发起行对村镇银行的指导战略规划，截至2023年7月20日，在净月高新区479平方公里的3个乡镇、26个自然村、1个自然屯、7个街道、38个社区版图上，线上贷款预授信16 378户141 828万元，签约4 020户39 921万元，用信2 244户29 249万元，其中：榆农快贷已采集26个自然村、1个自然屯20 421户村民信息，并对采集信息梳理归档，完成21个自然村14 094户村民的"三三评议"工作，预授信6 603户11 852万元，签约1 678户4 402万元，用信23户371万元，户均16万元。"榆农快贷"贷款渗透率69%，白名单率47%，签约率25%，用信率8%；"榆快贷"预授信9 775户129 976万元，签约2 342户35 519万元，用信1 948户26 651万元，户均14万元，线上贷款加权平均利率8%。

┠ 团队建设凝聚力量

"我经常给班子成员和中层管理干部讲：年轻的员工们成长得好不好，关键看带领他们的领导。"

作为一名有着近20年"一把手"岗位经验的资深领导，刘永富在农村金融的发展中发挥着重要的指引作用。他表示，制定合适的战略对于农村金融系统发展至关重要，尤其在经济发展滞后的农村地区。他分享了一些智慧领导的心得，如何准确把握市场需求、如何合理规划资源等，这些决策为银行的长期

发展奠定了坚实基础。

记者在长春净月榆银村镇银行的墙壁上注意到，一张长4.8米、宽1.2米的长春净月榆银村镇银行2023年度存贷款指标进度统计表上，"敢于亮剑挂图作战""勇毅前行实干兴行"的红色大字格外醒目，密密麻麻的黑色数字填满了每个员工今年前6个月对应的表格。

在访谈中，刘永富也谈到了团队建设的重要性。他始终坚持以身作则，注重团队成员的培养和激励，形成了一支忠诚且敬业的团队。他强调，一个团结协作、专业高效的团队是银行事业不断向前发展的关键。正如发起行榆树农商银行董事长李国英一样，既是榆银村镇银行的谋划人、引领人，又是榆银村镇银行的培训师，更是榆银村镇银行的总设计师。他平易近人、用心良苦，手把手地教和带，语重心长、接地气的大实话，深深鼓舞着10家榆银村镇银行全体员工；他身先士卒、以身作则，创新、实干、尽责、奉献、担当的工作作风和精神，深深激励着10家榆银村镇银行全体员工；他坚定零售转型战略的魄力，分析新形势的智慧，这种新时代动力源、加速器、聚合力，深深感召着10家榆银村镇银行全体员工！所以才有10家榆银村镇银行全体员工干劲十足，心不散、腿不懒，以"信息化赋能、数字化驱动，探索数字化村镇银行建设"为路径，以"两服务、四走进，开展四送、做好四员"为载体，朝着既定目标，加速"榆快奔跑"。

访谈最后，刘永富董事长对于年轻人进入农村金融提出了宝贵的建议。他强调："要有坚定的信念和耐心。农村金融虽然是一个相对稳定的行业，但也需要付出辛勤努力和不断学习。同时，要关注科技发展，紧跟时代步伐，掌握新技术，适应金融业务的变革。更重要的是，要保持服务意识，真心实意为客户服务，将客户的需求放在首位，并表示，随着科技的进步和金融业务的创新，农村地区的金融服务将进一步普及和完善。"刘永富坚信农村金融和自己所带的村镇银行团队在未来将持续发挥重要作用，为农村地区的经济发展，为乡村振兴贡献更多金融力量。

刘永富在农村金融30年来的工作，见证了这个行业的巨变和发展。他在初期面临的困难中坚持不懈，带领团队推动农村金融服务的改善。在农村金融发展的过程中，他睿智决策，积极适应变革，承担起服务乡村振兴的社会责任。作为领导者，他注重团队建设，打造了一支忠诚且敬业的团队。同时，他传承着自己的经验和精神,助力后辈踏上成功之路。展望未来,他充满信心,相信自己会继续发挥一定的作用。

"新时代、新征程、新伟业,接下来的日子,将在发起行和村镇银行管理部的正确领导和科技支撑下,坚定信仰、牢记使命、主动作为、凝聚力量、撸起袖子勇毅前行。"临别时,刘永富向记者表示。

30. 厦门翔安民生村镇银行实施党建共建下沉服务重心助力乡村振兴

访厦门翔安民生村镇银行股份有限公司行长◎林云达

熊周苑　黄云

近年来，福建厦门翔安民生村镇银行积极响应乡村振兴战略号召，将党建共建、业务发展与社会服务深度融合，主动融入全面推进乡村振兴大局，立足县域，持续发力，通过政银合作、下沉金融服务渠道、构建普惠金融产品体系、搭建服务新场景等方式，牢牢把握支农支小的市场定位，努力探索助力乡村振兴的新举措、新路径，以践行普惠金融作为出发点和落脚点，为服务乡村振兴战略注入强大动力。

党建引领，助力乡村振兴

"自成立以来，翔安民生村镇银行坚持党建引领支农支小，把党建工作贯穿经营全过程，不断下沉服务重心，做专做深做透普惠金融，以'党建+'模式为抓手，通过示范点的创建，树立特色典型，加强示范效应和带动作用，推动金融服务乡村振兴战略新阵地建设。"厦门翔安民生村镇银行股份有限公司行长林云达向笔者介绍道。

在具体工作中，该行坚持党建引领，持续夯实党建工作，明确议事规则，健全党支委前置研究工作机制,团队建设中突出党建引领,进一步提升团队的凝聚力和集体领导力,2022年被民生银行厦门分行党委评为"先进基层党组织"。

为实现党组织优势互补,该行将共建活动与学习宣传贯彻党的二十大精神相结合,实现思想共建、党务共建、文化共建、发展共建;将共建活动与乡村振兴相结合,充分发挥党支部的政治核心与战斗堡垒作用,通过共建不断提升学习力和执行力,提升服务乡村振兴的能力,践行好金融工作的政治性和人民性。

该行坚持党建与业务发展相结合,以"党建+金融"为方针,围绕扎实做好"六稳"工作、全面落实"六保"任务要求,成立了乡村振兴委员会,制定《乡村振兴业务规划(2022—2024年)》《深耕区域特色、助力乡村振兴——网格化金融服务实施方案》等推动措施,在人力、财力、信贷投放等资源方面全面倾斜,做到"工作不留空档 政策不留空白",积极推进落实金融服务实体经济的各项方针政策。

加强融合共建,架起服务实体桥梁

为进一步强化乡村振兴金融服务,翔安民生村镇银行搭建"政银合作"平台,深化客群开发机制,扎实开展网格化金融服务,积极与当地各乡镇、工商部门合作,深入镇街、村居、产业园区,对接农业农村局、园区管委会、村居委,通过座谈会、银企对接会、金融知识下乡等方式,大力宣传稳经济金融政策以及该行产品服务特色和助企纾困成效,进一步推动翔安农村经济的发展,助力乡村振兴。

该行深化与翔安区政府战略合作机制,在辖内各级财政支付结算、资源共享、信息互通、金融知识下乡等方面构建优势互补、合作共赢的普惠金融新生态,以金融"活水"助推区域高质量发展。

该行通过与厦门市妇联、创业协会(翔安马巷青年创业促进会、内厝青创会等)、行业协会(翔安蔬菜协会、贡香协会、青年电商协会等)、产业园区管委会等开展共建活动,创新异业融合工作模式,全面走访辖内居民、农户、个体工商户、新型农业经营主体、新市民等群体,举办金融知识普及和业务推介活动近200场，践行社会职责，推动存贷款等一揽子服务，满足实体经济差异化金融需求。

目前该行先后与翔安区茂林、曾林等11个村居签署《乡村振兴战略合作协议》，并推动在大嶝支行原址做好金融服务下沉，在9个社区均建立"金融联络员"，并在村（社区）部"挂牌公示"，通过走进社区、贴近客户的亲民形式，进一步延伸服务"触角"，将金融服务送下乡，携带移动运营设备，为村民们办理银行卡开立、手机银行开通绑定等业务，畅通农村金融服务"最后一公里"，提升了品牌形象。

该行结合金融辅导、首贷客户培植行动，加强金融政策宣讲，充分用好普惠小微延期还本付息贷款、普惠小微信用贷款等政策工具，不断提高企业融资可得性和便利性。同时，还主动向符合条件的小微企业推广"续贷宝"产品，通过免还本续贷服务为企业纾困解难，减轻到期还本资金压力近2亿元。

三大工程创新产品和服务，缓解"融资难""融资贵"

近年来，该行通过实施党建共建，落实入户建档、批量授信，打造金融服务乡村振兴示范点、信用村，形成带动作用，以"乡村振兴贷""亲情贷"为主要工具，推广小额信用贷款，解决农户资金需求。目前该行已先后与11个村（社区）开展"整村授信"，落实入户建档，提供个性化、专业化金融服务模式，促进农村经济健康发展。

翔安民生村镇银行充分发挥村镇银行在当地的地缘优势、人缘优势，自觉扛起责任和使命，以网格化管理为抓手，引导业务团队走访各村居和商圈、协会等集群，多措并举落实党建共建，全面服务乡村振兴。

聚焦现代农业产业，围绕农业特色产业、农业产业园区、田园综合体等农业新业态，依托农业产业结构调整，该行通过党建共建，优化推广"胡萝卜贷""生猪贷"等系列产品，全面满足现代农业产业发展的融资需求。其中"胡萝卜种植及收购贷"还获评服务全国"三农"50佳金融产品、全国乡村振兴创新产品典范案例等荣誉。

该行积极发放人民银行支农支小再贷款等政策性贷款，全力支持农村农业发展，并持续推广"光伏贷""创业担保贷款""出租贷""妇联贴息贷"等优质产品，对新型农业经营主体、农村创业青年重点帮扶，降低农户及小微企业贷款融资成本。截至2023年末，该行累计发放贷款超34亿元，其中支农支小贷款投放金额占比均超过90%。

林云达表示："下一步，作为乡村振兴新的金融生力军，该行将继续把'党建引领'融入业务发展、人才管理、服务乡村振兴、廉洁金融文化建设等方方面面，以高质量党建开创村镇银行稳健发展新局面。"

31. 坚守支农惠农初心　擦亮服务"金字招牌"

访新乡中原村镇银行行长◎葛林

方有成　宋佳丽

为响应政府号召，进一步完善农村金融服务体系，加强金融支农支小力度，更好地支持社会主义新农村建设，2010年3月，河南省新乡中原村镇银行正式成立。

自成立以来，新乡中原村镇银行严格按照有关法律法规及监管要求开展业务，在发起行中原银行的大力支持下，以服务"三农"为宗旨，坚持"支农支小、服务'三农'"的市场定位，结合当地经济特色，坚持以客户为中心，以市场为导向，以科技为支撑，以产品创新为手段，加大对小微和"三农"群体的支持力度，较好缓解了农民贷款难、农村中小企业融资难的问题，有效激活了当地农村金融市场，得到了地方政府、监管部门、市场和客户的广泛认可。

├ 深入调研市场，丰富信贷产品

新乡中原村镇银行紧扣支农支小市场定位，服务小微群体，分析当地农村产业发展规划，剖析本地市场主要业态，实行深入乡村走访，及时了解客户信贷需求，制定授信政策指引，研发适合客户的信贷产品，推出了"兴农贷""家和贷"等产品，使该行产品线更加丰富，金融服务水平得到进一步提升。针对不同客户、不同行业的经营特点和需求特征，该行开发出具有本行特色的、符合"三农"需求的信贷产品；完善考核机制，充分调动支行和客户经理"敢贷、愿贷"的积极性；同时，大力宣传有关扶持小微企业发展的相关方针、政策和措施，不断下沉经营管理和服务重心，组织开展小微企业走访活动，深耕本地小微企业市场。截至2023年末，新乡中原村镇银行累计发放贷款53.49亿元。

为促进业务发展，降低信贷资产风险，新乡中原村镇银行加强金融产品、服务、模式的创新，与河南省农业信贷担保有限责任公司开展业务合作，重点支持家庭农场、农民合作社、专业大户、农业社会化服务组织、小微农业企业等，全力破解农业"融资难""融资贵""融资慢"问题。

开展"整村授信"是推动该行信贷业务发展与属地乡村振兴有机结合的重要举措。新乡中原村镇银行积极主动配合属地政府乡村振兴相关工作，推动信贷业务发展与县域乡村振兴有机结合，结合村委加快"整村授信"业务的推进与落地，客户经理逐村逐户进行普惠走访，通过村委打听了解，获取农户资料，对符合标准的客户即时授信，让农户享受到随时用信的便捷服务。

⊢ 优化贷款流程，提升服务质效

为提高市场竞争力，推动信贷业务稳定快速发展，新乡中原村镇银行上线移动小微贷业务，实现手机银行循环贷款、无还本续贷功能，优化移动小微贷系统查询征信接口，提高贷款业务办理效率。

该行坚持"小额、分散、流动"的风险控制原则，小额贷款审批实行限时办结制，利用内部网络传输授信审批资料，采取网上审批，资料齐全的情况下当日审批"不过夜"，最大限度地让客户省时间、少跑路；建立项目申诉机制，客户经理对上报项目审批结果有异议的，可提出申诉，采取线上审查的方式，线上研究讨论。同时，根据发起行统一安排，该行下发个人贷款流程指引，从调查、审批到放款，全流程规范个人信贷业务，优化授信工作环节，提升业务质效。

新乡中原村镇银行积极利用各类政策，申请信贷政策支持，向人民银行申请支农支小再贷款，用于贷款投放，有效占领市场，切实为广大农民降低贷款利率，打通金融服务"最后一公里"。

优化金融服务,打造"暖心银行"

该行始终坚持"贴心、专业、合作、共赢"的服务理念,持续优化金融服务水平,做好金融服务。在厅堂服务上,该行坚持"以客户为中心",从客户进门笑相迎"您好,请坐",面对客户的问询耐心答,业务办理结束时提醒客户"请您核对清点",到客户离开目相送"请慢走",每一步都有大堂经理进行引导。针对年龄较大、行动不便的客户,该行坚持"特事特办、急事急办",对进入网点的老年客户主动关怀、热情接待、快速响应,制定针对老年客户的专属流程;在营业大厅配备便民服务箱,放置有针线盒、创可贴等便民物品,柜台放置老花镜、放大镜,从细节入手,让人感到暖心。

该行坚持把"我为群众办实事"落实到具体行动中,员工每日班前深入村庄为村民量血压、测血糖等便民服务,对血压和血糖偏高者给予饮食、运动等方面的建议,提醒血压和血糖偏高患者要按时吃药;班后入村进行放电影活动,开学期间为学生提供免费包书皮等活动,始终将亲情化、人性化的服务倾注在日常服务工作中,竭尽所能满足客户多元化需求。截至2023年末,该行开展量血压、测血糖等便民服务超14万人次。

普及金融知识,提升金融素养

为进一步加大农村金融消费者权益保护力度,为广大农村群众提供更加开放、便捷、安全、互联互通的金融服务,新乡中原村镇银行组织"金融服务小分队"开展送金融知识下乡活动,让更多村民享受到金融服务带来的便利和实惠。

工作中,该行"金融服务小分队"通过宣传手册、金融知识课堂等方式,开展金融知识"移动微沙龙",向广大群众开展反洗钱、反假币、防范非法集资、防范电信诈骗等金融知识宣传,用身边实际案例和朴实的"乡音",让群众既觉得贴切又简单易懂,帮助大家掌握保障自身金融权益的技巧。同时,该行创新思路依托微信群开展线上"金融知识小课堂",采用讲故事、讲案例的形式向客户宣讲金融小知识。截至2023年末,该行已开展送金融知识下乡活动400余场,线上金融课堂300余场,群众交口称赞,进一步填补了当地农村百姓在金融知识方面的缺失,真正做到了"送服务上门、暖服务惠民"。

未来,新乡中原村镇银行将坚守支农支小的市场定位,深入践行金融为民的情怀使命,加大对乡镇经济的金融支持力度,认真落实支农惠农政策,努力提高金融服务水平,履行社会责任,以实际行动为当地经济发展、助力乡村振兴做出积极贡献。

32. 心中有图　手中有招

访湖南茶陵浦发村镇银行董事长◎车鸣

📷 伍洪　方有成　陈玲

茶陵县地处湖南省东南部，是全国唯一以"茶"字命名的县，是著名的"茶乡"。茶陵浦发村镇银行是由上海浦东发展银行主发起设立的新型农村金融机构，成立以来，发展稳健，目前下辖一家支行。截至2023年末，该行各项存款余额17.94亿元，各项贷款余额15.3亿元，累计投放贷款61亿元，服务客户10万多户，为县域经济发展贡献了重要的金融力量，获得了县委、县政府、监管部门、社会各界的认可和赞许。

正因为有不俗的业绩和较高的声望，茶陵浦发村镇银行在行业内荣获中国银行业协会首届"全国村镇银行综合服务能力百强单位"、湖南省"普惠金融先进单位""百佳优秀团队""五星级网点"等称号。在当地，该行多次获评茶陵县"最佳信贷投放奖""纳税先进单位""企业发展进步奖""文明建设先进集体"等称号。

├心中有图，手中有招

茶陵浦发村镇银行董事长车鸣谈起面对国有大型银行带来的竞争压力时，既泰然处之，又正确对待。她表示，面对日益激烈的竞争态势，如何在困境中破局，该行始终坚持差异化竞争和特色化经营，做到"心中有图、手上有招"。

具体有以下三大方面的做法。

坚守"长期主义"，与时俱进调策略。茶陵浦发村镇银行通过"进市场、下企业、走商户"锁定重点营销对象，瞄准"首贷""无贷"商户及还款正常的他行存量客户、经营周期两年以上的稳定客户，确立"简化手续、加快流程、放宽条件"营销策略，力争在经营类、小微类贷款上取得突破。同时，该行积极创新，推出"光伏贷""强农种植贷""安农建房贷"等乡村振兴系列贷款产品，探索普惠金融发展新路径。

坚持市场需求导向，精准发力定客群。茶陵浦发村镇银行牢牢抓住春耕备耕的"黄金期"，加大信贷投放力度，全力保障农机、种子、化肥等重要农业生产供应领域的资金需求；强化与就业部门沟通协同，保持业务"即到即办"的效率，积极营销创业担保贷款客群；深入园区企业走访，对接政府重大招商项目、重点战略客户，因地制宜地加大对园区企业的市场拓展。

坚定营销拓展视图，"小户快跑攻商户"。秉持"快投放早受益"的经营理念，茶陵浦发村镇银行发力贷款投放，确保资金投放"早、快、准、稳"；坚持"做小客户，做大户数"的思路不动摇，持续分区开展"百度地图"和"工商客户"走访营销，收集商户信息，做好台账登记，确保走访实效。

党建共建，互联共赢

茶陵浦发村镇银行始终保持"姓党"的政治属性和"姓农"的本质属性，以"服务'三农'，服务实体经济和乡村振兴"为己任。据茶陵浦发村镇银行董事长车鸣介绍，为有效宣传国家金融方针政策，增强老百姓的合法金融活动意识，茶陵浦发村镇银行党支部以乡镇捐赠为切入点，以"大走访"活动为发力点，强化与各局级单位、各乡镇村组的联络机制，推动"党建共建、互联共赢"活动走深走实；与多个社区、村委开展了党建互联共建活动，重点宣传防电信诈骗、防非法集资、消费者权益保护、存款保险知识以及乡村振兴系列贷款产品。同时，该行作为乡村振兴示范村帮扶"后盾"单位，支部书记坚持每月入村走访，与驻村工作队共同做好产业发展、基础建设、森林防火等重点工作。

├ 不拘一格用人才

茶陵浦发村镇银行董事长车鸣在谈到培养和使用人才时,自有一套独家的"秘籍"。她谈道,村镇银行设立在农村地区,而从事村镇银行事业必须拥有"三农"情怀,因此坚持"本土化""适用性"原则是村镇银行选人、用人的基本原则。

人才选用要选好"苗"。村镇银行是"草根银行",在人才准入方面不能一味地追求高端人才,也不可过于注重应聘者的家庭资源。茶陵浦发村镇银行在员工招聘方面积极吸收当地"优秀农民"、农民企业家子女。同时,该行鼓励员工推荐同行优秀人才,对推荐成功且被推荐人在该行工作中表现良好的,给予推荐者"伯乐奖"。

人才选用要选好"才"。招人容易用人难,科学的人才管理需要一套行之有效的考核体系。茶陵浦发村镇银行在使用这套"武器"时,既要实现"千斤重担众人挑,人人头上有指标",又要将考核管理与部门职责、岗位职责紧密挂钩,避免"一把抓""一刀切"和"和平主义"等弊端。对此,该行建立了一套较为完善的员工招聘、干部提拔和储备体系,让员工明晰自己的职业通道和未来方向;让员工有"紧迫感",对照动态考核管理办法,对综合素质提升缓慢、业务能力较差、条线排名落后、工作积极性不高等确不符合该行转正转编要求或难以适应发展的员工,进行淘汰管理,做到"能上能下";建立健全有效的激励机制,按月开展"服务之星""营销之星"等评选活动,按年做好"评优""评先"工作,在内部形成"比学赶超"的浓郁氛围。

人才选用要管好"人"。茶陵浦发村镇银行不定期组织座谈会、生日会、大讨论、谈心谈话等活动,让员工参与制度和目标的制定,为员工构筑融入管理的平台,构建顺畅的沟通渠道。经过多年的发展和锤炼,该行已培养出了一支业务娴熟、动力十足、激情高昂、执行力强的员工队伍;客户经理人均管户贷款200余户,累计投放贷款61亿元,累计创造利润2亿元。

33. "农散小快灵"让"伊通榆银""榆快""榆好"

访伊通榆银村镇银行党支部书记、董事长◎高瑞祥

伍洪　方有成

吉林省四平市伊通满族自治县，位于吉林省中部，伊通河上游，幅员2 500平方公里，人口48.3万人，因平原上有七座孤山状如北斗，素有"七星大地"之称。

近日，在采访中，伊通榆银村镇银行董事长高瑞祥向笔者介绍说"吉林伊通榆银村镇银行成立于2014年，截至2023年12月末，伊通榆银村镇银行营业网点两个，员工54人，累计发放贷款21.13亿元，吸收存款236.12亿元。"

├ 不与大行争锋，坚持"农散小快灵"

作为一位资深农村金融基层干部，伊通榆银村镇银行董事长高瑞祥表示，"面对国有大行业务下沉、贷款利率下降给村镇银行外部发展带来的强大冲击，伊通榆银村镇银行在发起行'管好、放活、赋能、共享'方针下，坚持'农散小快灵'客户定位，有效避免同'大行'的正面竞争，利用村行'小快灵'特点，为客户提供差异化、特色化、专业化、亲情化服务，在竞争中实现'错位发展'。"

高瑞祥表示，针对如何"错位发展"，全力推动县域经济发展，伊通榆银

村镇银行采取以下三点。一是做好客户细分,抓住主要客户群体。从市场竞争客户信贷需求额度、角度分析,将客户划分为"红、橙、黄、蓝"四类群体,根据"二八定律","蓝海客户"占比大致为80%,"长尾客户"集中在"农散小快灵"群体,是村镇银行的主要营销对象。二是开展"两服务、四走进",开展"四送"做好"四员",统筹做好存、贷款营销工作。从"四送""四员"着眼,密切客群关系,收获存、贷款规模扩大,市场份额提升的效果,扭转依赖员工动员、托关系、走人情揽储局面。三是利用榆银"三大智能系统"积极推动数字化零售转型。伊通榆银村镇银行研发推广"榆快智能零售系统""榆快智能绩效系统""榆快慢生活系统"三位一体,在风险控制、绩效激励、密切客户与榆银村镇银行的联系,以坚实的群众基础参与属地市场竞争,不断扩大"四送"边际效应。

传统与现代结合,线上线下同辉

高瑞祥介绍,伊通榆银村镇银行既走传统"熟人熟地"扫街路线,更是借鉴金融科技助力,实现"土洋"结合,线上线下同辉的目标。一是建立"榆快金融"零售系统,上线"网格化营销+整村授信"功能。将整村授信的客户数据、评议数据进行管理及验证等,生成"白、灰、黑、蓝"名单,依靠"线上技术+线下熟人"风控,建立农户电子档案,通过村民评议、线上大数据风控,进行批量无感授信,实现授信全覆盖。二是将全辖划分"农村片区"和"城区片区",以"人在网中走,档在格中建,格格有服务"为指导思想,通过对业务区域的网格划分,实施"定格、定人、定责",使客户信息更加对称,业务推进更具效率。三是转变思维,变等客上门为主动获客,以"两服务""四走进"活动为契机,以走访村户、现场推进会的形式进行营销,让老百姓接触金融产品、了解金融知识,从而进一步提高授信覆盖面、授信签约率、用信率及个人贷款客户数,全面提升全行金融服务水平。

党建联建全覆盖,金融服务无空档

在发起行榆树农商银行推广整村授信研发"榆快智能线上贷款"时,高瑞祥就担任试点推广行支行行长,对整村授信网格化营销有成熟的经验。同时，高瑞祥长期从事农信基层负责人工作，立足城乡、服务"三农"的理念和"农散小灵快"的市场定位已根深蒂固，与村镇银行的特点相吻合，为银行能在"五年小而美银行愿景、三年零售攻坚转型发展"顺利实施并取得成果打下坚实的基础。

到村镇银行后，高瑞祥利用好党建共建，开展金融服务。一是"三级"联动。建立了"市—镇—村""三级""党建+金融"组织体系，签订战略合作协议，明确工作内容。二是队伍联建。村镇银行派客户经理到村做乡村振兴金融顾问、村组干部做金融志愿者，全力打造"你中有我、我中有你"的"政银"合作氛围，形成工作合力。三是党建联手。乡村党组织、企业党组织与伊通榆银村镇银行党组织结对共建，建立合作联通、信息共享机制，与伊通榆银村镇银行联合开展党建活动、助企服务及社会公益活动，共同助力乡村治理。四是建立"金融驿站""金融志愿者工作站"，以为民服务为目的，按照"党建+政务+金融"的模式，提供政务、党建、金融等"一揽子"综合服务，打通普惠金融服务"最后一公里"。

科技创新助力，"榆银"金融快起来

一直以来，伊通榆银村镇银行坚持"以客户为中心"，"农散小灵快"的市场定位，紧贴地方发展特点和客户多元化需求，通过IT支撑，创新金融产品，形成"线上+线下"产品体系。伊通榆银村镇银行充分利用"榆快金融""榆快·漫生活"小程序等线上平台，将更多线下产品融合至线上，以农户、新型农业经营主体、非农自然人及个体小微为服务对象，致力于零售类数字化专属全线上贷款产品的研发和推广，促进零售转型，主要有以下几点方针。一是建立"榆快金融"零售系统，"网格化营销+整村授信"系统功能，对客户进行批量无感授信。二是通过微信小程序开发上线客户使用端"榆快金融"，针对农户上线"榆农快贷"；针对公务人员、教师、医护人员、金领人群研发"榆快·工薪贷""榆快·园丁贷""榆快·天使贷""榆快·金领贷""榆微快贷""榆快·乡村振兴贷""榆快·房易贷""榆快·信易贷"等专属贷款产品，实现自动化数据进行全面风控，提高准入、增信效率。客户从申请、审核到确认、放款、还款全程使用"榆快金融"小程序端操作，提高客户体验，让服务的温度"暖"起来、服务的速度"快"起来。

高瑞祥表示,村镇银行最大的特点就是决策链条短,处理问题敏捷、迅速、愿意服务"低层农户"和"微小客户"。要说伊通榆银村镇银行有什么独门绝技,只有"榆快智能线上贷款"产品可以称之。他还强调,智能贷款是完全复制发起行榆树农商银行模式,有着成功经验可以完全借鉴,使伊通榆银村镇银行在同行业竞争中处于优势地位。

高瑞祥最后剖析说,伊通榆银村镇银行成立时间短,员工普遍年轻,个个朝气勃发,有干劲有冲劲的同时也存在着业务能力不足,尤其是中层、中坚力量严重不足,随着业务的不断扩展,全靠几名高管去处理全行所有事情,严重影响工作效率。所以,到任后,他最重视的是全员的业务能力的提升,通过业务能力测试、工作述职等方式,选拔出一批有能力的员工走上中层岗位。既提高了工作效率又锻炼了员工的工作能力,一举多得。

34. 让"民生品牌"扎根金浦大地

访漳浦民生村镇银行党总支部书记、董事长◎黄智建

📷 张小燕

2011年12月，福建省漳州市首家村镇银行——漳浦民生村镇银行在金浦大地鹿溪之滨破土生根。截至2023年末，该行现有员工62名，下设8个职能部门，3个农村金融网点，资产总额13.85亿元。多年来，该行始终坚持服务"三农"、服务地方经济的市场定位，累计推出16款金融产品服务，投放贷款51.35亿元，其中累计投放农户贷款40.79亿元，累计投放小微贷款48.29亿元，为广大农村经济实体和农户提供了"有深度、有广度、有力度"的金融服务。

为给农村金融工作以借鉴或启示，近日，笔者专访了漳浦民生村镇银行党总支部书记、董事长黄智建。自成立以来，漳浦民生村镇银行深刻认识到坚持党建引领方能固本强基，全行上下坚决贯彻党中央的各项决策部署。2016年8月，党支部成立后，该行更是积极推动党建工作和经营工作的深度融合、相互促进。

"我行将党建引领写入公司章程，强化公司治理顶层设计；董事会下设'三农'委员会；设立'乡村振兴部'一级部、加大队伍人才考核、培养、激励等，党组织充分发挥了'把方向、管大局、保落实'的领导作用，确保经营发展的正确政治方向，为全面高质量推动金融支持乡村振兴建设，做实普惠小微服务及'我为群众办实事'开拓新局面。"漳浦民生村镇银行党总支部书记、

董事长黄智建向笔者介绍道。

践行初心使命，助力普惠"三农"

"作为'漳浦人自己的银行'，自2012年入浦以来，我行始终深耕区域经济，坚守支农支小市场定位，做实行业需求调研，从农户'互助合作基金'的贷款模式打响品牌，到紧密围绕乡村振兴战略计划推出的'一揽子'金融产品，漳浦民生村镇银行人时刻以用心、暖心、贴心的金融服务让'民生品牌'深深扎根金浦大地。"黄智建向笔者表示。

2014年9月，漳浦民生村镇银行磁条卡投入使用，2019年4月实现芯片的全面上线；2017年12月，进一步实现了民生银行手机银行的开通使用；2021年3月，贷款客户的手机银行"随借随还"功能全面启用。从一本存折到芯片卡、手机银行，结算功能的便利性提升为漳浦民生村镇银行各项业务开展助力添翼，便民功能的丰富也让更多客户走进民生村镇银行。

2012年成立时，漳浦民生村镇银行仅有"商贷通"一款贷款产品。为提升金融服务能力，满足客户资金需求及使用特点，多年来，该行不断创新信贷产品种类，丰富担保及还款方式，形成较有市场竞争力的定价机制。截至2023年末，该行已推出"适贷通""钢质渔船""农业设施抵押贷款""税易贷""光伏贷"等16款金融产品服务，有效满足县域农户及小微企业主的信贷资金需求。

漳浦民生村镇银行聚焦支农支小主责主业，推出"互助合作基金"信贷模式，为县域农民、小微企业主有效缓解了"融资难、融资贵"的难题。千年古郡，山海汇聚，物产丰饶。溪坂、长桥的外销花卉苗木，六鳌、佛坛、旧镇钢质渔船的远洋捕捞，古雷、佛坛、霞美临海滩涂的鲍鱼、鱼虾养殖，石榴、盘陀、霞美的高优瓜果种植，"漳浦民生村镇银行人"走进田间地头，被老乡们亲切地称为"花农的银行""渔民的朋友"。

从支农支小到乡村振兴，漳浦民生村镇银行的初心不改，使命不变。2016年10月，该行率先与六鳌镇政府签订共同推进"海洋经济"战略合作备忘录，加大对海洋经济产业信贷投放力度，重点支持六鳌镇海洋经济产业项目，并在贷款还款方式上给予创新、利率方面给予优惠。

2021年以来，漳浦民生村镇银行党支部与六鳌镇店下村等10余个行政村签订党建共建协议，以党建带动群建，将打造"信用村"、开发重点村作为依托，精准向店下村推送"专职驻村金融助理+优化升级的信贷产品+简化的业务流程+差别化的利率定价+信贷绿色通道"组合服务，全力支持店下村在紫菜、地瓜等特色农业的产供销，乡村旅游等方面的资金需求，为店下村实现产业振兴、文化振兴、人才振兴"贷"来金融"活水"。截至2023年末，六鳌镇全镇累计共有农户1 616人次向该行申请了贷款，该行累计发放贷款约2.36亿元，平均每户为14.60万元。

├ 筑好"稳存坝子"，丰富"增存法子"

如何打破存款总量上不去，对公存款占比高，存款集中度高的僵局，扎实做好稳存、增存工作，实现快速发展，是一段时期内每个"漳浦民生村镇人"绕不开的课题。具有"爱拼才会赢"闽南人特性的漳浦民生村镇银行主动出击，破局求变，采取表格式管理，名单制跟进，分层级维护，做实基础服务，大大提高客户黏性与忠诚度；在扎实做好日常维护工作的基础上，该行抢抓有利发展时机，凭借自身努力为对公存款掘出一口"活井"，实现该行存款业务的快速增长；全体员工从根本上转变思想，"存款乃立行之本"的意识已逐步入脑入心，"迈开腿、张开嘴"的营销意识及习惯已逐步养成。同时，该行配套专项活动激励及旺季营销活动，全行员工步调一致、共同发力拉动储蓄存款明显增长。2023年末，在保持存款总量逐步递增的情况下，该行储蓄存款占比已从历史低位的9.74%提升至46.67%，增幅达379.16%，各项存款结构实现较大优化。

├ 强化内控管理，筑牢合规基石

内控合规是漳浦民生村镇银行实现自身可持续健康发展的客观需要，也是防控金融风险，推动该行高质量发展的必然要求。该行始终坚持"抓合规、提质效、促发展"的工作原则，提升金融风险防控能力，为高质量发展"添砖加瓦"。"通过开展集中学习、宣讲、清廉教育活动、制作宣传海报、组织观看宣传片等多种方式，我行全体员工厚植'合规、清廉'文化，构建'亲清银企'关系、客户关系，营造'亲清工作'氛围。不拿群众'一针一线'，不吃客户'一粥一米'的'亲清行风'就是漳浦村镇银行赢得客户'第一眼缘'的不二法宝。"黄智建称。

漳浦民生村镇银行坚持"以防为主，以查促防"的指导思想，牢固树立忧患意识和责任意识，将防范内控风险工作融入日常经营管理全过程，做到"以制度打牢合规基础，以检查巡航合规操作，以培训强化合规意识"的"一制二查多培训"机制。12年来，该行共累计修订完善各类规章制度约720份，累计组织各类现场培训560余次，开展的各类检查自查工作更是数不胜数。

砥砺奋进新征程，凝心聚力再出发。多年来，漳浦民生村镇银行被漳州市银保监分局授予"普惠金融阳光信贷先进单位"称号；在反洗钱履职、"两综合两管理"评比、征信数据管理等方面工作质量屡次受县市两级人行的肯定及表扬；漳浦民生村镇银行更是多次获得民生总行及村镇银行管理部给予的"资产质量管理先进集体""综合发展奖""综合优胜奖""先进基层党支部""优秀管理者"等集体及个人称号。

"2024年是中华人民共和国成立75周年，也是实现'十四五'规划目标的关键一年。我行将持续落实党中央金融工作部署，将党和国家的战略思想及布局进一步融入我行的实际发展中，全行上下保持不变的定力恒心，激扬开拓进取精神，凝聚团结奋进力量，坚守支农支小定位，践行乡村振兴初心，赓续奋斗砥砺前行，为做实做细金融支持县域'乡村振兴'持续贡献力量！"黄智建表示。

35. 而今迈步从头越

访福建蕉城刺桐红村镇银行执行董事◎林基点

📷 伍洪　方有成　谭硕

福建省宁德市蕉城区素有"海国斯文地"的美誉，山水相连，物产富饶，文化厚重。同时，这里还拥有辽阔的海洋渔场和享誉世界的天然深水良港，是全国最大的大黄鱼养殖基地，是"中国大黄鱼之乡""中国晚熟龙眼之乡"，也是宁德市经济最发达的地区，更是宁德市委、市政府驻地。福建蕉城刺桐红村镇银行执行董事林基点自豪地向笔者"广而告之"道。

金融科班出身和法律本科毕业的林基点，历经多岗位逐级历练后，出任了蕉城刺桐红村镇银行法定代表人。林基点介绍，诞生于东南沿海的蕉城刺桐红村镇银行（以下简称"蕉城村行"），是2014年7月由泉州农商银行发起设立的。作为一家新型农村金融机构，该行坚持以"服务'三农'、助力小微、造福民生"为己任，在高质量可持续发展过程中，积极推进普惠金融、数字金融、绿色金融等战略的实施，通过创新金融产品、优化服务模式、完善风险管理体系，充分发挥地方独立法人灵活、快捷、高效的优势，为地方农村经济高质量发展提供更多的金融支撑。

截至2023年末，蕉城村行各项存款总额8.77亿元；累计发放各项贷款40.25亿元，其中涉农贷款31.89亿元，小微企业贷款21.51亿元；累计缴纳地方税收近4 000万元。该行多次荣获"共青团宁德市金融工作委员会宁德市金融五四红旗团（总）支部""金融科技赋能乡村振兴+普惠金融与金融科技下乡专项活动先进集体"等称号。

坦然应对大型银行压力

"你有压力，我有动力。"林基点向笔者解读如何应对"大银行"的下沉这一问题时，坦然讲出自己的应对战术，主要有以下3点。他说："面对大型银行下沉的竞争，自己始终坚定支农支小的市场定位，坚持差异化经营，主动转换经营模式，让步伐更稳健。"

一是变"等客上门"为"主动寻客"。客户经理改变以往坐等客户上门的惰性，把腿迈出去、把身子扑下去，主动深入社区和村组宣传推介金融产品，全方位了解村民融资意愿、深入摸排融资需求，主动将金融服务"送货上门"，以更为优质高效的服务补足产品价格劣势，有效拓展基础客户群体。

二是变"个人用力"为"全员发力"。蕉城村行积极整合人力资源，将客户经理分成3个普惠金融营销队，后台部门各挂钩一队协助营销。制订全员营销绩效考核方案，全面推行网格化、"地毯式"营销，切实转变过去单纯依靠资源型员工的营销模式，充分激发信贷投放内生动力，从"单兵作战"转变为"兵团出击"，蕉城村行服务"三农"、小微企业的战斗力显著提升。

三是变"粗放营销"为"精准服务"。该行领导带头对接农业农村局、工信局、各级政府、社区村委，赢得工作主动权。同时，强化组织安排，制订"时间表"，画好"路线图"，将任务细化分解到季、月、周，按周梳理工作进度，按月总结工作成效以及开展过程中的痛点、难点，为进一步下沉服务、做实网格化营销夯实基础。

人往市场跑，数据往机器跑

在主发起行泉州农商银行的大力支持下，蕉城村行改变传统贷款办理模式，大力推广线上信贷产品——"小水滴"小额标准贷，全面实现办贷移动化、线上化、无纸化，让客户"一趟不用跑，最多跑一趟"。该行坚持"人往市场跑、数据往机器跑"理念，依托移动金融平台小额标准贷电子进件系统，实现全员营销、随时营销、随地营销、链条营销,并带动拓展电子银行,不断建立平台化、信息化、场景化、移动化的金融服务体系。

同时,在实施额度标准化、利率标准化、担保标准化基础上,该行根据不同客户群体、不同行业类别进一步优化升级标准化产品,将整村授信与"小水滴"小额标准贷产品相融合,全面实现线下走访,批量预授信,线上用信。让农户真正享受到"随借随还,动一动手指,贷款就到账"的金融便利。截至目前,该行"小水滴"小额标准贷已授信4 162户,授信总额达3.28亿元,用信率75%。

⊢而今迈步从头越

针对笔者想探索蕉城村行的"独门绝技"话题时,林基点既谦虚又自信地讲道:"蕉城村行已走过10个年头,一直保持稳健发展的态势,在地方也占得一席之地。要说'独门绝技',在我看来就是思想上'正本清源'、行动上'暖心服务'。"蕉城村行在发展过程中,始终不忘初心、坚守定位、务实笃行,坚持以诚信立行、用服务兴行。一直以来,该行积极履行社会责任,坚持每年参与"慈善蕉城·阳光助学"活动,捐助家庭经济困难大学生;向蕉城区慈善总会捐助善款用于爱心慈善事业,被蕉城区慈善总会评为"常务理事单位""爱心企业"。

林基点自信满满地告诉笔者,自己一直在金融领域基层摸爬滚打,20多年的工作经验告诉他,一家银行想要健康持续发展,拥有一支高素质队伍尤为重要。一是保持清正廉洁。把廉洁教育纳入员工常规教育,培育员工清正廉洁的从业理念,营造风清气正的从业氛围;建立内部评价制度,定期开展部门内、机构内的廉洁自评,发现问题、解决问题、提升廉洁水平;建立行为对照制度,引导员工正确认识从业行为、规范从业行为,明白主动违规与被动违规的本质区别,从而坚持廉洁自省、严格自律。二是全面增强自身本领。加强员工思想淬炼、理论训练、政治历练、实践锻炼,全面增强履职尽责所需的各方面本领,以丰富的知识、科学的谋划、高强的本领、创新的魄力把各项工作抓好抓实。三是培养阶梯队伍。关注每位员工的成长,提高人力资源利用效率,实现岗位、人员最佳配置,重点培养适合该行可持续发展的当地干部、年轻干部，逐步形成队伍建设和业务发展相匹配、互支撑的良好格局。

"雄关漫道真如铁，而今迈步从头越。"蕉城刺桐红村镇银行将继续秉承助力乡村振兴、推进普惠金融的理念，沿着特色化发展道路，守正创新、勇毅前行，稳步迈向高质量发展目标，不断为地方经济发展作出新的贡献。

36. 扎根县域　支农支小　打造"小而美"精品村镇银行

访定远民丰村镇银行董事长 ◎ 袁帅

📷 吴越　冯慧

定远民丰村镇银行成立于2011年5月18日，注册资本8 865.27万元，是由长丰农商银行发起设立、控股，定远县国有资产运营有限公司参股，受存款保险保障的新型金融机构，是定远县支农支小的一股新生力量，至今已走过12年的历程。目前定远民丰村镇银行已设有总行营业部、炉桥支行、城南支行、曲阳路支行、城东支行5个营业网点，业务覆盖全县22个乡镇。截至2023年末，该行各项贷款186 057万元，农户和小微企业贷款合计167 196万元，占各项贷款的90%，支农支小特色显著。作为一家服务本土的村镇银行，该行在助力乡村振兴战略和服务实体经济发展的实施等方面发挥了积极作用。

▎党建领行服务，"三农"助力乡村振兴战略

"近年来，定远县积极构建推进、政策、保障三大体系，紧紧抓住乡村振兴"牛鼻子"，围绕定远五大产业（猪、虾、鹅、草、菌），推动乡村振兴高质量发展。我行始终坚持党建领行、服务'三农'发展理念，不断下沉服务重心，做专做深做透普惠金融，并推出多种行之有效的措施，坚守初心使命，助

力乡村振兴。"定远民丰村镇银行董事长袁帅向笔者介绍道。

该行成立"金融服务乡村振兴工作领导小组"，统筹开展金融支持乡村振兴工作。与定远县诚信融资担保有限公司合作推出"乡村振兴贷"贷款产品，与滁州市普惠融资担保有限公司合作推出"丰易贷"贷款产品，与安徽省农业信贷融资担保有限公司合作，推出"码上贷"贷款产品。通过5家支行分包22个乡镇的模式，深入对接村委会、农经站、劳保所，实地走访调研，对接县农业农村局、人社局等政府部门承办金融服务乡村振兴座谈会、创业贷款政策推进会。依托"乡村振兴贷""丰易贷""码上贷"等信贷产品，重点支持辖内新型农业经营主体，扩大涉农贷款信贷规模。截至2023年末，涉农贷款余额129 531万元，"乡村振兴贷"累计发放59 440万元，"码上贷"累计发放31 580万元，"丰易贷"累计发放14 825万元，新型农业经营主体累计发放101 250万元。

该行积极支持定远各乡镇的产业发展，积极走访对接张桥镇轻纺产业园、藕塘镇花生产业园、桑涧镇禽类蛋白园、炉桥镇乡村振兴产业园、吴圩镇汽车产业园等县域重点乡镇产业园，其中张桥镇轻纺产业园累计发放2 280万元，藕塘花生产园累计发放5 500万元，桑涧镇禽类蛋白园累计发放3 700万元。该行大力推进县域"5+N"特色产业，加快乡村产业振兴，粮食种植和加工产业累计发放160 400万元，生猪产业累计发放21 750万元，肉牛产业累计发放15 240万元，鹅产业累计发放7 300万元，花生产业贷款累计发放6 400万元，稻虾产业累计发放5 500万元，秸秆产业累计发放4 800万元，菌产业累计发放3 900万元。

├ 坚守本源，专注主业，架起服务实体桥梁

"我行始终坚持支农支小的市场定位，服务民营企业、小微企业等实体经济，与定远县诚信融资担保有限公司合作推出"银政担""税融通""科创贷"贷款产品，与滁州市普惠融资担保有限公司合作推出"园区贷"贷款产品，与县人社局合作推出"创业担保贷"贷款产品，创新推出"机器设备抵押贷款"，全面助力定远县域实体经济发展。"袁帅介绍称。

该行以民营、小微增量扩面为着力点，进一步增加民营、小微企业信贷有效供给，降低综合融资成本，优化信贷结构和服务方式，将更多民营、小微企业纳入信贷体系，全力提升金融服务实体经济质效。

36.扎根县域 支农支小 打造"小而美"精品村镇银行

截至2023年末，该行普惠型小微企业贷款余额143 839万元，"银政担"累计发放284 500万元，"税融通"累计发放20 610万元，"科创贷"累计发放60 850万元，"园区贷"累计发放5 375万元，创业担保贷款累计发放14 116万元，机器设备抵押贷款累计发放1 800万元。针对民营、小微企业客户群体，开展专项走访对接工作，将走访企业任务数分配给各支行、支行分配给各客户经理，通过到乡镇、园区开展产品对接的方式营销民营、小微企业贷款，制作走访对接进度表，按月监测，各支行及时反馈企业调查问卷，根据企业调查问卷提出的问题建议，及时解决，特别是资金需求方面，要求各支行能贷尽贷，充分满足企业融资需求。积极贯彻落实小微企业无还本续贷政策，推进中小微企业中长期流动资金贷款和小微企业信用贷款和首贷户。积极贯彻落实小微企业融资降本政策，在降低小微企业贷款利率的同时，免收其他相关费用，有效降低小微企业客户融资成本。

承担责任，回报社会，积极践行普惠金融

"我行一直以来都十分注重承担应尽的社会责任，多次开展助学、助困、捐赠等系列公益活动回馈社会，真情帮扶困难群体。以做定远老百姓认可的、贴心的精品村镇银行为初心和使命。"袁帅向笔者介绍道。

该行积极开展助学、助困、捐赠等活动，向定远县城北小学、定远县职工子弟小学的20名经济困难学生发放爱心助学金；向敬老院、炉桥经济困难户送物资、送温暖；向吴圩镇高埂村捐赠"乡村振兴基金"10万元，用于村级乡村振兴建设。自成立以来，定远民丰村镇银行就实行减免各类手续费，让广大城乡居民享受优惠的现代普惠金融。如银行卡免收工本费、年费、小额账户管理费等，促进现代金融更快更好地走进千家万户；手机银行转账汇款、网上银行转账汇款、柜面跨行转账汇款、短信通知等业务均免费，让每个城乡居民都用得起现代金融，感受到现代金融的发展成果。

为推动农村地区"金融适老""现金畅通"，该行为农村部分行动不便的老年人群体开展上门服务，积极组织网点做好柜台延伸服务，城南支行被中国人民银行滁州市中心支行审核并认定为全县首批"亭满意"老年人支付服务特色网点；炉桥支行积极为周边商户和群众开展兑换零钱，残破币等活动，被人民银行评为"现金服务示范网点"。

37. 绽放在雄安新区的"普惠金融之花"

访中银富登村镇银行营业管理部党支部书记、总经理◎何秀东

伍洪　徐国维

提到普惠金融服务，中银富登村镇银行称得上行业翘楚。这家总部注册在河北雄安新区的村镇银行，在雄安新区建设和发展中牢固树立大历史观，强化辩证思维，不断深化对金融工作的政治性和人民性的认识，在雄安新区高质量发展的新起点上开展符合新区特点和需要的金融服务创新，全力以赴做好普惠金融服务支持雄安新区高质量发展。

早春三月，笔者踏上了奔往雄安的列车，去探寻中银富登村镇银行如何发挥支农支小优势，支持雄安新区高质量建设的"秘诀"。一路上，两旁的垂柳枝条抽出嫩嫩的淡黄色的小芽，随风舞动着，在金色的阳光下更显得春意盎然。在约定的地方，笔者一行见到了中银富登村镇银行营业管理部党支部书记、总经理何秀东。

"中银富登村镇银行2020年8月18日在雄安新区正式开业，是首家总部入驻雄安新区的全国性银行业金融机构。开业之初，我们面临的最大挑战是雄安新区的业态和传统县域明显不同，营业管理部自身定位和管理模式也与一般法人村镇银行具有较大差异。如何应对挑战、在夹缝中求生存谋发展，是摆在营业管理部面前的首要课题。为此，我们深入调研、反复论证，最终确定了'以普惠金融为根本、结合新区实际、差异化竞争'的经营发展道路。经过3年多

37. 绽放在雄安新区的"普惠金融之花"

的实践和探索，目前，我行已累计为1 658名雄安新区的小微企业、个体工商户和'三农'客户提供2 853笔贷款服务，为雄安新区累计缴纳税费约1.2亿元。"何秀东向笔者娓娓道来。

├ 开拓情怀，托起普惠金融一片天

2019年，40多岁的何秀东受组织委派，离开北京，离开家人，奔赴雄安新区，开始筹建中银富登村镇银行营业管理部。从零开始，到如今存款11亿元、贷款10.5亿元，这是何秀东和他的团队五年多日日夜夜扎根雄安的成绩。

"以前，我们这里录用过好几个重点大学的研究生，但是后来都慢慢离开了我们这个团队，因为这里的生活和工作跟北京比起来，确实面临很多现实的问题。"谈到这些，何秀东颇有无奈之感。"为了尽快搭建队伍形成战斗力，我们在总部的支持下，从山东、江苏、重庆、安徽、河南等几个省抽调了几名骨干过来，以师傅带徒弟的方式，使员工队伍不断成长、成熟、进步。现在，很多新毕业的大学生都争着抢着应聘我们单位。"

何秀东介绍，在这里工作的外省同事，经常都是几个月才能回家一次。前几年受新冠疫情影响，回家的次数更是少得可怜。大家扎根雄安，为雄安的高质量发展贡献着自己的力量。如果没有情怀、没有责任，何谈数年如一日地在雄安新区持续下沉金融服务。

何秀东的团队积极探索数字普惠创新之路，与雄安新区管委会区块链实验室、雄安集团数字城市公司、国家电网金融科技公司等合作，积极投入信息科技资源，参与建设了新区级的产业互联网、科创服务等区块链平台，接入了农民工实名制平台及多条建设资金与征拆迁资金区块链平台；成功发放了雄安新区首笔数字人民币"纾困普惠贷"，为雄安新区高标准、高质量建设和发展贡献了新的力量。

├ "快活贷"撑起雄安烟火气

"中银富登村镇银行的'快活贷'普惠产品，撑起了雄安一角的烟火气，助推了回迁百姓安居乐业和当地产业健康发展。"何秀东一边给笔者介绍，一边带领笔者去基层走访客户。

为了支持雄安的整体规划实施，新区很多村庄的老百姓整体搬迁到了容西安置区。2023年，容西安置区实现回迁入住后，周边一直缺少老百姓日常买菜的市场，很多商户在回迁区道路上、小区里支起了菜摊，既影响了城市的美观和整洁，又存在市场和安全管理的隐患。为此，在容西管委会的牵线下，中银富登村镇银行提供了800万元信用贷款，支持北张村成立市场管理公司自建便民菜市场。

笔者走进容西安易便民市场，映入眼帘的是新鲜、色泽亮丽的瓜果。沿着走道往里走，挨着墙边有熟食、凉菜摊，还有主食、酒水饮料、豆制品、干果、休闲食品、杂货铺、调料专卖店、馒头铺等。果蔬肉蛋奶、米面粮油酒、生鲜副食可谓应有尽有，每家摊位都十分干净整洁。

"非常感谢中银富登村镇银行给予我们的贷款支持，让我们有了现在的规模。购物环境好了，客流量上来了，像蔬菜类的基本是即供即销，这样菜的新鲜度也就提高了，形成了良性循环。"北张村村委员会副主任兼容西菜市场财务总监阴刚表示："下一步，将进一步完善购物环境，提高市场运营水平，规划布局统一，持续做到食品安全放心，购物环境舒心，管理服务用心，最大限度地为周边居民提供生活便利性服务，做居民信得过的'菜篮子'。"

在华联超市奥特莱斯店，来自浙江丽水的年轻老板刘宗晃指着自己宽敞明亮的超市，自信满满地向何秀东介绍，自2024年1月初开业以来，生意一直很好，每天的进账都在数万元以上。刘宗晃向笔者表示，中银富登村镇银行的"备用金"，给了他大胆经商的底气。

"轻松贷"助力传统产业进军百年品牌

在河北津海实业集团有限公司的制衣车间里，工人们正加紧制作西装，一派忙碌的景象映入眼帘。

该公司总经理薛永旺介绍，河北津海实业集团有限公司的前身是其父母在1982年卖掉家中的50个蜜蜂箱换得的3 000元，再去北京买回布料，从手工缝制衣服开始，一点一点地创办起制衣厂。1998年，薛永旺大学毕业后，也加入了自家的企业。

成立42年来，河北津海实业集团有限公司已发展成为一家集服装服饰的开发、设计、制造、贸易于一体的综合性经济实体。目前，该公司占地面积3万平方米，建筑面积5.5万平方米，拥有国际顶级设计师1名，专业服装设计师20名，中高层管理人员、专业技术人员数千名。产品远销英国、德国、法国、俄罗斯等国家。国内的订单更是遍布北京、天津、山东、广东等省份。

"公司的发展离不开金融的支持。这几年，中银富登村镇银行一直向我们公司提供信贷资金，合作得非常好！"薛永旺满怀感激地表示，一定会加倍努力，将父辈的家业好好经营传承下去，向百年品牌努力进军。

"建筑贷"助力雄安建设插上翅膀

在一家央企的整洁规范的建设工地上，数百名工人正干得热火朝天。

"为了雄安的建设，我们春节都没放假。中银富登村镇银行的上门金融服务，让我们有了足够的周转资金，他们的服务真的非常到位！"在雄安新区的一处建设工地，来自四川的江油市科达建筑劳务有限责任公司员工蒲猛德高兴地告诉笔者。

在工地的一面墙上，笔者见到两个偌大的二维码，拿出手机饶有兴趣地"扫一扫"。蒲猛德向给笔者介绍道："你看，这是我们公司推出的先进管理，每天我们的施工进度、所用的材料名称、多少，全部都呈现在这一张表里了，人人都能看得一清二楚。"

何秀东介绍，中银富登村镇银行自开业以来便一直积极支持雄安新区的建设，为参与绿色建设项目的分包单位开发了绿色建筑贷产品，提供审批"绿色通道"并倾斜相关信贷资源。截至2024年2月末，中银富登村镇银行建筑贷授信金额3.07亿元，其中绿色建筑贷款余额2.31亿元，涉及新区容东安置房、容西安置房、"三校一院"等多个雄安新区重点绿色建筑项目。

普惠金融服务更接地气

"除了以上产品，中银富登村镇银行2023年新推出了面向新区新建或迁入商业群体、还款方式可灵活定制的'商圈贷'信用类贷款，也非常受欢迎。该产品不仅满足了入驻商业经营历史短、初期还款能力弱等特点，还能随着商业主体的成长发展提供持续、全方位的金融综合服务，很多来新区的商户都成为了我们的客户，在我们的帮助下，他们站稳了脚并逐渐地发展壮大起来。"何秀东向笔者介绍道。

据了解，中银富登村镇银行在雄安新区持续下沉金融服务重心，大力发展"纾困普惠贷""整村推进"等特色业务，不断推进产品创新与服务升级。粮食安全方面，中银富登村镇银行持续倾斜信贷资源，积极支持高标准农田建设、农业科技和农业产业全链条升级，连续两年开展"保障粮食安全、助力乡村振兴"夏粮收购专项活动，通过政策豁免、价格优惠等措施，对新区的粮食收购商及其上游、下游产业，开展综合金融服务，很受欢迎。在农业改革方面，中银富登村镇银行持续关注和研究各类农业改革，在雄安新区创新开展了征拆迁贷款和农业建设用地或宅基地的"准抵押"金融业务，对村集体资产清晰、股权分配改革到位的乡村产业、村办集体企业进行支持。在支持科技创新方面，中银富登村镇银行积极支持新区当地的产业升级改造小微企业、科创企业，特别是专精特新、"独角兽"企业，推出"科技人才贷""科技转型贷"等产品，持续强化中小微科技企业的金融服务支持。

采访结束时，何秀东向笔者表示："下一步，中银富登村镇银行将在全面建设社会主义现代化国家整体布局中找准自身定位，全面服务雄安新区高质量建设和乡村振兴战略，牢牢守住不发生系统性风险的底线，打造'小而美'的村镇银行集团，以村镇银行高质量发展奋力开创助力乡村振兴工作新局面。"

38. 深耕富民普惠路　勇做富民寒冬拓路人

访金沙富民村镇银行党支部书记、董事长 ◎ 马敏

📷 陈洪洪

"始终坚持以质量、规模、效益相统一的高质量发展为己任,深入贯彻落实'做小、做广、做精'的发展理念",金沙富民村镇银行党支部书记、董事长马敏语气坚定,柔中带刚。

面对复杂的外部环境及内部发展瓶颈的制约,马敏带领班子及员工克难攻坚,灵活应对,大胆改革,用金融资金润泽"三农""小微",用贴心服务获取客户信赖,用胸怀格局感染员工,为2023年交出了一份普惠金融服务的满意答卷。

├ 坚持党建引领,做普惠金融的践行者

践行普惠金融守初心,赓续红色血脉为使命。为使普惠金融政策更加深入人心,作为一家地方小法人金融机构的掌舵人,马敏坚信,用质朴的情怀和坚定的惠农信念服务好客户才是可持续发展的硬道理,始终如一践行着"担当"与"奉献"的责任意识,她大力弘扬富民的"三水"精神和"背包"精神,积极带领全行员工以"党建+金融"的服务模式,深化与街道、社区党建联盟,细化辖区网格,强化深耕农村客群基础,下沉重心,延伸触角,提升客户覆盖面和社会认可度。

├ 直面瓶颈寻出路，破解难题当好排头兵

2023年4月，马敏调到金沙工作，面对一个未知的环境和未来，她毅然接受安排，转身投入到所热爱的富民事业中。有人问："到一个陌生的地方，工作会很难了？"她的回答是："既然做出了选择，便只有放手一搏，不管在哪，我都会努力甚至更加努力，相信明天会更好。"到任后，她用两周的时间做了走访及调研，并结合富民战略定位进行思考，深信扎根农村深入偏远乡村，弥补市场空白去做其他银行不想做、不能做的金融业务才是对的选择。面对资产业务发展滞缓的现状，一个大胆的想法让她快速做出了决定，"网格划分、跨区域贷款移交及管理、服务点规范化管理、普富走访营销细化管理"等一系列措施相继出台。她用1个月的时间完成了网格划分并实施精细化管理，在减轻客户经理负担的同时促使大家走出去。事实证明，用心守望农村金融沃土，势必会带来大收获，实现次月贷款较上月增长4 370万元。

├ 牢记初心使命，做普惠金融的践行者

"不积跬步，无以至千里。"只有脚踏实地，才能让"富民"事业行稳致远，马敏说："喊破嗓子，不如做出样子，前行的路上需以身作则。"刚到金沙行，面临的问题就是如何让业务高质量发展，如何快速熟悉各级党委政府、部门、村支两委并得到认可。因此，带领班子走出舒适区，深入一线是工作的重中之重。她和班子主动到各级部门进行沟通对接，参与客户经理走访乡镇及村支两委，深入农户家中，现场指导客户经理开展综合性营销，非现场则通过普富系统"作战地图"查看客户经理每日走访打卡情况，结合成效进行分析，在周例会或大会上进行通报提示，以此提高走访效率和提升业务客户储备量；同时要求业务管理部加强客户经理过程管理督导。客户经理过程积分系统上线3个多月，外出走访登记客户达1.2万户，打卡3.29万次，人均658次，累计走访里程5.66万公里，促进扫码户数增加4 803户，贷款余额增加8 918万元、1 027户，首拓余额增加1.11亿元、1 430户，走访中捆绑式综合营销也取得了较好效果，水电费代扣新增3 722户，城乡两费1 334户。

强化文化建设，做仁爱家园的建设者

人心齐、泰山移，凝心聚力才是助力和保障银行健康稳定发展的核心。多年的管理工作，让马敏养成了亦帅、亦兵、亦友的多重性格，在管理上一丝不苟，在过程中善于倾听，在执行中勇于纠错。她深知员工的归属感来自幸福指数的感知。从纳雍行到金沙行，她坚持班子的和谐和对定位的把控是员工的风向标，风清则气正。坚持绩效考核机制才是有效的指挥棒；坚持员工的利益保障才是发展的奠基石；坚持合规才是长远发展的基础。因此，她要求班子"言必信、行必果"，不朝令夕改，员工建议合理采纳，绩效考核倾斜一线，营造良好的物质环境助推"拼搏"文化、"争先"文化落地。后台与前台之间开展陪伴式现场营销、合规管理业务知识教育培训，提升员工综合业务素质及合规文化意识，同时减少工作业余时间的浪费，切实做到内外结合，以学促行。建立多重活动机制提升员工凝聚力，近一年来，金沙行通过民主治行、奖评激励、监督约束、教育培训等多种措施，保持了高昂的发展激情，时刻充满创新与活力。

没有等来的辉煌，只有拼来的精彩！马敏始终坚信，每一个成就都是由汗水和集体智慧在一次次的摸索前行中从无到有的，每一项成绩都是凝聚不懈的努力和付出方能取得的，只有勠力同心，开拓进取、务实创新，金沙行前行之路才会走得更深、更远。

39. 普惠"小散户" 保障"大民生"

访昆明官渡沪农商村镇银行党支部书记、董事长◎邓学花

📷 伍洪　李婵娟

近年来,在主发起行上海农商银行的战略引导下,云南昆明官渡沪农商村镇银行在支农支小上辛勤耕耘,在"做小做散"上精雕细琢,以绘就"工笔画"的匠心,深化践行"普惠金融助力百姓美好生活"的使命,实现各项业务稳健发展。

▶ 融入"大家庭",当好"顶梁柱"

立足新发展阶段、贯彻新发展理念、构建新发展格局。昆明官渡沪农商村镇银行强化发展工作的政治性,坚持发展工作的人民性,将党建融入业务发展中,以党建引领促进业务高质量发展。

邓学花表示:"作为党支部书记,必须落实好党中央、上级党委经济金融政策、履好职,发挥好村镇银行作为最基层的金融机构必须服务好'最后一公里'的作用,并将服务触角延伸到'大行不愿去、不常去的地方'。"

昆明官渡沪农商村镇银行通过与街道、社区开展基层党组织联建共建工作,积极主动融入社区,下沉到村小组,融入百姓,助力基层社会治理,切实履行金融机构社会责任和担当;以党的二十大精神为引领,秉持"以人民为中心"的普惠金融发展之路,不断探索"党建+"发展方向;通过与服务社区深入交流合作,找到更多契合点,让金融服务更加贴近百姓生活,为人民群众创

造更大的价值。

昆明官渡沪农商村镇银行不断以创新形式开展反洗钱、反假币以及防范电信网络诈骗等金融知识宣传工作，认真履行社会责任。除常规金融知识讲座、摆摊设点宣传，该行还自创反诈短视频、消费者权益保护"快问快答"短视频用于线上视频号、抖音宣传；自编自导"反电诈快板""存款保险小品"等节目，进社区、到村庄表演，以老百姓喜闻乐见易于接受的方式加强宣传；开展"警银"联动共筑防诈"防骗墙"工作。例如，该行联合派出所组织群众开展观看影片"孤注一掷"活动；在银行门口设立昆明官渡沪农商村镇银行"爱心驿站"，积极践行"以人民为中心的发展思想"，做社区居民的贴心银行；联合社区开展设立"爱心补给站"，开展"助力高考"活动。

昆明官渡沪农商村镇银行联合党建共建单位开展主题党日活动，持续组织"赓续红色血脉、勇担时代使命""传承红色精神、情系退役军人"等形式多样的主题党日活动，通过活动向社区居民宣传普及金融知识，宣传金融产品，让便民服务真正"零距离"触达，实现从"窗口"到"门口"，真正把暖心的金融服务送到老百姓家中。

├ 构建"新模式"，发展"后劲足"

昆明官渡沪农商村镇银行牢固树立服务小微"三农"的市场定位，坚守"赚辛苦钱、赚实在钱、赚专业钱"的经营方针，形成了具有特色的"三农"、小微企业金融服务"新模式"。

在团队中3~4人为一组，各组设置小组长，采用扁平化的管理方式缩短管理半径，提高工作效率，形成一支扎根区域"能攻善战"的小微专营团队。在团队中推崇"阳光信贷"文化（不吃客户一顿饭，不收客户一分钱，不拿客户一份礼）和"三水精神"（早晨一头露水，中午一脚泥水，晚上一身汗水），践行好清廉金融文化和沪农商奋斗者文化；加强队伍培训。一方面，通过专项培训、晨会、夕会，模拟学习贷审会、实景演练等包含实操和点评培训的方式，为客户经理赋能；另一方面，指定带教老师，"以老带新"助力客户经理队伍快速成长。

对应社区网格化管理，每位客户经理都是金融网格员，对应的社区即

"责任田",客户经理负责做好"责任田"的维护、管理,将自己作为社区的一分子,积极参与到社区各项活动中,形成一套专业高效的网格化服务模式,了解更多的村风、村貌和村民需求,从而真正融入社区,融入当地,广泛建档、广泛授信,从银行业传统"掐尖营销"向"广泛授信"转变,扩大村民授信面,做到"应授尽授""应贷尽贷",用优质的金融服务和积极的营销策略,助力乡村振兴,让社区居民有机会实现共同富裕的目标。

对相关贷款的条款、容忍度及审查审批流程不断进行补充、调整和优化,形成一套风险可控、简单高效的信贷审批流程。以信用为主,注重借款人的人品和产品,弱化押品,通过简化申贷资料,优化受理手续,切合"三农"金融需求实际情况,为"三农""小微"提供更为便利的金融服务。

聚力"主阵地",凸显"小而散"

为充分回应百姓的期盼和诉求,昆明官渡沪农商村镇银行始终将社区、村居等作为普惠金融的"主阵地",厚植"扎根一方热土、服务一方经济、造福一方百姓"的为民情怀。

在选择目标客户时,昆明官渡沪农商村镇银行选择同行"不愿做、不擅做"的偏远涉农社区,为无押品以及尚不成熟、不成片的专业市场的小散客户带来公平的金融发展权。例如:官渡区涉农的一朵云村、老鸦洞村、热水河村等13个村距离当地金融机构较远,当地金融资源匮乏,很多年轻村民都外出务工,村子里大多是老人、小孩。针对该情况,昆明官渡沪农商村镇银行组织员工在年轻人春节返乡回村过节的时机,挨家挨户入户走访、建档,推进整村授信工作,宣传普及金融知识,希望通过信贷资金扶持助力村民返乡发展,实现共同富裕的目标。

针对小微企业"短、频、快、急"的资金需求,昆明官渡沪农商村镇银行不断优化授权管理,对部分村民及市场类客户给予批量授信的专项授权,简化信贷资料收集,优化审批流程方案,实现线上签合同、线上放款,最快能够实现当天放款。

为那些虽然没有本钱,但想做些事情的老百姓打开"致富门",昆明官渡沪农商村镇银行通过一笔笔小额贷款,帮助百姓实现了"创业梦"。

最后，邓学花表示："昆明官渡沪农商村镇银行将更加积极响应国家及地方政府的号召，坚定市场定位，深耕改革创新，提升金融服务，打造新金融队伍，与地方农业农村经济高质量发展同频共振，凝智聚力，抓基础、强力量、展水平，以更优质的金融服务品质助力乡村振兴，着力实现更高的发展成就。"

40. 金融"店小二""服微助农"见实效

访重庆九龙坡民泰村镇银行董事、行长 ◎ 朱小林

伍洪　方有成　罗文莉

地处重庆主城核心的九龙坡区，是当地制造业和都市农业均高度发达的地区，该区汽车、摩托和冶炼业较为发达，国民经济总产值长期居于全重庆前3名。

开业于2012年的重庆九龙坡民泰村镇银行，始终践行"用温暖的金融助推中国的小微企业繁荣"的使命，发扬"用激情点燃奋斗之火"的企业精神，坚持"无微不至，善小而专"的市场定位，秉持"重信、合规、融聚、精进、创新"的民泰价值观，不断创新金融产品，用周到便捷的特色服务，满足不同阶段、不同行业企业的金融需求；践行普惠金融进万家，让金融普惠变得生动有趣，让老年客户群体心有所安；领导干部带头作表率，致力于成为社区百姓纾困的"急先锋"，全力打造金融"店小二"品牌服务，创建以"健康、快乐"为特色的"精品银行"。前不久，重庆九龙坡民泰村镇银行董事、行长朱小林开门见山地向笔者介绍起该行的核心理念。

├ 客户"有所需"，银行"必定应"

"我行通过深度参与社区建设，构建紧密的客户关系网络，提供个性化、定制化的金融服务方案，让合适的客户都能借到钱、让客户能更方便地借到钱、让客户能更便宜地借到钱。只要热爱生活、积极工作、讲信用、有合法所

得就可以成为我行的信贷客户。"朱小林如此向笔者分享他的经验。

近年来，重庆九龙坡民泰村镇银行不断创新金融产品，强化风险控制能力，利用大数据、金融科技手段进行精准风控，简化审批流程，提高放款效率，用便捷周到的特色服务，满足不同阶段、不同行业企业的金融需求，从而吸引急需快速融资的小微企业和农户；勇当支农支小排头兵，通过加强与当地政府、企业、合作社等多方合作，参与到地方经济发展项目中，扶持特色产业、增收致富项目等，形成多元化的金融服务模式；注重服务质量提升，在建设"线上+线下"相结合的服务渠道，在提供全天候、便捷化金融服务的同时，要求客户经理队伍，深入田间地头，了解并解决客户的实际金融需求；利用股东资源嫁接、与其他金融机构差异化合作、引进战略投资者等方式增强自身实力，拓宽业务领域，实现可持续发展。

纵向至农家，横向到商户

朱小林在谈到如何做好支农支小金融服务时，兴致盎然地说道："九龙坡虽地处重庆主城都市发达圈，但也有数万亩蔬菜瓜果产业。对此，我行作为植根于基层、服务于农村和社区的微型金融机构，遵循'小而美''小而优'的原则，充分利用'地域亲缘、信息对称'的优势，通过网格化运营模式，细化服务区域，做到市场细分和服务精细化。"

所谓网格化运营模式，即重庆九龙坡民泰村镇银行在每个网格配备专属的金融服务团队和联络员，负责区域内农户、个体工商户等目标客户的深度对接和信用评估。这种模式确保了金融服务的全面覆盖，从纵向上延伸到每家每户，横向上涵盖有融资需求的商户，减少金融服务的死角和盲区。

同时，为了深度推进"全域授信""整镇授信""整村授信"，重庆九龙坡民泰村镇银行主动开展实地调查，了解并记录每户居民和经营主体的信用状况、生产经营情况、还款能力等信息，结合大数据分析技术，对潜在客户提供预授信额度；通过颁发"预授信证"，即向符合条件的农户和个体工商户发放预贷款"通行证"，方便他们在需要资金时，可迅速获得贷款支持，有效提升了金融服务的响应速度和贷款投放的精准度。

此外，根据农户的实际生产周期和个体工商户的经营特点，重庆九龙坡民泰村镇银行推出了灵活多样的信贷产品，如，季节性贷款、循环贷款等，以满足各类客户多样化的资金需求，真正让金融服务贴近生活，助力乡村振兴与地方经济发展。通过这种方式，该行不仅提高了自身的市场竞争力，也极大地促进了所服务地区实体经济的发展。朱小林一一解读了自己的市场营销实操办法。

├ 党建带业务，跨区域共建

近年来，重庆九龙坡民泰村镇银行积极推动党建工作与经营工作深度融合，努力把党建工作成效转化为企业发展优势，聚焦"双融双强"目标，开展党建示范点创建工作。目前，该行已与重庆法律服务产业园、重庆市江北区智能科技发展商会等多家机构联合创建"党建共建基地"，打造特色鲜明、作用突出、带动力强的"党建先锋示范点"。朱小林谈起该行跨区开展党建联建共建工作，更是欣喜不已。

朱小林介绍道："我行以党建示范点为依托，全面推进'党建+业务+清廉'的标杆阵地建设，清廉文化建设的耦合度和感染力得到全面提升。通过积极参加清廉活动，我行荣获'2023年重庆银行业保险业清廉金融文化知识竞赛优秀奖'；依托中国人民银行重庆市分行金融服务港湾建设契机，与多家商会合作建立'金融服务港湾'，2023年，累计投放贷款50户、金额3 362万元。"

├ 数字化转型，风控有"秘籍"

朱小林向笔者阐述重庆九龙坡民泰村镇银行如何做好新型化农村和都市金融服务时，总结为"内卷、审批、效率"这6个字。他介绍道："我行贷款审批链条短，内部机制灵活，审批效率高于大型银行。同时，我行充分发挥特长，通过现场调查、现场收集资料、现场审查审批、现场移动开卡、查询征信、贷款合同签约等方式，可实现'当日审批当日放款'，缩短了客户的等待时间，满足了各类场景下的业务拓展需求，打破柜台服务的局限性。"

立足小微客户资金使用特点，重庆九龙坡民泰村镇银行灵活配置产品结构和还款方式，为其对应匹配合适的产品，"因人制'品'"、适销对路；通过开发信用、保证类贷款产品，满足小微客户无抵押融资需求，提升客户融资便利性。

重庆九龙坡民泰村镇银行在信贷系统开发中增加"提前周转审批"功能，通过科技的加持，实现在贷款到期前，介入续贷业务的系统审批，贷款到期还款后1小时内完成续贷，提高周转效率，减少客户等待时间，提高了资金的使用率。

在信贷风险管控方面，朱小林也向笔者道出了他的"秘籍"，那就是"坚持底线思维，管理风险控制"。重庆九龙坡民泰村镇银行全行业务人员秉持信贷基本原则和"风控九字诀"（看人品、算实账、同商量）的理念，探索微贷技术，严控风险，筑牢资产根基，全行不良率持续5年控制在1.5%以内，在全市村行中名列前茅。

正因为有了金融"店小二"理念，坚持纵向进农家横向入商户的实干精神，重庆九龙坡民泰村镇银行连续取得较好业绩，也受到了当地金融监管部门和党委、政府的好评。截至2023年末，该行存款客户3.38万户、存款余额24.19亿元，贷款客户3 504户、贷款余额20.52亿元。

41. 凝心聚力谋发展　砥砺奋进谱新篇

访大方富民村镇银行党支部书记、董事长◎孙忠富

📷 杨静

"一人强，不是强，再强也是一只羊。团队强，才是强，团结起来就是狼，只有团结才有强大的能量，凝聚在一起才是团队！"大方富民村镇银行党支部书记、董事长孙忠富正是以其自身人格的魅力、宽阔无私的胸襟和共产党员的责任感，带领全行干部员工踔厉奋发、勇毅前行。

2023年4月，孙忠富告别金沙富民村镇银行，来到大方富民村镇银行履新。履职以来，他创新思路，细化措施，用心把握业务，确保经营管理工作有序开展。截至2023年12月末，各项存款余额9.25亿元，各项贷款余额21亿元，利润总额2 605.41万元，成本收入比37.54%，不良率1.61%，拨备覆盖率186.27%，资本充足率11.15%。

├亮出"家底"唤醒人心

应对大方行存贷不均衡的发展局面，上任后，孙忠富多次带领新班子成员向县委县政府主要领导汇报大方富民村镇银行存在的困难，请求存款资源匹配。同时深入一线网点，了解客户真实需求和一线员工声音，用行动诠释大方富民村镇银行"有担当、有韧性、有温度"的企业精神。

"只要思想不滑坡，办法总比困难多。"针对大方富民村镇银行的实际情

况，孙忠富和班子成员研究决定，把"家底"给大家亮一亮，困难给大家摆一摆，把大家的干劲鼓起来。他认真分析大方富民村镇银行长期以来业务发展中存在的问题主要源于存贷不均衡，尤其在强监管时代，存贷差距大将会使业务发展变得举步维艰。一次又一次地敞开大门亮家底，摆数字，纵横比，使员工进一步增强了危机感、紧迫感。同时，及时通过布局阶段性劳动竞赛，绩效引领负债业务发展，极大地激发了绝大多数干部职工的工作热情，成为全行努力冲刺业务的原动力。2023年末，各项存款余额较年初增加2.78亿元，使大方富民村镇银行实现了历史性跨越，存款余额首次突破九亿元大关。

人格魅力凝聚人心

孙忠富认为，领导是面镜，员工是杆秤；员工是领导的影子，有什么样的领导就会有什么样的员工；没有带不好的员工，只有不称职的领导。作为领导班子的"班长"，孙忠富以身作则，率先垂范。凡是要求员工做到的，自己首先做到、做好；凡是要求大家不做的，自己坚决不做，用自己的模范行动把思想政治工作的说教化为具体的身体力行。

他注重学习。他认为，一个跟不上时代变化的领导是绝对搞不好经营的，因此，他非常关注时政新闻，具有广泛的知识储备和扎实的理论根基。"纸上得来终觉浅，绝知此事要躬行。"他以自己的人格魅力培养团队精神，建立学习型组织，努力培养学习型员工。为提高干部员工的文化素质，他牵头制订了"周二夜学制"，要求全行员工每周二晚必须进行学习或上门催收不良贷款，高管及后台部室所有员工随机参与到支行催收或学习工作中，营造全员清非和学习的氛围。通过学习，进一步激发了广大员工学习的热情和敬业的精神，全行员工的士气高昂。此外，他还牵头拟订了"三班"人才建设方案，定期组织开展培训。大方富民村镇银行一个风气正，学习氛围浓的学习型团队正在逐步形成。

悉心关怀感化人心

对于常年从事金融服务的银行来讲，如何最大限度地激发每一位员工的工作激情与潜能，使之更好地为广大客户服务，已成为打造百年村行的一项首要任务。孙忠富始终认为，在市场变幻莫测的今天，必须一手抓好员工的思想，一手抓业务发展，由此取得良好的联动效益。

在工作中，孙忠富同志非常注重通过运用情感的纽带，入情入理，塑造了尊重人、理解人、关心人、帮助人、富有人情味的工作氛围。他常说，越是小的事情，越是容易忽视细节。上任伊始，他就十分注重和关心员工工资问题，他认为，员工只有吃好饭，才能激发出干事创业的积极性。为此，他多次组织中层干部开展讨论，将绩效考核下放到支行，匹配支行负责人"权、责、利"，落实负责人管理职责，强化支行团队力量。2023年下半年，在推动奢香支行成功搬迁，新设黄泥塘支行、新设六龙等7个金融服务点后，本着公开、透明的原则，将财务资源向基层一线倾斜，绩效引领干部员工开展基层工作要"沉下心、俯下身、扎下根"。同时对收入低的员工开展谈话，帮助其分析原因，逐步突破业务发展瓶颈。

征程万里风正劲，重任千钧再奋蹄。在不到1年的时间里，孙忠富带领员工在大方富民村镇银行的发展史上写下了浓墨重彩的一笔。如今，他无暇回首自己付出的心血和汗水，又踏上了新的征程，以昂扬的斗志和饱满的热情，为大方富民村镇银行的快速发展奋力拼搏，不断地超越自我、完善自我，朝着既定的目标阔步迈进。

42. 精耕支农支小主业 做"小而美"的村镇银行

访湖北京山中银富登村镇银行董事长◎王晓林

📷 方有成 李宁

素有"鄂中绿宝石，武汉后花园"之称的湖北省京山市，得江汉平原和北部浅丘广阔地貌禀赋，以"屈家岭文化"为代表成就了中华农耕文明发祥地之一的重要地位，如今更是成为享誉全国的园林城市、"观鸟之乡""网球之乡"。村镇银行如何助力县域经济发展？日前，笔者带着这个话题奔赴千里，对京山中银富登村镇银行董事长王晓林进行了专访。

自2011年2月成立以来，京山中银富登村镇银行始终秉承"共同成长 成就梦想"理念，坚守"扎根县域、支农支小"定位，深化金融科技创新，持续为县域中小微企业、工薪阶层、"三农"客户等普惠客群提供本土化、高水准、全方位的金融产品和服务，支持县域实体经济发展，助力国家乡村振兴。

截至2023年末，京山中银富登村镇银行总资产约17亿元，各项存款约15亿元，贷款余额约9亿元，涉农贷款余额约8亿元；累计投放贷款66亿元，累计办理贷款笔数4.29万笔，现有贷款客户4 954户，户均余额为18.53万元，累计纳税5 526万元。

"精准滴灌"为小微企业注入资金"活水"

小微企业是国民经济的重要组成部分，是推动经济发展的生力军。"我们聚焦小微企业融资难点，不断简化服务流程，丰富信贷产品，助力小微企业高质量发展。"王晓林向笔者介绍道。

在湖北达权绿色房屋建材集团有限公司（以下简称"达权集团"）生产车间里，新型环保墙板生产线正在高速运转，一条条繁忙而有序的生产线，彰显出达权集团发展的蓬勃活力。目前，该企业年产值8 000万元左右，每年为京山创造税收500余万元。然而，在企业成立之初，该企业曾出现流动资金紧张、融资渠道不畅等问题。

京山中银富登村镇银行客户经理得知企业的融资需求后，第一时间联系了达权集团董事长庞达权。经过实地调研，该行针对达权集团的实际需求，为其量身定制信贷产品，及时为企业批复了500万元贷款，有效缓解了企业的资金压力。

"队伍精干，效率高，服务好，工作方式灵活。"庞达权对京山中银富登村镇银行的优质服务给予了高度认可。他表示，京山中银富登村镇银行与时俱进，是京山第一家推出无还本续贷业务的银行，正因为有了该行的鼎力扶持，达权集团所拥有的60多个专利及数10款适销对路的产品都走在全国同行前列。

几年来，双方始终保持良好合作关系，彼此充满了信任，也建立了深厚的友谊，而这只是京山中银富登村镇银行服务小微企业的一个缩影。

近年来，京山中银富登村镇银行立足县域，创新推出"欣农贷""温室鳖""农产品（板栗、香菇）收购"及"居民普惠"等多款为企业量身定制的产品，向实体经济滴灌更多普惠金融"活水"。截至2023年末，该行服务个体工商户和小微企业主2 025户、贷款金额5.21亿元。

金融助农"贷"动乡村振兴

2018年5月，京山市罗店镇青年黄茜回乡创业发展甲鱼养殖，启动资金为黄茜多年在外的原始积累。甲鱼基地工程进度如火如荼之时，为确保后续资金充足，黄茜联系了京山内多家银行，都因为各种原因碰壁。京山中银富登村镇银行客户经理得知此信息后，遂上门拜访，与其交流，了解其发展规划及经营模式。京山中银富登村镇银行客户经理的主动上门服务，也让黄茜开始意识到这家银行的不一样，开始了首次合作。

"有了银行的贷款支持，我扩大了甲鱼养殖规模，效益也增加了！"据黄茜介绍，在京山中银富登村镇银行385万元的贷款支持下，其养殖基地2023年销售额达3 000万元以上，还带动了附近村民30余人长期就业。

产业振兴是乡村振兴的重中之重。"我行始终秉持'扎根县域、支农支小'的市场定位，结合京山市产业特点，持续加大金融供给，为地方特色农业产业的稳健发展源源不断地注入金融'活水'。"王晓林向笔者说道。

在京山中银富登村镇银行的支持下，像该甲鱼养殖基地这样的新型农业经营主体如雨后春笋，蓬勃兴起，成为乡村振兴路上一道亮丽的风景。2023年，该行累计为县域内农户发放贷款28亿元，服务贷款客户群体8 800余户。

深耕细作，提升村镇银行核心竞争力

从国有大型银行到城商行再到村镇银行，王晓林有着31年的银行工作经历和13年的村镇银行主要负责人经历，可谓"身经百战"。2023年9月，王晓林带着多年的管理经验来到京山中银富登村镇银行担任董事长。他坦言，多年的从业经历，让他的眼界、见识和格局都得到了锻炼和提升。

面对"大行下沉"的竞争，村镇银行如何提升核心竞争力？王晓林给出了自己的见解："聚焦主责主业，坚守'做小、做散、做信用、做批量'的经营理念，落实差异化发展策略，不断创新产品和服务，与国有大型银行和城商行开展错位竞争，打通金融服务的'最后一百米'。"

客户段阳斌在京山从事乡村美丽建设，因同时接到多个工程项目造成资金运转困难，跑了多家银行但均因无抵押品和相关账目而无法通过银行融资的程序。京山中银富登村镇银行客户经理了解到相关情况后主动上门，从收集资料到放款仅用了不到3天时间，为该客户授信了50万元的纯信用贷款，解了客户的燃眉之急。

湖北江花农产品股份有限公司自2005年从武汉市中心搬迁来到京山后，在京山中银富登村镇银行连年贷款500万元支持下，增加了新的生产线与新的系列产品，年销售额从3 000万元增长到如今的8 000万元，成了当地农副产品收购加工销售大户。

对节白蜡树是京山市独步全球的稀有物种，经人工培育雕琢的盆景产业，更是成为当地农业中第三产业的头牌，畅销国内外。京山中银富登村镇银行董事长王晓林带笔者来到京山市孙桥京牧泉家庭农场。在一马平川的平原边缘，悄悄隆起一片海拔不高的岗地。该农场负责人卢红霞带领笔者一行先是参观了其两百亩的梨树园，接着介绍了她的对节白蜡树盆景园和即将上线销售的民宿。"非常感谢京山中银富登村镇银行对我提供的贷款支持，我的家庭农场今年预计销售额在800万元以上。目前，我在京山中银富登村镇银行的贷款余额还有35万元"，卢红霞向笔者介绍道。

"'人无我有，人有我优'是差异化竞争的关键"，京山中银富登村镇银行董事长王晓林表示。近年来，京山中银富登村镇银行深入了解京山经济特点和客户需求，推出5个大类、84个子类的信贷产品，并为客户提供灵活的还款方式和差异化的定价；积极推广"中富翼贷""整村推进信用贷"等纯线上普惠金融信用贷款产品，客户在申请贷款、签订合同以及用款还款均可通过手机银行自助完成，平均3分钟完成贷款审批并实时放款，让"客户少跑腿、数据多跑路"；坚持扑下身子、走村入户，客户经理手持移动设备，在田间地头开卡、到农户家中授信，将金融服务送到田间地头，让村镇银行成为村民"身边的银行"；持续开展"党建手牵手"党员包村主题活动，开展整村推进，进一步提升下沉服务的质效，助力乡村振兴。目前实现282个村（社区）党员包村对接。

就在笔者抵达京山当天上午，京山市政府在钱场镇召开全市"三大工程"主题启动会，重点围绕"五大金融"，找准村镇银行坐标，持续开展"小微企业成长工程""乡村振兴整村推进工程""创业人员培育工程"三大工程。在会上，王晓林表示，我行将凭借先进的经营理念、特色的信贷产品和差异化的优质服务为小微企业、家庭农场、专业合作社及广大农户提供更好的金融服务，计划在一年内净增100家小微企业贷款客户，净增200家种植养殖大户，净增300个创业客户，进一步提高金融服务实体经济质效。

├ 从严治行,推动银行行稳致远

企以才治,业以才兴,村镇银行的价值需要队伍共同创造。

京山中银富登村镇银行坚持高目标引领,在工作实践中高标准、严要求,引领银行高质量发展;坚持培训,通过定期培训提升专业技能,打造高素质的队伍;坚持奖优罚劣,推行"赛马机制"和积分考核,鼓励大家争先进位;坚持严管厚爱,以全面从严治党带动从严治行,保证正风肃纪;坚持躬身入局,班子成员带头,充分发挥"头雁"示范作用。

"'三大铁律'是我行企业文化的核心。"采访中,王晓林还多次提及京山中银富登村镇银行的企业文化,即不取客户一针一线、不弄虚作假、不放弃任何帮助别人和提升自己的机会。

"来京山后,我用'五个坚持'加强人才队伍建设和企业文化建设,并且取得了一定的成效。"王晓林告诉笔者,京山中银富登村镇银行多次荣获"金融支持实体经济先进单位""支农金融服务先进单位""网格之星先进单位"等称号。

"建设'小而美'的村镇银行是京山中银富登村镇银行的发展目标,我行将紧抓党和国家全面推进乡村振兴战略机遇,倾力为乡村振兴注入源源不断的金融'活水',成为支持县域高质量发展的生力军",王晓林向笔者表示。

43.扎根县域"苟日新 日日新 又日新"

访辽源西安区榆银村镇银行董事长 ◎ 唐宝山

📷 伍洪 赵琦宇

"审批够快、调查够实、宣传够广。"这是吉林省辽源市主管金融副市长司马江翃在辽源西安区榆银村镇银行调研时给予的12字总结。

近日,笔者带着好奇,专访了这家赢得副市长点赞的村镇银行。

高大帅气的唐宝山标准的国字脸上总是架着一副眼镜,颇有学者风范儿,讲起话来思维敏捷且胸有成竹。采访得知,毕业于长春金融专科学校的唐宝山,先后在人行长白县支行、建设银行长白县支行、白山市农村信用联社工作,2014年开始一直从事村镇银行的工作,7年时间从通化榆银村镇银行中层干部到辉南榆银村镇银行的副行长、监事长,再到通化榆银村镇银行的行长。2023年4月开始,担任辽源西安区榆银村镇银行董事长,是金融战线一名具有丰富实战经验和管理经验的难得的人才。

辽源西安区榆银村镇银行成立于2017年6月,目前,下辖一家营业部和1家支行,员工54名。截至2023年12月末,该行贷款余额6.27亿元。

⊢ 走差异化经营的发展之路

"努力使业务下沉,提高信贷的普惠性、可得性,辽源西安区榆银村镇银行采取差异化经营战略。"唐宝山毫无保留地向笔者道出了他的"治行秘籍"。

一是客户群体差异化。如果从风险角度把客户分为低风险客户和高风险客户，那么对于低风险客户，村镇银行则不具备竞争优势。所以，高风险客户注定要作为村镇银行业务发展的主要客群，而如何有效管控高风险客户的风险质量便是关键。贷款质量的高低不在于客户种类的多少，而是由银行对于信贷业务管理水平决定的。辽源西安区榆银村镇银行通过信息化赋能，数字化驱动，以"探索数字化村镇银行建设"为路径，以"两服务、四走进，开展四送、做好四员"为载体，稳步开展零售转型工作。

二是信贷效率差异化。村镇银行的贷款审批链条短，内部机制灵活，是审批效率高于大型银行的根本原因。贷款审批效率高与风险管控能力弱两者之间不存在必然的联系，健全的信贷制度建设和制度的执行决定高效的审批是否能够建立在有效把控风险的基础之上。

三是金融服务差异化。优质的服务是客户办理业务过程中的一种附加需求，传统的服务主要把重点放在了表层，主要包括厅堂的感受、环境的整洁、员工的态度、标准的话术等。自2023年6月开始，辽源西安区榆银村镇银行提出了"异业联盟"服务平台的理念。对存量客户进行信息建档、风险分析、特点分析、需求分析等工作。把客户除融资以外的需求纳入客户服务和贷后管理的范畴，将产业链上下游的客户进行对接，将服务需求方与服务提供方进行对接，节约存量客户的综合成本，为客户提供增值服务。

实施网格化管理的精准服务

采访得知，辽源西安区榆银村镇银行对辖内的微型企业与个体工商户实施网格化管理的精准服务。一方面，该行对市区内可覆盖区域进行网格化管理；另一方面，该行经营主体可以进行深度营销，甚至开展战略性合作。

2023年8月，辽源西安区榆银村镇银行与辽源欣华地下购物中心签署战略合作协议，并在辽源欣华地下购物中心二期设立"榆快金融·驿站"。通过购物中心提供的商户基本信息、经营年限、服务费缴纳习惯、商铺租金额等信息，帮助辽源西安区榆银村镇银行有效分析客户基本情况，对2 200个商户经营者进行分类管理。分类后采用"四象限法则"：一是优先营销质量高并且有融资需求的客户；二是营销有融资需求的客户；三是营销质量高客户；四是对无融资需求并且质量偏低的客户进行深度分析。截至2023年12月末，该行已对辽源欣华地下购物中心二期商户累计发放信用贷款805万元，支持个体工商户132户，取得了较为明显的效果。

辽源欣华地下购物中心仅仅是辽源西安区榆银村镇银行网格化服务的一个缩影。该行将上述模式引入到水果蔬菜批发市场、建材批发市场等其他专业集中市场，均取得了良好效果。截至2023年12月末，该行已对辽源四货运水果蔬菜批发市场商户累计发放信用贷款756万元，支持个体工商户72户；对辽源建材批发市场商户累计发放信用贷款910万元，支持个体工商户65户。

⊢ 借力数字化发展的"榆快金融"平台

"2021年8月，由发起行榆树农商银行牵头，我行组建'榆银村镇银行数字化研发中心'，开启了榆银村镇银行的数字化发展之路，并取得了非常可观的成效"，唐宝山向笔者说道。

榆树农商银行从2020年开始进入零售转型改革，并且在1年后迅速把宝贵的零售转型经验导入各家榆银系村镇银行。从技术开发到人才引进，从顶层设计到方案落地，其中无论是资金投入还是基层的意识、能力，都是村镇银行中某一个个体无法独立翻越的高峰。正因为有了发起行的带领，辽源西安区榆银村镇银行紧跟发起行步伐，开启打造零售转型的"新名片"。

曾经的辽源西安区榆银村镇银行，百姓只知其"存款利率高"，而现在的辽源西安区榆银村镇银行——"榆快金融"，已然成为一张名片。个体工商户都知道该行是一家专为"小客户"服务的银行，既不用寻求"高息网贷"，又不用面对大型银行繁琐的审批流程，正如该行的宣传的口号一样"随用随贷、随有随还、随时随地、随心随意"。

2021年9月，辽源西安区榆银村镇银行"榆快金融"数字化零售贷款平台的第一批贷款产品——"榆快贷"（榆快·工薪贷、榆快·园丁贷、榆快·天使贷、榆快·金领贷）正式发布，客群定位分别为党政机关及部分事业单位工作人员、在编教职人员、在编医护人员和优质企业工作人员。至此，陆续推出了客群定位为一般企业工作人员的"榆快·信易贷"；客群定位为有消费或有经营需求的个人的"榆快·房易贷"；客群定位为购买二手车的个人的"榆快·车易贷";客群定位为新型农业经营主体的"榆快·乡村振兴贷";客群定位为农户的"榆农快贷";客群定位为个体工商户和中小企业主的"榆微快贷"等10款零售类个人线上贷款产品。

"以上10款产品基本覆盖了全部个人零售类客群。截至2023年12月末，辽源西安区榆银村镇银行线上贷款累计发放938户，累计投放金额2.11亿元，余额2.04亿元，占全行贷款总额的32.48%。"唐宝山如数家珍，把数字都准确地记在脑袋里了。

访谈最后，唐宝山表示："辽源西安区榆银村镇银行的领导班子相对比较多元化，从业经历包含监管机构、国有银行、城商行、农商银行，甚至包含金融服务公司，多种文化融合在一起，取长补短，提炼优势，将监管的严肃认真、国有银行的审慎合规、城商行的开拓创新、农商银行的亲切质朴，都运用到辽源西安区榆银村镇银行的管理中，同时，我行没有把同业当成对手，反之，每一家金融机构都是辽源西安区榆银村镇银行学习的榜样，苟日新、日日新、又日新嘛，相信我们村镇银行会越来越好！"

44. 助企便民点燃金融引擎 支农支小服务乡村振兴

访长顺富民村镇银行董事长◎唐为利

📷 唐为利

2022年春，唐为利由贵阳市观山湖富民村镇银行行长转任黔南州长顺富民村镇银行董事长，从省会城市的经济繁华区块到刚刚脱贫摘帽的偏远山区县，他自知肩负着为地方发展经济、为人民改善生活的使命。近年来受新冠疫情的冲击、经济大环境的影响，加上贷款利息普遍下降、同业的激烈竞争，长顺银行业务的发展遇到了前所未有的困难，唐为利到任时，该行业务与往年同期相比均大幅度落后，但他不抱怨、不懈怠，重整思路重新出发。

依靠多年来的村镇银行工作经验，唐为利同志明白如何扬长避短、破局克难，唯有更加深入了解、把握长顺的经济及社会情况，才能为开展信贷业务创造更有利的条件。他积极走访各行政事业单位、各乡镇党委，深入"三农"领域，实地了解当地经济发展情况，为业务发展厘清工作思路和工作重点。长顺县户籍人口仅有27万人，人口资源先天不足，强工商业不多，贷款规模发展有限。但长顺有其地域优势，其被誉为黔中"粮仓"，水稻、玉米、茶叶等资源丰富，绿壳蛋鸡、高钙苹果、紫王葡萄、小米核桃等农产品市场销售预期很好。找准发展轨道，金融战略才能行稳致远，唐为利坚持"服务'三农'、服务小微"的市场定位，将农村居民、养殖户、农村企业、个体工商户作为金融服务的主要对象,金融业务下沉至村落、社区、周边市场,主推规模小而灵活的金融服务,更好满足农村个人及企业的资金需求。

为深入了解"三农"需求,他亲自带领团队深入农村进行调研。与农民、农村企业单位等密切合作,了解他们的实际困难和需求,将优惠送到客户手上,增进双方的了解、信任,增强客户黏性,真正帮助农民农业生产、创业,帮助农村企业扩大规模、提升竞争力。他通过定制化的金融产品与差异化服务,提升银行竞争力。"新市民贷"等特色信贷产品的推出,精准对接了"三农"市场,广受好评。唐为利也很注重金融知识的普及,常对内积极宣扬"用辛苦指数换幸福指数"的理念,主张后台员工积极走出舒适区,从"被动营销"到"不请自来",积极组织各类培训、宣讲,主动做老百姓身边的"贴心人""金融顾问",帮助农民补充金融知识,更好地使用金融工具改善生活。此外,他还进行薪酬制度改革,充分保障一线客户经理薪酬待遇,鼓励员工积极大胆拓展业务,激发员工的积极性和创造力。勤交流、广学习,积极与发起行及其他优秀地区沟通联系,促进资源共享和典型作法借鉴,形成中西部金融合力。

唐为利吃苦耐劳的精神和求真务实的作风鼓舞着长顺富民的每一位员工。2023年,全行59名职工,仅有1名员工离职,团队向心力日益增强。在他的带领下,全行形成了比学赶超的氛围,客户经理主动加班加点,走村入户到深夜,更多的长顺富民金融产品进入寻常百姓家。天道酬勤,有志者事竟成,2023年长顺富民村镇银行交出了一份可喜可贺的乡村振兴成绩单:存款余额达到4.89亿元,贷款余额达到6.25亿元,税前利润达到了0.2亿元,存款户数达到2.95万户,贷款户数达到0.67万户。长顺富民资产业务实现从负增长到正增长再到排名富民系统村镇银行前列,各项业务数据稳步上升。

"骐骥一跃,不能十步;驽马十驾,功在不舍。"成绩属于过往,未来还需乘势而上、砥砺奋进。唐为利相信,"守护一方土地,造福一方人民""让老百姓的钱包鼓起来"就是硬道理。未来,还要进一步做实金融普惠、做精内部管理、做好群众服务,为长顺共富路贡献出富民的时代力量。

45. 勇做经济发达地区的"小而美"银行

访江苏东台稠州村镇银行行长◎倪林焰

伍洪　方有成　王京霞　宣慧军

东台市，江苏省盐城市下辖县级市，地处中国华东地区、江苏省东部，长江三角洲北翼，不仅经济发达，而且境内旅游资源丰富，拥有全国首批"历史文化名城""中国优秀旅游城市"等美誉，还先后被评为"全国综合实力百强县市"和"绿色发展百强县市"。日前，笔者一行来到江苏东台，专访了东台稠州村镇银行行长倪林焰。

"东台稠州村镇银行作为一家以小微企业、个体工商户和农户为主要服务对象的本土法人机构，认真贯彻落实发起行以建设'小专新优强'的特色本土价值银行和'六有银行'的价值目标，坚持支农支小的市场定位，顺应改革形势，及时转变观念，调整经营重点，抢抓市场机遇，通过接地气的探索、组织架构设置、服务团队配备及运作、对应产品开发及管理、风险控制措施创新等多个方面，不断提升品牌影响力，勇于做经济发达地区的'小而美'银行。"东台稠州村镇银行行长倪林焰向笔者介绍了该行的基本情况与取得的成绩。

截至2024年2月末，东台稠州村镇银行存款余额32.78亿元，贷款余额23.79亿元，该行连续8年荣获稠州系"先进村镇银行"称号。

45.勇做经济发达地区的"小而美"银行

├ "铁脚板"比拼"宝马"车

当笔者问到该行如何应对国有大型银行的竞争压力时,倪林焰波澜不惊地向笔者分享其应对的办法,可以形容为用"铁脚板"比拼"宝马"车。

一是"银担"合作,解决小微、"三农"融资难题。东台市是长三角经济发达地区,是长三角地区无公害瓜果蔬菜主要生产基地,多年来逐渐形成了集种苗培育、种植加工、仓储物流为一体的全产业链,在此过程中孕育出各类新型农业经营主体,为全力满足他们"短、频、急、快"的融资需求,东台稠州村镇银行不断加强与政府融资性担保公司合作,以新的增信方式切实缓解"融资难""融资贵"等问题,不仅缩短了农户办贷时间和成本,还使更多的新型农村经营主体愿意主动与东台稠州村镇银行建立合作关系。

二是科技创新,充分释放客户经理产能。自2016年开始,东台稠州村镇银行便推出客户经理移动展业系统,并经过数年的迭代更新,已逐步形成集开卡、征信查询、贷款申请、线上审批的全流程操作模式,让营销人员的"公文包"蝶变为"智能包",借助科技力量提升金融服务效率,让更多的客户感受东台稠州村镇银行服务的便利与高效。

三是差异竞争,筑牢基础客群发展根基。近年来,东台稠州村镇银行始终贯彻"网格链式"营销理念,在"IPC"信贷调查模式的加持下,让每位营销人员的"链式思维图"转换为"营销路线图",让获客渠道更加高效,客户入行后的沉淀及转化更加及时、彻底,从而培养壮大该行专属基础客群。同时,该行客户经理不断发挥"铁脚板"精神,大棚旁、养殖塘边、鸡舍旁都会成为营销场景,只要客户有需求,东台稠州村镇银行的客户经理总能第一时间到达。

├ 走千家上万户,"最后一公里"全覆盖

当前,随着国家乡村振兴战略的深入推进,产业振兴、乡村建设、乡村治理均取得了阶段性进展,但据不完全统计仍有近60%的农村居民还没有真正享受过银行的信贷服务,农村市场的服务空间和潜力非常大,东台稠州村镇银行作为一家本土银行,始终坚持强化普惠金融服务,在整村授信模式基础上

推出了纯信用线上贷款产品——"乡村振兴贷",实现申请、受理、审批、放贷等环节全流程"一网通办",做到"一次核定、随用随贷、动态调整",真正打通金融服务"最后一公里"。

根据当地涉农产业的特点和规划,东台稠州村镇银行分层梳理涉农的上下游链客群,不断加强对养殖户、种植户的金融服务支持力度,主动上门服务,切实提升授信覆盖面,对符合办理条件的新型农业经营主体,采取到村部集中办理授信签约的方式,以实际行动扶持"一县一业"发展。截至2024年2月末,该行已累计向全市14个建制镇、3个城区内的215个村(居委会)近10.76万个农户提供"白名单"授信,成功向全市行政村内的近1.43万农户签约授信,金额达12.17亿元,贷款额度近6 200万元,为全市各乡村产业振兴、农民致富提供了有力的资金支持。

党建联建到村居,金融服务到农家

"我行始终按照'政治上姓党、业务上姓农'的总体方法要求,深入基层、扎根农村,努力把党的领导和建设融入经营管理全过程,推动业务上的融合,用行之有效的新要求、新方法在'三农'经济、小微企业、乡村振兴等领域贡献金融力量。"倪林焰向笔者说道。

东台稠州村镇银行通过不断深化村居和银行共建合作关系,发挥金融优势,精准惠农助农,向多个村居授予整村授信额度,持续推动村居和银行"资源共享、互助共促、发展共谋",奋力描绘农业强、农村美、农民富的美丽乡村新画卷。同时,该行积极开展防范非法集资、存款保险等金融知识下乡宣传;在每月的20日常态化开展党日活动,慰问空巢老人、助企纾困等社会公益活动,一系列的活动均取得积极成效,以实际行动擦亮了稠州村镇银行"姓党为农"的鲜明底色。

"三农"情更浓,小微企业亲

"服务地方经济,服务小微企业,服务城乡居民,这既是村镇银行的初心和使命,又是最鲜明的特点与优势。从我的个人的从业经历来说,我认为做好新时代'三农'工作,心中要有情怀。"倪林焰向笔者说道。

45. 勇做经济发达地区的"小而美"银行

大学毕业走出校门后，倪林焰便一头扎进了金融行业，从事金融工作近20年，身份从信贷人员至总经理、副行长，再到东台稠州村镇银行行长，角色的转换是考验，也是鞭策。自2021年，主持东台稠州村镇银行工作以来，倪林焰积极融入业务拓展一线，带头深入市场开展调研走访营销工作，与企业、农户进行"面对面"交流，并针对不同客户的金融需求要求各对接经营部门推进全方位、综合化的金融服务，主动解决企业经营中、农户发展中的重点、痛点、难点和堵点。

"只有真正走在一线、干在一线，才能进一步贴近市场和企业，业务发展是靠用心用情用力、真干苦干实干，一钉一铆干出来的。"倪林焰向笔者表示。东台产业特色鲜明，金融市场环境平稳，正是因为有活跃的经济生态及规模化的产业体系支撑，为东台稠州村镇银行深耕小微、服务"三农"提供了潜力巨大的发展空间。该行不断下沉业务重心，在辖内每个行政村配备专职客户经理，深入村民家中与田间地头，和村民交朋友，真正达到"先做客户，后做业务"的目标。

46.金融"活水"浇筑村民富裕之路

访江西上饶中银富登村镇银行董事长◎王盐宁

方有成　李宁

上饶市位于江西省东北部，处于长三角经济区，经济发展活跃，也是江西省旅游资源最丰富的市，境内有三清山、婺源、龟峰、灵山、望仙谷等多个知名景点，也是著名的革命老区，先后获得"中国优秀旅游城市""中国最具幸福感城市"等称号。上饶中银富登村镇银行董事长王盐宁引以自豪地向笔者推荐了他的"第二故乡"。

王盐宁先向笔者介绍了上饶中银富登村镇银行"前世今生"。上饶中银富登村镇银行成立于2014年，下辖一家支行，现有员工39人。10年来，该行累计投放贷款30多亿元，惠及5 100多户个体工商户、小微企业，累计缴纳税金1 400多万元，为支持地方经济发展贡献了应有的力量。

在支持乡村振兴方面，上饶中银富登村镇银行积极探索开发契合当地"三农"需求的金融产品，如针对当地乡村旅游业发展迅猛的良好机遇，该行适时推出产品"民宿贷"。截至2024年2月，该行已发放"民宿贷"260多笔、金额6 000多万元，帮助农民创业就业，得到了当地政府和老百姓的一致好评。

▶ 创新信贷产品，助乡村振兴

王盐宁谈到银行"生存之道"时称，需结合当地金融市场需求特点，总结以往成功经验，打造乡村振兴市场共同体，走差异化、专业化的金融拓展之路，有以下五大方面。

一是精耕本土市场，找准自身优势，与当地特色产业深度融合。如2022年，上饶中银富登村镇银行在华坛山镇望仙谷景区周边向农户推广该行的"民宿贷"，并做出了特色。目前，全镇共有民宿387家，"农家乐"164家，全年接待游客量超101万人次，同比增长超200%，旅游综合收入1.5亿元，使用该行"民宿贷"的客户户均年利润在10万元以上。二是精细产品体系，打磨贴合客户需求的差异化、特色产品和服务。如上饶中银富登村镇银行对没有营业执照的农户与乡村致富带头人开发了"头雁贷""整村推进信用贷"两款产品，为客户提供了更好的信贷支持。三是精细团队管理，完善考核激励机制，通过培训、辅导、督导提高员工的专业水平与营销能力，进而提升整个团队的整体水平。四是数字化转型，如推出移动PAD，线上贷款申请等，解决物理网点不足，服务半径小的难题。客户只要有需求，客户经理携带移动设备就能为客户上门办理存款、贷款业务，让客户足不出户就能享受到贴心的金融服务。五是注重客户关怀，通过定期沟通、优惠活动等方式提高客户忠诚度，该行的理念是"没有VIP客户，只有VIP服务"，对每一个客户都用心服务，不放弃任何可以帮助客户的机会，增强与客户之间的黏性，与客户共同成长。

⊢ 网格到边到底，移动设备服务上门

王盐宁谈及村镇银行如何助力"三农"及小微企业时表示："要坚持农业农村优先发展，加快农业农村现代化建设步伐，牢牢守住粮食安全底线，推进农业产业化，推动农村第一、第二、第三产业之间融合发展，全面推进乡村振兴。对上饶中银富登村镇银行来说，做好乡村振兴既是责任，更是一个机遇。"

在具体实践中，上饶中银富登村镇银行主要开展了以下工作：一是精细化网格划分，根据当地乡村人口、收入水平、从事行业等特点，与当地村委合作，对本村农户进行精细划分，对一个村的农户进行网格化管理，并指定专人对所负责的网格村落进行信息管理。二是深入调研了解每个网格农户、个体工商户、小微企业的经营特点及金融需求，开发有针对性的金融产品为他们提供贴心、快捷的服务。三是做好员工专业培训，确保员工对授信政策了如指掌，

同时要加大对员工服务意识、营销技巧、风险控制的培训，能够准确把握客户的需求和风险。四是科技创新，利用大数据分析等先进技术，提高授信的精准度、风险的把控以及审批效率的提升。五是做好宣传和推广，要到乡间地头以当地老百姓喜闻乐见的方式做好宣传工作，也可以通过政府、村委搭桥开展宣传活动，让更多的农户、个体工商户了解村镇银行的产品和优势，从而更好地为他们提供我们的金融支持。

党建联建到哪里，金融服务就跟到哪里

党建引领是村镇银行发展的强大动力，上饶中银富登村镇银行始终坚持党建引领全行各项工作，深入开展学习贯彻习近平新时代中国特色社会主义思想主题教育，充分利用党建共建来推动业务发展。一是上饶中银富登村镇银行党支部坚持服务乡村振兴战略，以总部"百行服务进万村"为契机，创新探索金融支持乡村振兴发展新模式，与区政府、各乡镇签署了《党建+金融战略合作协议》，有力推进乡村振兴战略的实施。二是携手华坛山镇、郑坊镇等多个乡村以党建共建信用村为主要抓手，为当地农户建立信用档案，提供上饶中银富登村镇银行的信贷支持，力推党建共建取得实效。三是开展红色共建活动，广信区是革命老区，当地的红色资源非常丰富，该行积极与当地村委开展红色教育共建活动，传承和弘扬坚韧不拔、奋斗不息的红色精神。四是开展党建交流活动，该行经常与当地村委开展座谈交流，联合调研等方式，共同探讨发展思路，推动村镇经济发展，另外该行积极响应政府号召，派驻了一名党员干部担任西山村驻村"第一书记"，帮助村里有自主创业意愿的农户申请到小额帮扶贷款，协助当地合作社申请建设创业车间，带动村中10多户在车间就业，同时还给村民提供金融知识培训和职业技能培训，提升村民的就业能力和创业水平。

科技赋能乡村金融，线下线上"一招通"

常言道：科学技术是第一生产力。王盐宁谈到银行的科技含量时不无振奋。他说："中银富登集团在科技兴行上投入了巨大的资源，持续推进金融科技创新，旨在进一步满足各类客群的金融需求，提升客户的服务体验，有力支

撑了普惠金融事业和乡村振兴战略。"上饶中银富登村镇银行搭建了满足数字普惠金融要求的数据治理体系，利用云计算、微服务、分布式等技术，实现了数据仓库、实时流计算、知识图谱和数据沙箱，构建了普惠金融大数据平台；在客户服务场景方面，打造了"线上+线下"一体化移动营销模式，客户经理通过移动PAD和移动开卡机，只需上门一次就能实现现场开卡、现场收集材料、线上审批等全流程操作，有效解决村镇银行网点少、服务半径不足的短板。针对小微和"三农"客户的融资"痛点"，该行以科技手段解决信息不对称等问题，创新金融服务和信贷流程，开发"PAD自动决策贷款"，通过大数据的应用，对于小额经营性贷款需求可以做到"秒批秒贷"，为小微客户、农户提供了便捷、高效的信贷服务，中银富登还打造了首款纯线上信用贷款产品"中富翼贷"，以手机银行为载体，实现全流程线上审批，给客户带来全新的融资体验。

王盐宁是金融行业的一员老将，从中国银行基层做起，一步步成长为一名优秀的金融管理者，从业经验非常丰富。加入中银富登村镇银行10年以来，他先后担任响水中银富登村镇银行和高淳武家嘴中银富登村镇银行的"一把手"，均取得了亮眼的成绩。2021年，他又受总部委派来到了上饶中银富登村镇银行，以他丰富的从业经验带领上饶中银富登村镇银行走出了发展瓶颈，存款实现了翻番增长，贷款业务也取得了长足的发展。王盐宁认为，中银富登的特色就是"短、平、快"，上饶中银富登村镇银行根据"三农"和小微企业资金需求"短、小、急、频"的特点，在信贷产品和金融服务上突出一个"快"字，一笔贷款从收材料到放款一般不超过3天。

"村镇银行要发展，关键在人才。"王盐宁对此深有体会，他上任上饶中银富登村镇银行董事长后，首先就是抓队伍建设，通过外部招聘、内部选拔，该行中层管理团队迎来大"换血"，整个团队迸发出了无限的生机与活力，大家的脑子活了，激情高了，行动快了，全行的凝聚力和向心力也增强了。其次就是抓党建，始终坚持党建与中银富登的企业文化深度融合，一是抓好党员队伍建设，党员队伍从2021年的6人发展到11人，党员队伍在逐步扩大，是该行攻坚克难的中坚力量。二是充分发挥党员的先锋模范作用，如在"开门红"期间成立了"党员先锋队"，党员在"开门红"中争先进位，取得了亮眼的成绩。

"廉洁从业文化更是我们金融服务的压舱石。"王盐宁董事长向笔者介绍道,"好的家风是一种正能量,能对家庭成员产生积极的影响,在银行也要树立好的家风,倡导廉洁干净、有责任、有担当的良好作风,把全面从严治党与我行的'三大铁律'的企业文化互相融合,培育员工的规矩意识,建设合规文化,在全行形成严的文化和氛围,也在社会上树立了我行清正廉洁,不取客户一针一线的良好企业形象。"

没有调查,就没有发言权,王盐宁董事长表示,只有深入市场,才能掌握真正有用的信息,他带领上饶中银富登村镇银行员工围绕当地市场,聚焦乡村振兴工作,反复深入到农村和业务一线开展调研,围绕服务乡村振兴和农业强国战略,推动授信政策优化,实施机构差异化管理,推出多款特色金融产品,促进涉农贷款业务稳健发展。

47. "三个勇当" 打造 "精品村镇银行"

访湖南石门沪农商村镇银行党支部书记、董事长◎陈明忠

伍洪 唐东芳 徐艺榕

"我行于2023年9月迁址至湖南省常德市石门县永兴街道时代华府2栋，现在的办公场所为我行全资购置、自有产权，办公环境宽敞明亮且温馨，增强了干部员工的归属感、荣誉感和幸福感，进一步展现了我行的综合发展实力。多年来，我行扎根石门，致力于服务石门经济发展，力求实现发展更有活力、发展更有特色、发展更有温度和发展更有保障，是地地道道的'石门人民自己的银行'。"湖南石门沪农商村镇银行党支部书记、董事长陈明忠向笔者介绍道。

近年来，石门沪农商村镇银行积极响应、大力推进石门县委、县政府提出的"开放强县　产业立县"战略，努力打造"精品村镇银行"，根据当地乡村发展实际、特色产业布局、民生保障需求以及禀赋资源优势，因地制宜开展各项金融工作，深刻诠释"民生在勤"所蕴含的哲学道理，强化使命担当，齐心协力推进"社区厅堂营销、'做小做散'、村居服务"等创新实践，高质量发展工作取得新成效。截至2024年2月末，该行累计向当地投放各项贷款34.91亿元，其中涉农贷款34.71亿元，占比99.43%。

├勇当金融"守坝人"，助力库区移民产业致富

三江口水电站矗立在澧水下游、石门县境内，每一朵浪花在此奔腾而过的时候，都会产生一度度清洁能源用电。

"我们始终坚守着守护库区移民心灵的使命，助力他们过上美好生活，这

是我们的崇高追求和首要工作。我行一直密切关注库区移民的生产生活状况，对于有信贷资金需求的库区移民，我行坚持'应授尽授、应贷尽贷、急事急办、特事特办'的原则，为他们提供全方位的金融支持。"陈明忠向笔者介绍道。

龙凤社区是接收三江口库区移民较多的社区之一，目前，已有1 200名库区移民定居于此。该社区曾是三江水电管理局管理的龙凤园艺场，2002年企业改制后，划归至楚江街道（原为楚江镇）管辖。这里风景秀丽，享有"一面青山三面水，一春花海一秋红"的美誉。

"我们龙凤社区现有户籍人口400余户，共有1 500多人，其中库区移民高达80%。柑橘种植是社区的支柱产业，种植面积现已达到5 000余亩，年产量超过3 500多万斤。库区移民迁来后，居委会积极与每一位库区移民展开对接和帮扶工作，确保他们生活更为安心、富裕和美好。"龙凤社区副书记陈艳向笔者说道。

打造"精品果园"，促进产业致富。龙凤社区与石门沪农商村镇银行建立了党建共建关系，自那时起，石门沪农商村镇银行便全力支持龙凤社区的柑橘产业发展，并一次性向龙凤社区整体授信5 000万元。在龙凤社区居委会服务大厅，陈艳向笔者详细介绍了石门沪农商村镇银行与龙凤社区的党建共建合作、整体授信以及"金融'村干部'"派驻等情况，并对石门沪农商村镇银行金融服务工作给予了充分肯定。

面对龙凤社区重点打造的"精品果园"项目，石门沪农商村镇银行表现出极大热情和支持。他们围绕柑橘的春培、剪枝、灌溉等开展金融帮扶，还对柑橘坏死或老化苗木重新移栽、新产品推广和栽种等关键环节方面开展金融支持。在石门沪农商村镇银行的支持下，龙凤社区柑橘的产量逐年攀升，口感深受广大民众喜爱，供不应求。

一棵棵柑橘，葱郁着一座座青山；一笔笔贷款，温暖着一位位库区移民。作为金融"守坝人"，石门沪农商村镇银行始终是库区移民产业致富的坚强后盾。截至2024年2月末，该行累计向龙凤社区累计投放各项贷款178笔、金额9 800万元。

47."三个勇当" 打造"精品村镇银行"

▸ 勇当金融"挑山工",助力"山果果"走出"国门"

迎着淅淅沥沥的春雨,沿着崎岖不平、坑坑洼洼、蜿蜒起伏、九曲连环的山间小路,车辆爬坡时,轮胎一个劲地打滑,经过一个多小时的艰难行驶,笔者一行终于抵达农户张宏兵的柑橘加工厂。

你知道吗?一个个色泽明亮、口感极佳的柑橘吃进口中,需要经过哪些严格的工序吗?如果不是亲眼所见、亲耳所闻,你永远不会想象得到背后的艰辛。正如古诗所云:"锄禾日当午,汗滴禾下土。谁知盘中餐,粒粒皆辛苦。"其实,柑橘的种植、采摘、销售等同样不易,每一步都凝聚着农户们的辛勤汗水。

"每年的3月,我就要开始指导社员们开展春培、灌溉、施肥等技术工作,我每天要翻越10多座山,走过60多公里的山路。等到了采摘时节,更是连吃饭的时间都没有,果子采摘更是争分夺秒,毕竟国外的市场价格每天都会出现较大幅度的波动。幸好有石门沪农商村镇银行一如既往的支持,使我在流动资金上减少了很多困扰,能够安心地开展果子收购。"农户张宏兵向笔者介绍道。

作为龙凤社区的一名"致富带头人",张宏兵凭借不怕苦、胆子大和肯吃亏的精神,在龙凤社区居委会的指导下,创立了湖南龙凤柑橘农林产品专业合作社,目前吸引了社员209户加入,年收购、加工、销售柑橘超过5 000万斤。

在柑橘采摘的季节,张宏兵基本就驻扎在柑橘园中,与橘农们共同忙碌。满载柑橘的车辆不断地运往他的柑橘加工厂。柑橘经过分级、清洗、打蜡、包装等诸多工序后,再通过陆路和水路,分别销往西班牙、新加坡、越南、泰国等国家。

常年从事农业的张宏兵深知,天灾是最大的隐患。2024年2月初,一场罕见的大雪持续数日,令张宏兵忧心忡忡。他最担心的事情还是发生了,厚重的积雪将其3 000多平方米的柑橘存储钢架棚和350多平方米的冷冻库压塌,造成130多万元的经济损失。望着满目疮痍的钢架棚以及一筐筐被冻坏的柑橘,张宏兵心痛不已,陷入了迷茫。

得知具体情况后,陈明忠立刻带领客户经理前往张宏兵处,了解雪后受灾的实际情况。针对张宏兵已经结清贷款,陈明忠决定继续给予续贷支持,帮助其尽快完成钢架棚、冷冻库的重新建造,助其渡过难关。

缕缕"普惠情",温暖"农民心"。张宏兵在向笔者介绍构建钢架棚和冷冻库各项材料准备情况的同时,表示自己正在紧锣密鼓地忙于柑橘的采购事宜,近期将有一批柑橘搭乘轮船运往国外。

"我们就是要想在农户前面、做在农户前面、干在农户前面,勇当金融'挑山工',无论多么崎岖的山路,多么偏远的乡村,只要农户有需求,我们都会第一时间快速前往,为他们提供精准帮扶和解决方案。"陈明忠向笔者表示。

勇当金融"钻井队",助力农户用上"深井水"

走进屈良军的柑橘园,满目翠绿,柑橘树枝繁叶茂,在青山绿水的映衬下,显得更为诗意盎然。屈良军的父亲屈明贵正在笑容满面忙碌着采摘柑橘,一篮篮、一袋袋金黄的果实,正准备装车销往外地。

站在这片壮观的柑橘园前,屈良军向笔者娓娓道来他的创业历程。

一心想创业的屈良军,在当地政府引导下,看到了柑橘的巨大发展潜力,秉持着"早投入、早受益"的理念,便开始了自己的创业之路,并于2017年正式流转了林地400多亩。他一边辛勤开垦林地,一边精心栽种柑橘,仅用1年多的时间,就栽种了柑橘树3.8万棵,累计投入超过800万元。

缺乏种植经验的屈良军,期待着等到柑橘大面积采摘的时候,一场几十年不遇的"旱灾"悄然而至。每天,屈良军都会坐在山头上,查看天气,有时候一坐就是两三个小时之久。炎热的天气像烤炉般炙烤着一棵棵柑橘树,连山上的野草也在加速枯萎。如果再过10多天不下雨或者无法浇水,柑橘树将会面临大面积死亡的风险,这将带来巨大的经济损失。面对这场"罕见"的天灾,屈良军焦虑万分、彻夜难眠。

得知情况后,陈明忠带领客户经理前往屈良军的柑橘园,现场查看了柑橘树的受灾情况,并听取了屈良军应对旱灾的策略和办法。同时,陈明忠还向当地水利部门咨询了解决旱灾和钻探深井的有效办法。由于屈良军的柑橘园位于山地，地表以下多是石头，打出地下井的希望非常渺茫，但陈明忠非常坚定地支持屈良军尽快打井，并指示客户经理在屈良军原有存量贷款的基础上，在最短的时间内向屈良军再新增发放一笔10万元的贷款，专门用于钻探深井。

资金到位后，屈良军聘请了专业钻井队，在山中找寻适合的井眼，经过10多次反复取样，最终在山脚处，找到一个非常有可能钻出水的井眼。其间，陈明忠更是多次前往现场，了解钻井进展情况，为钻井工作出谋划策。

功夫不负有心人，当井眼钻探至150多米深的时候，终于找到了水源。甘甜的地下水在群山之间潺潺流淌，一棵棵柑橘树重新焕发生机，令人欣喜不已。

目前，屈良军的柑橘园产量预计将达到160万斤，将会有一个很好的收益。即便仍然面临"回本慢、见效慢"等诸多困难，有了石门沪农商村镇银行的鼎力支持，屈良军对产业致富的信心和干劲愈发增强。

"作为村镇银行，只有在农户们最需要帮助的时候，及时向其提供力所能及的帮助和支持，才能逐渐得到更多农户的认可和信赖。我们面对最多的客户就是农户，农业投资大、周期长、见效慢，我们要将付出放在第一位，收益放在第二位，只要农户有创业意愿和稳定还款能力，我们就要为其及时提供金融支持，我们要用更大的耐心和毅力，陪伴农户成长，心甘情愿做农户们产业致富的幕后英雄。"陈明忠向笔者表示。

48. 以"卖货郎"精神打造"小而美"银行

访山东单县中银富登村镇银行行长◎孙文杰

方有成　李宁

截至2024年2月末，单县中银富登村镇银行资产总额14.37亿元，存款总额11.29亿元，贷款总额13.16亿元，现有1家城区法人行，2家支行、6家普惠金融服务网点，员工近80人。

├ 与大型银行"比下沉""比腿勤"

"国有大型银行带来的竞争压力确实不小，但我们只能与其'比下沉''比腿勤'"，单县中银富登村镇银行行长孙文杰开诚布公地向笔者说道。近年来，大型银行业务下沉，不但客户群体覆盖面越来越广，在利率、额度等方面带来了猛烈的冲击，较多的优质客户存在流失风险，面对困难，单县中银富登村镇银行管理层积极应对，深入调研，下定决心与国有大型银行"比下沉"、与农商银行"比腿勤"，并制订"早布局、早联系、早行动、早服务"的"四早"服务理念，特别是针对重点行业、重点客户进行专属方案订制。

单县是农业大县、是国家重要的商品粮种植基地，粮食种植和粮食收购、粮食加工行业发达。对此，单县中银富登村镇银行充分发挥离客户近的优势，积极创新信贷产品，加大信贷投放力度，并在额度测算、授信额度、信用敞口、还款方式等方面进行全面优化升级，全力保障以上行业客户的金融需求。

面对大型银行的竞争压力，单县中银富登村镇银行回归本源，聚焦乡村

48. 以"卖货郎"精神打造"小而美"银行

振兴主责主业，增强核心竞争力，坚持差异化经营、坚持基础营销，充分发挥"距离客户近、服务质量好、办事效率高"的工作特点。以2023年为例，随着业务更加下沉，该行依托"整村推进信用贷"这一款产品实现余额净增1.13亿元，占该年全部贷款2.6亿元的43.52%，全年净增规模和增速创历史新高。

├ 立足"小而美"，做到"小而优"

如何打造成具有"小而美""小而优"特色的村镇银行？孙文杰向笔者分享道："主要是根据发展规划，实施量化考核，加大宣传调研力度，与乡村振兴、'一县一品'等项目进行深入对接，坚持批量业务与'做小做散'相结合，充分适应县域金融需求。"

单县中银富登村镇银行高度重视与乡镇、部门的交流沟通，与有关部门签署"政银"战略合作协议，并将全县域505个行政村进行了精确划分，为每一村安排了专属客户经理，进村入户、深入田间地头，健全"网格化营销责任包片管理制"，做到"定格、定岗、定员、定责"，不断探索村居金融服务模式，让客户实实在在体会到足不出户享受金融服务的感受；打造多元化金融生态圈，构建"敢贷、愿贷、能贷、会贷"长效机制，大力推行"零费用办贷""阳光信贷""廉洁办贷""限时办结""让利于客户"等运作机制，努力让"存款不排队、贷款限时办"成为常态，着力打造"客户满意的良好银行"。

同时，单县中银富登村镇银行持续加强队伍建设，强化对中层的精细管理，锻造了一批有激情、有战斗力的中坚力量；注重基层人才培养，打造了一支能打、能上的后备人才队伍。

├ 释放"金融+科技"活力

"科技是第一生产力，用在村镇银行同样实用。"孙文杰逐一向笔者解析了科技金融的重要性和实用性。

为解决前期网点少造成的服务半径小、服务能力不足的问题，单县中银富登村镇银行加强基础投入，增开物理网点，并借助母体公司中国银行的大力支持，将核心业务系统进行全新的设计，推出了功能强大的移动业务平台，客户经理端凭借移动PAD进行办公，从营销、资料收集、账户开立、信贷录入、信贷审批、贷后管理、客户维护等方面全部实现线上办理，基本实现了无纸化办公。

单县中银富登村镇银行积极推广的"中富翼贷""整村推进信用贷"两款贷款产品，依托强大的后台服务系统，基于大数据模型，可实现上门办理业务，具有纯信用、手续简便、审批速度快的特点，在现场开立结算、收集资料、现场审批、现场放款，客户无须往返于银行之间咨询申请、补充贷款材料，足不出户就能获得金融支持。截至目前，该行累计投放"中富翼贷""整村推进信用贷"近6亿元，余额约3.63亿元，有效提高了客户经理的工作效率，满足了越来越多的客户急需资金的需求。

├坚守初心，践行"金融为民"

自青年时期就善于学习、勤于思考的孙文杰，温文尔雅的同时又透着一股严谨干练的文人气息。通过交谈得知，孙文杰在入职中银富登之前在中国人民银行、原银监局工作近20年，长期的金融监管工作经验铸就了其认真、严谨、审慎的做人做事原则，在如今的村镇银行管理岗位上能敏锐地发现经营上出现的问题、及时洞察商场上新的商机、并制订切实可行的发展策略，通过对员工合规意识、规矩意识的培养，使行内管理效能得到疏通顺畅，在内部管理上的严管厚爱使单县中银富登行风得到明显提升，团队向心力、凝聚力同时得到加强。

入职中银富登村镇银行首站是山东省菏泽市东明县，孙文杰担任行长一职，负责筹建东明中银富登村镇银行，带领员工从无到有、从小到大，带领该行一步步做实做强，连续多年服务客户数和盈利指标在全集团排名靠前。2020年6月，孙文杰调任单县中银富登村镇银行，躬身入局，深入对单县进行市场调研，经充分讨论后，制定了坚持支农支小市场定位不动摇、坚持"做小做散"不动摇、坚持基础营销不动摇，一年一个新台阶，三年实现大跨越的发展规划，使单县中银富登村镇银行的发展有了目标、有了方向、有了措施，近几年该行各项考核指标实现大幅提升，取得了显著进步。截至目前，该行存款余额11.29亿元，贷款余额13.16亿元；2023年初单县中银富登村镇银行被中银富登村镇银行总部纳入"旗舰行"管理。

49. 撑稳村行"小竹筏" 奋楫前行为"三农"

访北京大兴九银村镇银行党委书记、董事长、行长◎王远昕

伍洪 方有成

"村镇银行就像一条加了小马达的竹筏,能载人渡河,也可以运送货物,但经不起大风大浪的冲击,我的任务就是想尽千方百计让我们的筏子更加坚固,前行的征途尽可能避开风浪与漩涡……"位于北京新发地市场附近的大兴九银村镇银行二楼工作室里,传来阵阵交谈声。2023年3月的一个下午,记者应约到北京大兴九银村镇银行专访党委书记、董事长、行长王远昕时发生了这一幕。王书记正娓娓道来农村金融工作中的一些精彩故事。

├ 翻山越岭展拳脚

王远昕,被同事趣称为"老王同志",身材中等、五官端正、嗓音浑厚,一副睿智且精明有加的学者形象。20世纪80年代中期从农金专业毕业后,分配到四大行之一的中国农业银行,从事农村信贷工作。

2004年入职九江银行,不久后被任命为总行营业部负责人。面对存贷款规模刚刚过亿元、不良贷款近千万元、业绩排名倒数的经营困局,"老王同志"不气馁、不懈怠,率领团队攻坚克难,锐意进取,不断完善和创新信贷管理,竭力营销和拓展重点客户。经过7年奋战,营业部存款规模翻了四番,贷款规模翻了三番,不良贷款降为零。"老王同志"也成了大家一致认可的业务

"标兵"。

骄人的成绩，出众的能力，堪当大任。这是九江银行当年的"当家人"对他的评价。工作业绩有目共睹，2012年春节刚过，"老王同志"便被外派到距离九江近千公里的岭南小镇，担任中山小榄村镇银行董事长、行长。

在中山小榄村镇银行，他面临新的挑战：如何支小支农，如何在沿海较发达的城市施展自己的抱负，成了那时他经常思考的问题。敢闯敢干的他以最快的速度适应了新环境，与中山小榄村镇银行全体员工群策群力，逆流勇进，争创优先，实现了业务的稳步提升。4年时间内，资产规模增长24亿元，存款增长21亿元，贷款增长15亿元，年盈利增长3 800万元，中山小榄村镇银行也从当地银行业排名下游的"袖珍"银行，到在小榄当地19家金融机构中存贷款规模排名第6位，仅次于"工、农、中、建、农商"金融机构的市场地位，也成为九银系村镇银行的一张名片。

愿穿"草鞋"助"三农"

喜欢读书的"老王同志"意味深长地告诉记者，自己是一位传统的银行人，也算是"老农金"，从事农村金融几十年，从国有大行到城商行再到村镇银行，工作单位越来越小，但肩上的责任越来越重……

交谈时，他回味起念书时流传的一个顺口溜："城金专业穿皮鞋，农金专业穿草鞋"。所以学"农金"专业的自己一辈子穿的是"草鞋"，披蓑衣戴斗笠，走千家串万户，从广东中山走到了首都"南大门"大兴，既是责任也是挑战，更是自己的荣幸。

"老王同志"说他一直记得小时候老家曾拍摄过一部电影《闪闪的红星》，有一首插曲这么唱："小小竹排江中游，巍巍青山两岸走。雄鹰展翅飞，哪怕风雨骤。革命重担挑肩上，党的教导记心头。"来到北京，他深感压力与使命，首都资源之博大，文化底蕴之深厚，金融市场之广阔，是之前工作地所无法比拟的。他把自己比作竹筏上的"撑杆人"，既要管小竹筏的长度、宽度、载重量和安全系数，还要防御恶劣天气及风浪，让它在首都南郊福地大兴的经济大潮中勇毅前行。

他总结多年村镇银行经营经验，即用心打造一支管控熟人的小额信贷风险专业团队，概括起来就是"四做四不做"，即"做熟不做生，做近不做远，做死不做活，做短不做长"。要让带有革命老区红色基因的"九银文化"在大兴这片热土生根发芽、茁壮成长，需要包括自己在内的大兴"九银人"以党建为引领，传承"四千万"精神，脚踏实地深耕大兴"三农"市场，服务小微，以心换心，以真诚换取首都客户对"九银"的认可。如今，北京大兴九银村镇银行已有9家支行，118名员工；存贷款规模在京郊村镇银行中虽不是最大，但人均利润较为可观。

为了把这只"小竹筏"撑稳，王远昕没有好高骛远，而是坚守初心，把目标瞄准支农支小。首都"菜篮子"新发地批发市场距离北京大兴九银村镇银行仅1.2公里，他审时度势，成立了一个专门服务新发地批发市场的部门——"新'三农'事业部"，也是该行党员占比最高的一个团队。

新发地市场占地1 680亩，固定摊位2 000余个，要把每一个摊位都走到，不是一件容易的事，徒步太慢，团队就安排每人一辆电瓶车。市场拓展初期比较艰难，3位队员每天坚持拜访商户，三四个月没有一笔业务。功夫不负有心人，如今团队已发展成12人，贷款规模超5.9亿元，其中新发地市场的贷款超4亿元。

⊢助力菜商"鼓"钱包

采访中，王远昕几次提到的在新发地开展蔬菜批发业务的知名企业——吉时鲜，他也不知自己到底去过该公司多少次了。

记者在大兴九银村镇银行党委委员张国庆的带领下走进该行支持的吉时鲜公司，只见一楼蔬菜展示大厅套小厅，几位工人师傅正忙着配菜。老板带我们来到二楼，小巧精致的会议室里，一匹腾飞的"度金骏"格外引人注目，墙上显眼位置精美地展示着公司的发展历程，旁边荣誉室里奖状奖牌挂满了墙壁。

来自河北唐山的吉时鲜公司法人王老板自信地介绍，他此前在家乡专做黄瓜批发生意，2014年开始转向蔬菜批发，两年后又增加蔬菜种植，并增加了蔬菜配送。现在拥有1 500平方米配送中心，专营蔬菜、水果、肉食等10大类产品，年销10万吨、销售额6 000万元，所经营的菜品、水果等满足了北京市民的餐桌需求。其公司注册资金也从500万元增加到5 000万元。

"我的钱包今天能'鼓'起来，全靠国家政策好！尤其是有九银村镇银行这样的银行大力支持我们！"王老板伸出大拇指点赞道。

吉时鲜公司仅仅是大兴九银村镇银行金融支持的数百家商户中的一个，在新发地市场，还有500余家商户，也得到了该行的金融支持，他们都非常认可九银村镇银行。

采访结束时，记者好奇于大兴九银村镇银行每一间办公室的门上都写着"工作室"3个字。"在九银村镇银行，我们号召大家激情工作、快乐生活，每一位员工都是平等的，包括行领导。所以，我们的工位和办公室标签格式统一为'姓名加工作室'。"大兴九银村镇银行党委委员周芬给记者解释道。

作为京郊农村金融机构的一分子，北京大兴九银村镇银行将以高质量党建引领高质量可持续发展，牢牢把握首都"大城市、小农业""大京郊、小城区"的市情、农情，潜心坚守支农定位，持续创新服务方式，努力探索精准服务乡村振兴的金融赋能之路。

50. 扎根西北大地 践行初心使命

访新疆绿洲国民村镇银行党支部书记、董事长◎任明

杨林　石青山

新疆绿洲国民村镇银行由宁波鄞州农村商业银行、新疆生产建设兵团第十二师共同出资，于2013年7月成立，是新疆乌鲁木齐市第一家具有独立法人资格的村镇银行。

自成立以来，新疆绿洲国民村镇银行在监管部门的指导下，在发起行、兵团第十二师的大力关心支持下，秉承鄞州银行"天道酬勤"的价值观，以"阳光经营、快乐成长、创新服务"的经营理念，坚守支农支小业务定位，发挥机制灵活、服务高效、业务快捷的优势，有效填补了区域、兵团、社区的金融空白；发扬"勤劳、团队、奉献、自律"的"蜜蜂精神"，坚持稳中求进、稳中求变、稳中求优的工作总基调，倾力服务区域内及兵团小微企业和农户，经营实力稳步提升。截至2023年12月末，该行各项存贷款余额超55亿元；拨备覆盖率达225.11%，流动性比例达65.32%，资本充足率达16.01%。自新疆绿洲国民村镇银行成立以来，累计上缴税款1.03亿元；连续3年在兵团第十二师辖区企业中纳税额排列前茅，荣获十二师辖区纳税"特殊贡献奖"。

├ 强根铸魂抓党建

"近年来，我行将党建工作融入全行业务发展、转型升级的大局中，广泛

调动广大党员的主观能动性和创造性，以党建引领推动各项业务持续健康发展。"新疆绿洲国民村镇银行党支部书记、董事长任明如是说。

2017年10月，新疆绿洲国民村镇银行党支部正式成立，在推动"党建入章"，落实"应建尽建"的同时，始终坚持党建工作与业务经营管理同谋划、同部署、同检查。该行党支部紧紧围绕抓党建、促发展的工作思路，在扎实组织开展"不忘初心、牢记使命"系列主题教育的同时，带领全行党员奋斗在一线，成为业务发展的先锋队，攻坚克难的主心骨，服务群众的贴心人。

百载峥嵘岁月，百年伟大历程。该行坚持每年开展红歌大赛，唱响红色主旋律，弘扬爱党、爱国、爱行精神。"身为中华儿女的我们，将铭记历史和党训，坚定信念，牢记使命，初心永不褪色。"任明表示。

长情坚守支小微

一个地区的经济要有活力和竞争力，既需要"顶天立地"的大企业，又需要"万紫千红"的小微企业，小微企业的发展能有效激发地方经济活力，并通过吸纳就业的方式提升当地居民可支配收入，带动地方消费，从而形成正向循环以带动地方经济高质量发展。该行致力于解决兵团十二师辖区内金融服务不足的现状、为农户和小微企业融资助力、繁荣兵团十二师经济发展是该行成立的初心，也是为之奋斗的使命。截至2023年末，该行累计发放贷款24 469笔、金额120亿元，其中涉农贷款5 234笔，金额19.85亿元，小微企业贷款10 321笔，累计金额86.28亿元；大部分为支持十二师辖属团场、企业贷款，其中农户和小微企业贷款占比达90%以上。

为增强金融服务的广度和深度，该行成立十二师金融服务专项工作小组，并要求全员推行"走出去"策略，要求营销条线放下架子、俯下身子、迈开步子、扎根下沉，在"抢不到的好客户"和"没人要的差客户"之间挖掘"不那么好的客户"，在"高收益的高风险业务""没收益的低风险业务"之间，找到"收益适中风险可控的业务"，通过扫街、扫户和进社区、进园区、进农区、进商区和进村区，精耕细作"三农""小微"市场，为客户提供及时、便捷、高效、全方位的服务。

50.扎根西北大地 践行初心使命

扎根本土"不动移"——"小银行，大作为"

为进一步深化金融机构支持实体经济发展，践行"扎根兵团、立足十二师、面向全乌市"的使命，要弘扬浙商"四千"精神、甬商"四知精神"。首先，该行持续加大对十二师实体经济金融服务力度，为十二师辖区企业（国资公司、天恒基水务、九鼎集团、新希望电子、爱登堡电梯等核心企业）、十一师辖区企业（北新路桥集团、建资集团等核心企业）以及个体工商户、农户等群体提供便捷安全的金融产品和服务。其次，该行面向全乌市，对实力较强、口碑较好的知名民企给予信贷支持，该行长期与浙江、兵团浙江等22家商会保持良好的合作关系，为各商会、协会会员单位提供了充足的融资支持；知名酒店餐饮类企业如希尔顿、环球国际等；文化旅游类如国际大巴扎、野马文化园等；大型超市类如汇嘉超市、爱家超市等；综合商业类如德汇万达商场、YOYO环球港等；综合批发类如海鸿国际、新联市场、华凌市场等；物流运输类如意向天河、速驰犁达物流等给予信贷支持。除此之外，该行抢抓发展机遇，以金融助力参与新疆自贸试验区发展，积极与区内头部名企洽谈对接，这一举措不仅能为企业发展锦上添花，而且能增加自身效益，还能提高自身知名度。

实干担当，回馈社会

为减轻企业及个体工商户因疫情造成的损失，推出"专属服务+绿色通道+优惠政策"的特色服务，该行主动对十二师辖区内企业和个人贷款降息减费、降低企业成本，并通过简化流程，持续满足小微企业"短、平、快"的融资需求。通过配套优化还款方式、简化审批流程等措施，以最便捷的手续、最高的效率、最优惠的利率，做受困企业的及时雨、勤务兵，累计发放低息贷款1.5亿元。2023年继续调整利率政策，为企业让利2 200余万元。3年新冠疫情期间为小微企业和个体工商户实施了系列纾困优惠政策，其中借新还旧85笔、共计9 000万元，延展续165笔、共计2.6亿元，减免息1 030余笔，涉及金额14.5亿元。向十二师辖区新发放贷款706笔，贷款金额4.2亿元，占当年新增贷款投放量的79.25%。其中，对十二师重点扶持单位兵团工业园区授信674笔、累放金额5.72亿元。

为搭建政企合作平台，利用乌市首府区位优势，联合浙江、浙江兵团等22家商会助力十二师招商引资各项工作的有效达成；为招商企业提供定制化、全方位、多层次的金融服务，开辟绿色通道。继续支持兵团工业园区、头屯河经济开发区等实体经济发展，切实解决融资担保难问题，加大对普惠小微企业再投放力度，着力在源头为小微企业减负，为十二师经济发展保驾护航。回馈社会，互利共荣。新疆绿洲国民村镇银行进一步发挥本土银行的责任感和使命感，要求全员按照新疆维吾尔自治区、师党委"不抽贷、不压贷、不断贷"的要求，对辖区内个体工商户，小微企业给予信贷支持。按照兵团统计口径，截至2023年末，该行向师团客户提供信贷资金余额5.5亿元，惠及1 200多位客户（其中向名单内客户提供信贷资金余额2.98亿元，惠及客户730余位）。近年来，累计向师、团学校、养老院、社区等地捐款捐物30余万元，助力公益事业。成立助学专项基金，为十二师辖区学校每年安排助学资金，帮助辖区内困难职工解决子女上学难题。

增加就业，促进团结。坚持属地原则，解决辖区人员就业问题，成立以来已累计解决了280余名团场人员的就业问题，目前该行员工中有65%为十二师及团场家属子女。

见微知著强合规

合规产生效益，合规也是生产力。合规风险产生在细微的漏洞，推进合规文化建设任重而道远。合规是迈向高质量发展的需要，是提高经营管理水平的需要，更是建立长效发展机制的需要。任明表示："今年，我行成立了内控合规部、设立独立审计岗，在风险总监的指导下，加强全面风险管理，通过开展制度重检，公司治理、信贷、财务运营等条线检查，员工异常行为排查，并通过周例会、业务条线培训、合规文化活动等集中分析和预警重点领域风险，加强信贷风险、流动性风险、案件风险等的监测和评估，全面树立依法合规的经营理念，推进合规文化建设，让合规意识内化于心、外化于形。"

"雄关漫道真如铁，而今迈步从头越。"任明表示："展望未来，新疆绿洲国民村镇银行全员将进一步落实中央金融工作会议精神，以习近平新时代中国特色社会主义思想为指导，全面贯彻落实党的二十大精神，坚持稳中求进工作总基调，坚持实事求是、底线思维，严控风险，以服务实体经济为出发点，坚持守正创新、接续奋斗，进一步赋能高质量发展、竞争力提升、现代化先行，大力发展数字普惠金融，深化以人为核心的全方位普惠金融。"

依托一方水土，服务一方百姓，该行将把促进十二师经济发展的责任扛到肩上，切实做到"把方向、管大局、保落实"，持续加大"三农"和小微金融供给力度，拓宽银证合作、加速产品创新、加快服务提升、履行社会责任，突出差异化发展、特色化经营和专业化服务，切实当好支农支小主力军、乡村振兴主办行、现代产业赋能者，与十二师经济共生共荣、与客户共同成长，为践行普惠金融、助力十二师振兴全力以赴，打造"严合规、有定位、可依赖、小而美"的"四好银行"，以实际行动深入贯彻中央经济工作会议及中央金融工作会议精神，倾力用金融活水助力兵团十二师及新城区高质量发展谱写新的华章！

51. "小而美"也能开拓新天地

访吉林辉南榆银村镇银行党支部书记、董事长◎许玉林

伍洪　方有成　谷连强

自2014年发起设立以来，吉林辉南榆银村镇银行（以下简称"辉南榆银"）在各级政府以及监管部门支持下，始终坚持"农、散、小、快、灵"的市场定位，发挥金融生力军作用，服务辉南城乡建设。截至2023年末，该行存款3.86亿元，贷款余额2.96亿元；贷款涉及全县种植、养殖、餐饮、物流、装饰、百货、家电、汽车等各领域，充分满足了广大城乡居民的消费类资金需求。

作为地方法人金融机构，辉南榆银始终把"为社会谋贡献，为客户谋服务，为股东谋利润，为员工谋收入"的经营理念放在首位，经过全体员工共同努力，企业发展逐步向好，连续3年获得辉南县金融系统多个奖项。

▎业务数字化，绿色信贷见成效

加强风险演变预判，提升行业分析和风险评估能力，是银行业金融机构推动稳定高质量发展的关键。针对国有大型银行业务持续下沉，贷款利息下调等情况，辉南榆银始终坚持支农支小的市场定位不动摇，专注主业，守好服务"三农"主阵地，通过金融创新，为客户提供专业化、差异化、线上化、便利化产品和服务，将整村授信与"榆快金融"数字化服务相结合，依托大数据、"三三制"评议、线下"三查"搭建风控模型，通过风控体制机制、组织架

构、业务流程再造，不断完善风控方法，实现贷款全流程风险可控。

"为充分发挥金融'活水'作用，我行制定了'绿色信贷实施细则''绿色信贷实施管理办法''客户经理管理办法'等一系列制度。在客户选择、授信、申请、审查、贷后管理各个环节关注客户及项目的环境和社会风险情况，对违反国家产业政策、环保政策的客户不予授信，并要求客户经理加强关于土地、健康、安全、生态保护、气候变化等方面知识的学习。通过发展绿色金融，支持绿色产业，加大对绿色经济、低碳经济、循环经济的支持，我行目前实现签约客户1 094户，信贷支持845户。"辉南榆银党支部书记、董事长许玉林向笔者介绍道。

┠贷款全覆盖，让贷款更自由

"虽然辉南榆银规模小、困难多，与一流银行标准还有很大差距，但我行仍然积极探索'变压力为动力'，通过网格化作战方法，多层次、广宣传、差异化、可持续的营销体系，坚持党建引领，本着'五秒八随'（秒申、秒批、秒签、秒贷、秒还；随用随贷、随有随还、随时随地、随心随意）做实、做细、做优客户服务，深度推进整村授信。"许玉林自我剖析道。

针对农户、个体工商户、教师、医护等目标客户，辉南榆银制定了不同种类贷款"通行证"，截至2023年末，该行已投放"榆农快贷"1 863万元、"榆快乡村振兴贷"85万元、"榆快园丁贷"128万元、"榆快天使贷"79万元、"榆快金领贷"780万元、"榆快工薪贷"277万元、"榆微快贷"3 688万元，这些贷款产品的适时投放，极大地促进了当地经济社会发展。

为满足客户多元化需求，辉南榆银以发起行吉林榆树农商银行协助成立的"一部一中心"（管理部、研发中心）为强力后盾，始终秉承"以市场为导向、以客户为中心""你有多急、我有多快"的经营理念，从而提高贷款客户的精准度、满足客户的投放速度和体验度。

┠"党建+金融"，学习公益两同步

为认真落实新时代党的建设总体要求，辉南榆银积极推行"政治上姓党、业务上姓农"的工作方式和方法，探索"党建+金融"融合共进机制，始终把党建工作纳入具体经营工作中。为庆祝中国共产党成立102周年,该行开展了"支部书记讲党课"活动,贯彻落实习近平新时代中国特色社会主义思想,强化党员干部理想信念和使命担当;组织开展"礼赞党的二十大,初心永向党"七一党建红色之旅主题教育,邀请县人大常委会主任讲授"学习党的二十大 讲专题党课"等活动。

同时,辉南榆银还积极配合县政府、社区开展全国文明城市创建,完成社区"微心愿",向社区捐赠笔记本电脑一台、图书若干册;清理张贴在楼道内的各类非法小广告、粉刷单元楼内墙壁、清扫单元楼道、擦拭楼梯扶手、捡拾地面及绿化带内的废纸、塑料袋、烟头等垃圾,累计出勤120余人次。

"我行通过开展党建联建和共建系列活动,广泛了解客户的金融需求,切实担负起金融服务乡村振兴、支农支小、服务'三农'的职责与使命,实现'党建联建开展到哪里,业务就进行到哪里'的目标。"许玉林向笔者介绍道。

"金融强国,辉南榆银'榆快先行'"。辉南榆银党支部书记、董事长许玉林无比兴奋地说道:"前不久召开的中央金融工作会议强调,要'坚定不移走中国特色金融发展之路',首次提出要'加快建设金融强国',为推动金融高质量发展提供了根本遵循。"

"作为地方法人机构,要从经营与发展的角度去研究问题、思考问题、解决问题,更应具备'当家意识、责任意识、团队意识、成本意识',以支农支小为宗旨,以服务乡村振兴为抓手,以处置不良资产风险为重点,凝聚共识,群策共治。辉南榆银建行近十年来,市场拓展有效突破,社会形象显著提升。通过积极与县委、县政府、县农业农村局、县金融办、县人民银行等政府和监管部门对接、沟通,推介辉南榆银金融服务乡村振兴政策以及我行'两服四进''党建+金融'等工作措施,得到了各级政府机构和监管部门的认同和支持。通过不断宣传推广,进一步提升了辉南榆银在全县人民心中的认知度和认可度。辉南榆银虽然体量小,是真正的'小而美'银行,但仍能开拓出一片新的天地。"许玉林向笔者表示。

52. 用好金融"活水" 助力乡村振兴

访山西省平陆县河东村镇银行董事长◎康磊

📷 张瑞华

自2017年11月9日开业以来，山西省平陆县河东村镇银行始终坚守持"立足县域、服务"三农"、服务小微"的市场定位，充分发挥"高效、灵活、便捷"的优势，认真贯彻落实党中央关于实施乡村振兴战略的各项要求，聚焦乡村振兴重点领域，加大普惠金融支持力度，不断支持地方经济发展，走出了一条"小而美、美而精"的特色发展之路。脱贫是乡村振兴的前提，乡村振兴是脱贫的巩固。对于金融机构而言，如何以"金融服务之水，活乡村振兴之泉"，一直是平陆县河东村镇银行努力的方向。

"以点带面固脱贫成效。乡村振兴生活富裕是根本，产业兴则群众富，把群众的心声记在心中，为群众的产业发展献谋献策，乡村振兴的过程中必须得保证衔接工作落实到位。我们的员工要带着真心深入田间地头，带着真情融入人民群众，为广大群众提供高效便捷的金融服务。"平陆县河东村镇银行董事长康磊经常向该行的干部员工强调服务意识的重要性。

乡村振兴战略是习近平总书记于2017年10月18日在党的十九大报告中提出的战略，要坚持农业农村优先发展，坚持乡村全面振兴，坚持人与自然和谐共生，坚持因地制宜，循序渐进。平陆县河东村镇银行始终坚持助力乡村振兴的工作思路，充分把握着改革与发展的机遇，坚定不移助力乡村振兴发展，不断创新金融产品、不断丰富服务手段，将金融服务触角不断向广、向深扎稳扎牢，实现经营业绩和客户口碑"双提升"。

平陆县河东村镇银行以"送金融知识下乡"为重要手段，积极践行普惠金融，支持乡村振兴战略，为村民讲解金融知识和金融政策，用好货币政策工具，大力扶持当地种植产业。曹川镇下涧村被青山环绕，原始森林的生态条件为种植药材、水果提供了得天独厚的优势。关常青将在下涧村的承包地用于种植"八月炸"和车厘子。该行通过现场调查，综合种植规模、市场前景和销售收入等情况，5年来累计为关常青发放贷款180万元。通过使用信贷资金，关常青的"八月炸"种植亩数增加到30亩，车厘子种植亩数增加到16亩，年销售收入可达120万元，随着经营规模的扩大，还带动了周边脱贫户参与种植，并顺利实现增收。乡村振兴需要立足自然条件，宜种则种、宜养则养、宜林则林，在特有的生态环境中，积极拓展农村业务，鼓励农民创业致富，通过开发符合"三农"发展的特色信贷产品，解决了农民"贷款难、担保难"的问题，不但培育了大批优质客户群体，而且也促进了地方经济的繁荣与发展。截至2023年末，该行已累计发放涉农贷款11亿元。

"因地制宜探创新发展之路。我们平陆县河东村镇银行一定要充分发挥地方性金融机构的作用，积极践行普惠金融责任，要加大信贷支持力度，加强金融政策倾斜，深入产业集聚区，逐户走访对接农户金融需求，为巩固脱贫成效衔接乡村振兴提供金融智慧和力量。"平陆县河东村镇银行董事长康磊在工作部署会议上强调。在平陆县，水果产业已经成为当地的支柱产业和农民的主要收入来源，全县总农户的70%以上从事果树种植，发展以水果产业为主的绿色产业，促使当地的乡村振兴之路越走越宽。

常乐镇地处平陆县西部，北依中条山与盐湖区解州镇交界，南临黄河与河南三门峡隔河相望，区域总面积158.84平方千米，属于暖温带大陆性气候，年平均日照2 226小时，年降水量达700毫米，无霜期长达238天，适宜的气候条件，使这里种植的葡萄含糖量高，深受广大消费者欢迎。常乐镇车村的农户们自发引进葡萄品种"克伦生"，设立"克伦生"葡萄种植基地，发展葡萄种植产业。平陆县河东村镇银行客户经理主动上门对接种植户，开通信贷"绿色通道"，借助人民银行支农再贷款货币政策工具发放低息贷款，落实惠农助农措施，累计为33户葡萄种植户发放贷款554.3万元，支持村民发展葡萄种植产

52. 用好金融"活水" 助力乡村振兴

业，"贷"动村民增收致富。

枣园村位于山西省平陆县张店镇，全村由5个自然庄、8个居民组组成，农民收入主要靠农业（种植业），粮食作物以小麦、玉米、豆类、谷物为主，经济作物有烟叶、苹果、桃、西红柿等，其中粮食生产属当地主导产业，养殖以养羊为主，近年来枣园村发展中药材种植和菊花种植等特色农业。平陆县河东村镇银行在枣园村建设信用示范村，通过进村入户宣传、举办授信仪式、张贴悬挂授信牌匾等一系列金融举措，扎实开展授信工作，累计为枣园村48户村民授信834.35万元，解决了农户资金需求，使枣园村在特色农业发展方面得到了有效的金融支持。

情真意切解群众燃眉之急。赵太生是平陆县部官乡阳朝村的一名村民，家庭主要收入是依靠夫妻二人饲养肉牛来维持生计，因家中孩子身患重病，常年卧床，丧失劳动能力，让生活本就不富裕的家庭雪上加霜。2019年伊始，赵太生夫妻二人想扩建牛棚增加养殖数量，可是在资金方面却犯了愁，在一筹莫展之际，恰巧碰上了平陆县河东村镇银行董事长康磊带领客户经理开展首季"开门红"下乡宣传，在了解了他们家里的实际情况后，与其对接的客户经理为其发放5万元的扶贫小额贷款，帮助其扩大了养殖规模。该行5年来累计为赵太生发放贷款25万元，在赵太生夫妇精心饲养下，肉牛长势愈发良好，养牛规模已达10头，全年收入达6万元左右。现在赵太生逢人便说："党和国家的扶贫政策为我们的致富铺了路，平陆县河东村镇银行为我们致富架了桥，心里亮堂了，我感觉这日子也越来越有奔头了。"走进农户家，方知群众事。巩固脱贫成效，衔接振兴乡村，平陆县河东村镇银行始终在行动。

乡村振兴战略的实施，为扎根"三农"的平陆县河东村镇银行实现高质量发展提供了宝贵机遇。随着金融科技的广泛应用，新时期农村金融创新更多体现在促进金融服务与农村产业的深度结合上，运用金融科技手段赋能乡村振兴金融服务，统筹推动农村金融服务数字化转型，发展农村数字普惠金融。平陆县河东村镇银行将始终坚持"服务'三农'"的市场定位，通过"互联网+"思维，积极推行"互联网申贷""微信申贷"等业务，突破单一网点的限制，构建由网上银行、手机银行、微信银行组成的全天候服务体系，把优质的金融服务送到"店门口""家门口"，实现金融科技与农村生产要素融合、产业融合，进一步改善农村金融生态环境，为乡村振兴提供有力的金融支持。

53. 以党建引领高质量发展

访都匀融通村镇银行党支部书记、董事长◎乔蓉

郭应芳　王文群

村镇银行是国家推进农村经济发展的产物，是为了填补农村地区的金融服务空白，肩负的历史使命是服务"三农"、助力小微、支持农村经济发展。都匀融通村镇银行作为贵州省都匀市第一家且唯一一家具有独立法人资格的新型农村金融机构。成立11年以来，该行党支部书记、董事长乔蓉带领全行员工以党建引领业务发展为工作方向，以实现"融汇财源跨数载，通济四方兴百年"为奋斗目标，着力打造"小而精、小而专、小而美"的特色银行。由于基层党建工作成绩突出，都匀融通村镇银行党支部荣获"都匀市标准化规范化建设五星级党支部"荣誉称号、"庆祝中国共产党成立100周年党史知识竞赛"组织奖、"都匀市新兴领域党建示范点""黔南州银行业清廉金融文化建设先进单位"，党支部书记、董事长乔蓉获评"黔南州优秀共产党员""都匀市优秀共产党员""全市脱贫攻坚优秀党务工作者"荣誉称号。

▶坚持党建引领，夯实党组织基础

为进一步夯实党建工作基础、提升党建工作水平，都匀融通村镇银行创建标准化规范化星级党支部，全力打造"2+1+N"党建文化阵地（两个党建阵地长廊，1个党员活动室，N个党建文化墙），传播红色文化，发扬红色传统，

传承红色基因，营造党建工作氛围，增强党组织的凝聚力和创造性。同时，该行积极组织开展各类主题党日活动，引导党员干部见贤思齐，强化红色担当，持续做好"红色+"党建工作，参观党性教育基地，推动党员干部在党史学习教育中做到学史明理、学史增信、学史崇德、学史力行，进一步夯实党性思想。

"银行的发展离不开党的政治引领，我行将'党的领导'写入《公司章程》，让党的建设与银行发展真正融为一体。按照《中国共产党章程》《中国共产党支部工作条例（试行）》等有关要求，完善党的组织及工作机构，尽可能在有机构、有员工工作的地方配齐党组织负责人和党务工作人员，同时在安排业务工作时，强调党建引领；安排党建工作时，强调业务成效展现。"都匀融通村镇银行党支部书记、董事长乔蓉向笔者介绍道。严肃党内政治生活是保证党的创造力、凝聚力、战斗力，保证党的团结统一的重要法宝，都匀融通村镇银行积极做好干部职工的教育管理工作，在干部职工提升职务、行员等级等方面加大政治审查工作力度，将思想审查、政治审查纳入职务提升、行员等级调整的考核条件。同时，该行着力推进全体党员及员工思想作风排查工作常态化、长效化，定期做好拉网式排查，探索"八小时之外"监督管理模式，全面深入了解员工思想动态、价值取向、行为方式、生活方式，及时发现问题。

坚持党建引领，凝聚发展合力

都匀融通村镇银行始终坚守支农支小、服务地方经济的市场定位，把加强党的建设作为一切工作的"根"和"魂"，积极开展以"网格普惠、下沉服务"为主题的金融服务宣传活动，建立普惠金融全覆盖、工作地点全下沉、企情民意全收集的"三全"工作机制；深入开展"大走访、大调研"，细分金融服务网格，落实网格责任制，以网点为中心，以专业市场、商圈、社区为主，实行"定点、定人、定时"地毯式服务走访，开展"敲门行动"，积极解决急难愁盼问题，进一步提高金融服务渗透率，做到金融服务走访"区域全覆盖、客户全触及"。截至目前，该行累计向普惠型小微企业发放贷款1 488笔、金额12.38亿元，占全行累计发放的38.86%。

以"金融服务跨村联建"推动乡村振兴，都匀融通村镇银行建立"'整村授信'六个一"标准化服务拓展机制（党建+普惠形成一村一协议，用农工局村支"两委"形成一村一启动，用乡村振兴大讲堂形成一村一讲堂，用经营主体技术交流形成一村一座谈，用查缺补漏精准营销形成一村一走访，用务工客群引导形成一村一导流）。"我行将支持巩固拓展脱贫攻坚同乡村振兴有效衔接作为重大政治任务，成立'乡村振兴服务队'，下沉行政村开展走访，严格落实'一线工作法'，与村支'两委'建立互评机制，充分了解当地情况及需求，全面掌握每家每户人员结构、资产负债情况、收入来源和金融需求，做到'情况明、底子清'，为有针对性地开展金融服务提供第一手资料，更好、更快对客户进行分类、建档客户信息，使金融服务更加精准，着力打通农村金融服务'最后一公里'。"都匀融通村镇银行党支部书记、董事长乔蓉向笔者说道。据了解，截至2023年12月底，该行已下沉走访服务10个乡镇（办事处），涉及80个行政村，已完成建档户数23 673户；累计投放精准扶贫贷款5 881.80万元，占全行累计发放的2.26%，支持41家企业带动75户经济困难户就业。该行还积极推进"小康路""小康水""小康房""小康寨"建设，累计投放债权贷款8.70亿元，占全行累计发放的27.30%。

坚持党建引领，提升服务质效

为打造特色支行提升企业形象，都匀融通村镇银行坚持以客户为中心，将都匀融通村镇银行虹桥支行打造成特色支行，设立红色展示区，由党员及入党积极分子带头，开设老年人、特殊语言等特殊服务群体工作窗口，设立母婴专区，将"爱心、用心、耐心"服务做到实处，全面提升金融体验感，彰显企业服务魅力。同时，该行通过与当地社区、单位等联合开展普惠金融活动，搭建活动平台、整合资源、交流经验，打破传统的服务框架，将金融知识送到千家万户，提高了社区居民金融认知能力，增强了与客户间的沟通交流，尽可能倾听客户金融需求，为更好地提供地方金融服务奠定了坚实基础。该支行荣获了黔南州"星级网点"称号。

都匀融通村镇银行还积极开展"人才培养工程"，打造"学习型、技能型、复合型"人才，注重员工培训，通过线上、线下相结合的方式，开展围绕经营发展为重心，岗位能力要求为核心，分专业制订培训计划，强化员工岗位职务提升培训，科学规划和设计员工的职业生涯，增强员工的综合素质，提高员工的核心能力和执行力，创建"模范岗位"，进一步提升金融服务质效。

├ 坚持党建引领，强化责任担当

为不断增强服务意识，践行"想客户之所想，急客户之所急"，以及"我为群众办实事"的实践要求，都匀融通村镇银行开设便民惠民"绿色通道"，成立服务队，为群众提供上门服务，真正做到"让数据多跑腿、让群众少跑路"；减费让利，以保证客户权益，公示降费措施，加大支付降费惠及力度，主动减费让利，做好客户提示，让更多客户享受政策红利；推动适老服务，为老年人开通"绿色通道"，保留传统支付工具，提供上门服务等方式，提升特殊群体支付服务便利化。同时，积极投身社会公益，参与公益活动，多次参加"黔之爱献爱心""腊八节"敬老院送温暖、特殊学校献爱心等活动，充分发挥"党建+社会责任"作用，同时在新冠疫情期间捐款、郑州抗洪救灾捐款、捐赠社区办公桌椅、助力乡村振兴捐赠道路修建材料等，以真情回馈社会，强化责任担当，真正将全心全意为人民服务的宗旨落到实处，切实为群众办实事、办好事。

都匀融通村镇银行党支部书记、董事长乔蓉表示："下一步，我行将以'十四五'规划为指引，始终坚守市场定位，坚持做'小'、做'精'、做'专'，塑造发展新优势，以高度的使命感和责任感，探索发展方向，为打造高质量发展的融通村镇银行而努力奋斗，为谱写新时代融通村镇银行绚丽篇章作出更大贡献。"

54. 深耕普惠金融 为乡村振兴贡献"富民力量"

访南城富民村镇银行党支部书记、行长◎陈汝淼

伍洪 白福斌

回首近几年的江西省南城县域金融业，有一家银行的发展引人瞩目，特别值得一提。它虽然是一家"小银行"，但仅5年的时间，累计为当地县域经济发放贷款近30亿元。截至2023年12月末，存贷款余额突破15亿元，为近3万户的存贷用户送去了贴心的金融服务，这一切都绕不开这家"小银行"的掌舵人。近日，记者有幸采访到了他——南城富民村镇银行行长陈汝淼。

├ 践行普惠承诺，倾心服务"三农"

在与陈汝淼行长攀谈中记者了解到，南城富民村镇银行开业5年以来，在不断变化的外部形势以及疫情常态化防控的环境中，全体员工发扬"孺子牛、拓荒牛、老黄牛"精神，立足岗位，紧紧围绕年度重点工作安排部署，认真贯彻落实上级年度工作会议精神，坚守"做小，做广，做精"的战略定位，严守"发展速度服从于发展质量"的风险底线，充分运用金融"活水"精准浇灌"三农"、滋补"三农"、孕育"三农"，借助与县政府签订的"十四五"金融服务乡村振兴战略合作协议，积极推进"金融发展特派员"、村居网络化、"普惠大走访""整村授信"等工作，深耕农村主阵地，开启支农惠农助农的新征程，切实补齐农村金融服务"最后一公里"短板，助推实现南城人民对美好

生活的向往。截至2023年12月末，该行涉农贷款余额5.5亿元，有效扶持了农户、小微企业的发展。南城富民村镇银行先后获得了"全国富民系优胜村镇银行2021—2023年三连冠""全国村镇银行助力乡村振兴创新产品典范案例"、中国人民银行抚州市中心支行表彰的"运用货币政策工具支持小微企业"及"执行货币信贷政策优秀单位"优秀银行等荣誉称号。

├ 创新金融服务，助力乡村振兴

"一直以来，南城富民村镇银行坚持以客户为中心，以市场为导向，以普惠金融为己任，加强产品创新、服务创新、不断延伸服务半径，扩大服务范围，在主动践行社会责任担当的同时，积极对接县委县政府，同时以与县政府签订的'十四五'金融服务乡村振兴战略合作协议为东风，对接乡镇主要领导、分管领导以及驻村干部，及时了解乡村振兴的政策层面、村委层面以及各村特色及集体产业等层面的最新情况，跟踪解决金融服务进程中存在的问题和难点，积极发挥银行金融知识方面的专业特长，耐心指导乡镇、村居多元化、多层次的金融需求。同时，南城富民村镇银行强化服务水平，大力宣传金融法律法规及相关信贷产品，积极为小微企业、个体经营户和农户提供信贷支持，帮助解决金融问题等服务，畅通'一站式'办贷渠道，进一步推进乡村振兴金融服务工作'提档升级'；主动为当地群众办好事、办实事，帮助群众排忧解难，以优质服务温暖人心；积极做好普惠金融宣传工作，走村串户开展存款保险制度、反假币、反电信诈骗、金融政策宣传等活动，用最通俗易懂的讲解方式向老百姓全面普及预防金融诈骗及农户个人征信维护等相关知识，将金融知识、惠农政策、致富信息送到'寻常百姓家'，提升农村金融知识普及率，持续营造良好的农村金融服务环境，确保把资金用在刀刃上，更好地促进地方发展。"陈汝淼行长向记者介绍道。

陈行长还表示，通过南城县委组织部发布的"金融发展特派员挂职乡镇"的文件可知，南城富民村镇银行全体人员主动到南城县的10个镇、2个乡中，不仅是以银行金融的业务专家身份，更是以县委部门派出工作人员的身份，主动扛起助力振兴乡村的使命担当；争当知农村、爱农民的"知心人"，主动耐下性子、扑下身子、融进乡村，从"望、闻、问、切"四个方面着力，深入基层一线、田间地头,开展上门走访、实地调研,有针对性地制订金融解决方案,持续完善工作方法及工作举措,切实做到"望"民情、"闻"民声、"问"计策、"切"症结,逐户开展摸底调查、逐项对接金融需求,全面掌握农户家庭生产经营情况、金融服务需求以及贷款意向等信息,真正把村民的需求看到眼里、记在心里,用心、用情带动服务下沉、资金下沉、知识下沉,为乡村振兴激发"新动力"。

55. 走好"小而美"特色路

访吉林长白榆银村镇银行董事长 ◎ 谭晓轩

📷 张振京　杨雨生

吉林长白榆银村镇银行是由榆树农商银行发起,经原中国银监会(现国家金融监督管理总局)批准成立的新型农村金融机构。自2015年10月15日开业以来,该行坚持以"服务'三农',服务小微企业,服务地方经济"为宗旨。截至2023年12月末,该行资产总额2.82亿元,存款余额2.59亿元,贷款余额1.86亿元。虽然存贷款规模很小,但是对于常住人口不足4万人,长白榆银村镇银行对地方经济发展贡献依然是有目共睹。在长白县域内贷款净投放和贷款余额两项指标均进入金融机构排名的前三位,得到了地方政府的高度认可,并荣获"白山市先进基层党组织""白山市放心消费示范单位"等多余项称号。

├以"效率"对抗"利率",打造"速度银行"

针对大型银行下沉的情况,如何应对挑战,长白榆银村镇银行董事长谭晓轩向笔者表示:"大型银行具有资产规模大、知名度高、产品丰富、资金渠道多元化,成本可控等优势,我认为其劣势在于服务覆盖面窄、农村客群基础薄弱等,我行的对策就是——错位竞争,以'效率'对抗'利率',打造'速度银行'。"

"一是错位竞争客户,准确进行客户定位。避开大型银行青睐的优质大客户,不去与大型银行'抢西瓜',坚持'做农、做散、做小',静下心来去'捡芝麻'。二是错位竞争业务，大型银行与我们拼'利率'，我们与大银行拼'效率'。充分发挥村镇银行'船小好调头'的优势，在'方便、灵活、快捷'上下功夫，上门放款让客户感觉更方便；组合担保的方式，让贷款更灵活；缩短审批流程，让放款更快捷；使用支农再贷款、无还本续贷，让借款人享受更多的政策优惠。同时，回归'农'的服务本源、定位'散'的'长尾客户'、发挥'小'的灵活优势，以快取胜，打造'速度银行'，是我行获取客户的'利器'，也是市场开拓的一个亮点。"谭晓轩向笔者如是介绍。

科技赋能，打造"智慧银行"

金融科技创新和发展数字化金融是国家金融发展的战略。长白榆银村镇银行依托发起行"榆快金融"数字化信贷业务平台，推出了"榆农快贷""榆微快贷""榆快·房易贷""榆快·信易贷""榆快·乡村振兴贷""榆快·工薪贷""榆快·园丁贷""榆快·天使贷""榆快·金领贷"等数字化贷款产品。

"对比传统线下贷款业务，数字化贷款产品优势明显，特点突出'八随'——随用随贷，随有随还，随心随意，随时随地；'五秒'——'秒申、秒批、秒签、秒借、秒还'。时间上充分放宽，借款人可以不受营业时间限制随时自助办理；空间上无限放大，解决了村镇银行物理网点少、业务辐射面不足问题。'榆快金融'数字化贷款产品一经推出，便广受客户欢迎，近两年，我行已累计发放 6 110 笔、金额 1.91 亿元。"谭晓轩向笔者如是介绍。

"八走进"打造"温度银行"

为了开拓市场，长白榆银村镇银行全行员工组成 6 个营销小组，实施"八走进"（走进农户、走进新型农村经营主体、走进商铺、走进行政事业单位、走进学校、走进医院、走进大型骨干企业、走进社区），开展精准营销。

"一台宣传车，一台移动开卡机，一身'红马甲'，一颗服务心，一群'榆银人'，向着打造'小而美'的'温度银行''榆快'奔跑。'神奇'的放款速度，亲情化的服务态度，让客户有了'我就是上帝'的感觉，让客户发自内心地体验到'家的温度'，将长白榆银村镇银行打造成长白人民'自己的温度银行'。"谭晓轩向笔者说道。

56. 深耕细作打造"小而精"的品质银行

访南宁江南国民村镇银行董事长◎孙伟峰

党云帆　颜玉兰

南宁江南国民村镇银行成立于2011年，至今已有13年，是最早一批在广西成立的村镇银行之一。作为新型农村金融机构，该行一直秉承着"为天地立身　为国民立心"的企业精神，坚守服务"三农"的使命，紧跟国家发展战略和地方经济发展步伐，外树品牌，内强管理，合规经营，在探索中发展、在发展中壮大，实现了经营能力、发展特色和社会认知度的全面打造和提升；打造了一家接地气、聚人气的业界"口碑"村镇银行，在地方支农支小中发挥着"大能量"。

正值南宁江南国民村镇银行向"新十年"跨越发展之际，记者专访了该行董事长孙伟峰，就如何推进农村金融体系建设，如何实现可持续发展，如何高效助推乡村振兴等话题进行对话，讲述南宁江南国民村镇银行发展理念。

"自扎根南宁以来，南宁江南国民村镇银行始终贯彻执行各级部门的政策要求，牢记发展使命，坚持支农支小的市场定位，主动下沉服务重心，多措并举，全力支持'三农'及小微企业发展。"南宁江南国民村镇银行董事长孙伟峰向记者介绍说。

截至2023年末，我行资产总额达到22.18亿元，累计发放贷款100.14亿元，累计67.86万笔；其中累计发放农户贷款48.98亿元，支持了20 206户农户；累计发放小微贷款37.7亿元，支持了5 137家小微企业；累计缴纳各项税费近4 607万元；主要监管指标持续达到监管要求。发展13年，我行从1家网点发展成拥有10个网点，24个"三农"金融服务点，服务面覆盖江南五大街道社区、四大乡镇、上百个村坡的金融机构，品牌形象和社会影响力持续不断提升。

10年来，南宁江南国民村镇银行始终坚持"小而专、小而精、小而实"的经营方向，以"精细化管理、专业化经营、差异化特色"为主线，服务实体经济，致力于打造服务贴心的"社区银行"，不嫌小、散的"零售银行"，情感融通的"社交银行"，科技赋能的"流动银行"。该行做到了阳光经营、合规管理、稳健发展、创新服务、快乐成长、践行公益、回馈社会。在勇于突破，实现自身转型发展的同时，该行不断丰富业务产品、拓宽服务渠道、打造优秀团队，为广大客户提供专业、精细、高效的金融服务体验。

⊢服务为本，初心不怠

南宁江南国民村镇银行秉承着"以客户为中心、以服务为生命"的服务理念，不断改进工作作风，不断优化服务措施，顶严寒冒酷暑，不畏路难，不惧路远，深入田间地头、千家万户，提供上门服务，在农村这个广阔的舞台上下沉重心、深耕细作，多措并举，延伸金融服务网络，扩大农村金融服务范围，推动金融服务助力乡村振兴战略落地见效。"与客户保持血脉联系是'国民人'过去10年的传统，更将是未来以实际行动守初心、担使命的常态。"孙伟峰如是说。

⊢下沉乡镇，创新发展

为实现农村地区居民享受如城市一样的均等化、便利化金融服务，南宁江南国民村镇银行不断将重心下沉，加大农村金融基础设施建设的投入，优化农村金融服务网络，让农民"足不出村"就能享受普惠金融带来的便利。"我行通过深入推进村级金融服务点，创新移动式银行服务，同时大力开展手机银行和网上银行业务，努力将基础金融服务覆盖到每一个行政村。"孙伟峰说道。

截至目前，南宁江南国民村镇银行已设立24个服务点，发展联络员479人，实现对当地49个村、14个社区形成常态化服务。在未开设金融服务网点

56.深耕细作打造"小而精"的品质银行

的村坡,该行利用流动服务车、移动开卡设备打破了传统金融服务地点限制,扩大农村金融服务范围,深入偏远乡村,将金融服务网点搬到村民的家门口,让身处偏远村落的农户"足不出户"也可享受全功能金融服务。除了为广大农户和社区居民提供信贷、结算、支付等银行类服务,该行还开展了代理社保缴纳、燃气充值、保险等便民服务,持续助力乡村振兴,真正做"三农"的"贴身银行",为村民解决"出门难""办事难"的金融服务问题。

├ 使命在肩,善作善成

南宁江南国民村镇银行以细节铸品质,以苦练求专业,以服务树品牌,坚守着"共铸百年国民梦"使命,善作善成,"简单的事情踏实做,小小的事业大情怀"。正是这份坚守和热爱,让志同道合之人慢慢聚集,在不断的思想碰撞中,在一步步的艰难探索后,点滴汇聚成国民村镇银行发展的稳固基石。

以责任创美好,以初心筑未来。南宁江南国民村镇银行仍将不忘初心与时代共进,凝心聚力,坚定不移走具有村镇银行特色的差异化发展之路,保障业务发展再上新台阶,转型发展取得新进展,合规建设达到新水平,企业文化影响力得到新提升;把南宁江南国民村镇银行建设成为践行普惠、深耕"三农"领域、回馈社会、成就员工的"小而专""小而精""小而实"的品质银行,为当地经济发展、乡村振兴贡献自己的金融力量。

57.十二载初心如磐　新征程奋楫笃行

访水城蒙银村镇银行党支部副书记、副董事长兼行长◎蒋艳

📷 伍洪　方有成

在云贵高原西北边被誉为"中国凉都"的六盘水市，有一家"小而美"的银行，十二年如一日，蒋艳心无旁骛地在村镇银行工作，带领员工以诚为本，以信为先，用心、用情服务客户，持续长抓"内强素质、外树形象"。在经济活动中，不断提升金融消费者满意度，把信誉视为银行的生命线；在社会活动中，思想过硬、慎言笃行。所在单位荣获水城区委脱贫攻坚先进基层党组织、六盘水市金融助推脱贫攻坚劳动竞赛先进单位、六盘水市A级纳税信用企业，连续七年荣获省工商局重合同守信用单位称号。在建党百年之际，个人被授予水城区委"两优一先"优秀共产党员荣誉称号，连续两年被水城区委组织部列为水城区迎接党的二十大胜利召开组织开展"学习身边榜样"活动实施方案人选。被六盘水市银行业协会聘任为副会长职务，被选为水城区党代表、政协委员。一直以来，蒋艳同志讲诚信、恪守承诺，操守为重，成为激励全行员工不断前行的一面旗帜，在金融系统内形成一种讲诚信的氛围，赢得社会的信赖，促进业务稳步发展。

├ 创业不易，创新有成

六盘水是一座三线建设而诞生的城市，素有"西南煤都"之称，以煤为

主的工业经济较为发达，各大国有和股份制银行早已成为矿业经济的助推者和伴飞者，而"三农"和小微实体企业融资难、融资贵一时成为短板。为破解融资难、融资贵瓶颈，2010年由数千里之外的内蒙古银行作为主发起行及贵州当地一家企业和自然人共同发起设立的六盘水市首家村镇银行水城蒙银村镇银行正式筹建，蒋艳作为水城蒙银村镇银行创始人之一，担任筹备组副组长。2011年8月25日，注册资金1亿元的水城蒙银村镇银行正式挂牌开业，蒋艳任该行党支部副书记、副董事长兼行长，从此开启了水城蒙银村镇银行扬帆远航之旅。

回忆这十多年来的峥嵘岁月，亦苦亦乐的事情实在太多。蒋艳告诉记者，本来自己在当地一家企业干得顺风顺水，职位业绩和个人收入也算可观，但既然选择了远方，便只顾风雨兼程。所以，十二年来，以行为家，之所以没有离开过水城蒙银村镇银行（以下简称"蒙银村行"）一步，这是与当初所立之志向分不开的，就是力争做一家小而美、小而精、小而特的"草根银行"。于是，走村串户的事天天有，走进田地转田坎的事也是常事儿，而其他银行往往没有"打上眼"的几万元、几十万元的"小儿科"贷款，却成了蒙银村行的"黄金客户"。蒋艳说，这么多年来，自己和全体员工一起本着诚信经营、用心服务"三农"和小微企业的理念，真正把客户当贵人、当亲人，把服务质量和信誉当作村镇银行赖以生存的生命线，获得了经济和社会"双丰收"。据统计，截至2023年末，蒙银村行累计服务存款客户33 419户，贷款客户6 869户，目前各项贷款余额5.73亿元，贷款客户2 623户，户均21万元。为做好巩固拓展脱贫攻坚成果同乡村振兴有效衔接，坚守"三农"市场定位，蒙银村行在水城区发耳镇设立了"乡村振兴·金融服务站"，大力推广"乡村振兴·富农贷"小额农户贷款产品，并派4名员工常驻乡镇，深入开展农村金融服务工作，向广大农村居民普及金融基础知识，持续提升老百姓的金融素养和风险防范意识，赢得了客户的信赖和好评。截至2023年末，有余额农户贷款1 889户，金额12 412万元，户均6.57万元，真正践行支农支小定位。蒙银村行还先后荣获水城区双水街道办"先进党支部"、水城区委"助力乡村振兴优秀单位""普惠金融助企纾困工作先进单位"荣誉称号，在第五届贵州省金融机构支持实体经济创新金融产品评选活动中，该行的"两权抵押贷"信贷产品荣获"三等奖"。

├ 立足"三农",助力茶叶经济

水城春茶叶集团是一家集茶树种植、茶叶加工和销售、茶旅项目开发等于一体的企业,公司基地位于贵州省六盘水市水城区杨梅乡姬官营村。走进茶叶基地只见蓝天白云下,青山如黛,占地5 000亩场面恢宏大气,而占地3 000亩的核心茶叶产区,更是让人直呼震撼。茶农们正紧锣密鼓地进行着杀青、脱毫、揉捻、烘干、提香、包装等工序,绘就了一幅标准的云贵高原田园牧歌美丽景观图。水城春茶叶集团董事长王永红心怀感恩地对记者说,公司基地规模和档次在当地都位列前茅,资金需求往往来得急且需求量大,非常感谢蒋艳行长给予的最大支持和帮助,自从2018年2月第一笔300万元的农村承包土地经营权抵押贷款起,蒙银村行已为我公司累计贷款4 050万元,真正给我们企业送来了金融"及时雨"。

为助力当地茶叶产业经济发展,每年入春,蒋艳行长就带队进行大走访。每当蒋行长一行来该行客户水城春茶叶集团时,就会与该企业董事长王永红进行深入交流,详细了解企业的生产、加工、销售和资金需求情况。对水城春茶叶集团公司的优势和短板进行详细了解。随后,蒋艳一行还随同王永红来到公司茶叶种植基地,了解该公司种植的拳头产品——"倚天剑"的种植生产情况。

据了解,茶叶是当地农业经济作物中一个拳头产业,蒙银村行一直支持当地茶叶产业经济发展,目前在该行贷款客户中从事茶叶产业的客户有16户,贷款余额2 805万元;其中茶叶种植客户13户、贷款余额1 860万元,相关加工销售领域客户3户、贷款余额945万元,该行支持的茶叶产业年产值多达6 000万元以上。

├ 花果山上助果农增收

六盘水市水城区发耳镇,地处北纬26度黄金纬度带,低山丘陵,阳光充足,有着天然的区位优势与资源禀赋,是发展玛瑙红樱桃、杨梅、蜂糖李、西瓜等水果产业的理想区域,是当地有名的"花果山"。"我种了400亩樱桃和蜂糖李,施肥、浇水、剪枝、除草、采摘等各个环节的成本很高,常常因资金周转困难,'拆东墙补西墙',时不时要向朋友借钱,等到来年樱桃卖出去才能收回成本,把钱还上。"当地水果龙头产业合作社负责人蒋兴忠回忆起以前樱桃种植的经历,资金短缺的问题一度让他愁苦不堪,成为他致富路上的"绊脚石"。转机发生在2021年12月,时逢蒙银村行客户经理入村走访,蒋兴忠得知该行有针对农企专属产品"乡村振兴·富农贷",当即决定申请贷款。那笔贷款可真是解了我燃眉之急,以前买化肥的钱要东拼西凑,找蒙银村行凭我良好的个人信用也能享受无抵押、无担保的信用贷款。说起这些,蒋兴忠的眉头舒展开来。"不用担心资金的问题,我也敢放开手脚大干一场,这几年下来樱桃种植面积扩大了不少,还成立了水城县忠蜜种养殖农民专业合作社,今年收入约90多万元,比往年多了不少。"蒋兴忠高兴地说,黝黑的脸庞露出灿烂的笑容。

蒋艳行长介绍,水城区是花果之乡,蒙银村行本着支农支小初心,一直以来把这里的水果产业放在重要位置大力支持;现在发耳镇农户在该行有贷款客户403户,贷款余额2 918万元,支持水果种植面积5 000余亩,年产值1亿元。

⊦ 党建引领文化赋能

作为蒙银村行党支部副书记、行长,蒋艳始终把党建引领与经营工作深度融合,积极加强党支部的建设,带头发挥党员先锋模范作用。在蒋艳带领下,该行与水城区陡箐镇、黄家桥社区等单位建立了党建联建对子;通过党建联建,加强自身队伍建设,配合联建单位共学共进,实现党建工作开展到哪里、银行业务发展到哪里。2016年,该行成立"蒙银扶贫工作队",对口帮扶陡箐镇冷坝村脱困户26户、100余人,通过实行"一对一"的关心帮扶和精准施策,圆满完成26户的脱贫任务,在与脱困户建立深厚感情的同时,也得到了陡箐镇党委的肯定和脱困户的认同。蒙银村行在业务发展的同时,始终不忘履行社会责任,积极开展各类帮扶慰问活动,经常性开展贫困户走访慰问活动,关心关爱困难学生、残疾学生和孤寡老人,累计向水城区帮扶对象捐赠慰问资金和物资共计20万余元。在新冠疫情期间,蒋艳作为一名共产党员、领导干部,一直战斗在金融服务第一线,带领班子冲锋在前,并通过履约践诺、减费让利,落实"六稳""六保"和减费让利等政策要求,全力支持实体经济复工复产，帮助企业共渡难关。蒋艳还常常亲自带头站大堂、当迎宾，微笑服务客户，聆听客户声音，赢得了每一位客户的信赖。同时，蒋艳与同事们精诚团结，积极构建和谐的金融消费环境，保证支付结算服务正常开展；针对受疫情影响暂时受困的企业，明确表示"不抽贷、不断贷"，并执行应延尽延政策，增加贷款投放量，极大地缓解了企业经营压力，促进了社会经济发展。与此同时，蒋艳始终坚持"以人为本"的工作理念，着力为员工办实事。她把解决广大员工关心的热点、难点问题同增强凝聚力、向心力结合起来；从关心员工疾苦、维护员工利益出发，全方位拉近领导与员工的距离，激发员工干事创业的积极性。她常说"越是小的事情，越是容易被忽视的细节，也越能触动员工的心灵，更能激发员工干事创业的工作热情"。

在干部选拔任用中，她打破领导干部终身制，通过努力营造"有为才有位、有位须有为"的良好竞争氛围，进一步拓展用人和晋升渠道，切实提升干部队伍的素质。此外，作为六盘水银行业协会理事会副会长，她主动作为，积极建言献策，参与策划举办"凉都金融新风采"首届员工书法绘画摄影比赛、六盘水市首届职工篮球大赛等文体活动，为银行业员工提供了一个文体才艺展示的平台，为六盘水市银行业树立良好形象发挥了积极的作用。她出身书香门第，不仅在学业和工作上精益求精，而且对书法和绘画也有一定的功底。在业余时间，她把书法作为一种缓解压力的方式，以此来调节自己的生活节奏。她精心创作的书法作品和花鸟绘画作品，分别获得了庆祝建党100周年六盘水市银行业员工书法绘画大赛二等奖。

不忘初心，方能不负新的使命，蒋艳行长作为一名党员领导干部，以诚为本，以信为先，用心、用情服务客户，用实际行动回馈社会。如今，她无暇回首自己付出的心血和汗水，又踏上了新的征程，正以昂扬的斗志和饱满的热情，坚守"不忘初心立足'三农'，奏响乡村振兴曲，牢记使命服务小微，谱写时代新篇章"的目标阔步前行。

58. 逐鹿中原"小银行"创出"大业绩"

访河南滑县中银富登村镇银行行长◎李敏杰

方有成　李楚楚

滑县隶属河南省安阳市，位于安阳市南部，与濮阳、延津、浚县、长垣、封丘、内黄接壤；全县面积1 814平方公里，耕地面积195万亩，常住人口116万人，农村人口占比为66.91%。滑县是中原经济区粮食生产核心区、是河南省第一产粮大县，也是中国粮食生产先进单位，素有"豫北粮仓"之称。

滑县中银富登村镇银行于2013年5月正式营业，注册资本金4 000万元。目前，该行设立有留固、上官、万古和牛屯4家支行，同时设立了白道口、慈周寨、新区建材市场和老庙4家普惠金融服务点。截至2024年3月末，该行存款余额超13亿元，贷款余额超16亿元，户均贷款约9万元，累计服务客户超3万户，其中涉农贷款占比99.15%，普惠小微企业贷款占比85.82%，始终坚守"扎根县域，支农支小"的市场定位，被安阳市人民政府评为"全市金融系统普惠金融工作先进单位"，被安阳市平安建设工作领导小组评为"全市'十百千万'平安创建活动平安示范银行"，被滑县人民政府评为"支持地方经济发展先进单位"。日前，滑县中银富登村镇银行行长李敏杰接受笔者专访时，向笔者介绍了该行的基本情况。

├ 自建房也按揭，"乐家贷"助"家家乐"

李敏杰谈起滑县中银富登村镇银行的"前世今生"可谓侃侃而谈。他向笔者介绍说："村镇银行的成立是为了解决农村金融服务地区空白、服务不充分等问题，市场定位决定了村镇银行'做小做散'的发展方向，决定了村镇银行的客群'不高端、底子弱、待发展'的特性。以我行为例，90%的客户贷款额度都在50万元以下，这部分客户的共同点就是财务不健全，报表不规范或者没有报表、流水不充足、纳税规模小，所以大型银行即使服务下沉也很难为他们提供贷款支持。"

他还说起滑县中银富登村镇银行的准抵押政策，是指以宅基地上自建住宅、租赁集体土地上自建厂房、农户的大棚、猪舍等，作为抵押物向该行申请贷款。它的创新之处在于，打破了长期以来银行房产抵押贷款必须以国有土地上房产为主的单一格局，使"沉睡"的集体土地房产变成了可以抵押变现的活资产，解决小微企业和农户缺乏抵押物的问题。为帮助农村客户改善居住条件，该行还推出针对村民自建房发放的长期贷款——"乐家贷"，老百姓亲切地将该产品称为"自建房按揭"，贷款期限最长10年，最高可贷20万元，每月仅需还款2 000多元，就可以提前入住新房。截至目前，该行投放"乐家贷"超2 000笔、金额达2亿元。

├ 整村推进，送"贷"回乡

结合县域特点、特色，滑县中银富登村镇银行重新审视市场，坚持"做小做批量"，从2018年就启动了"整村推进"模式，按照法人行业务部门、支行所在区域的辐射乡镇划分管辖区，将辖内行政村合理分配给每1名客户经理，并实行网格式管理，营销方法按照"整村推进七步走"模式进行展业；每季度开展不同形式的业务竞赛，在竞赛活动期间召开"先进座谈会"，邀请个人任务完成较好的员工介绍经验、传经送宝，增强员工对产品营销的积极性和信心。

在拓展业务过程中，滑县中银富登村镇银行前中后台联动，全面、准确识别客户风险状况，把风险控制融入业务全流程，不断提升展业和现场核查能力。通过"整村推进"的深入推进，该行在客户数及贷款余额上有了突破，信贷质量也得到了有效提升。

⊢ 政治上"姓党"，业务上"姓农"

"积极践行金融工作的政治性、人民性，在党和国家事业大局中推动滑县中银富登村镇银行的改革发展，深耕县域乡村金融市场，夯实整村推进工作基础，助力乡村振兴战略。"李敏杰语气坚定地谈到滑县中银富登村镇银行的"根"和"魂"所在，就是政治上"姓党"，业务上"姓农"。

近年来，滑县中银富登村镇银行持续开展"党建手牵手"包村金融服务工作，各级管理人员发挥领导干部先锋模范带头作用，冲在营销工作第一线，坚持以党建引领，落实包村金融服务责任制，加快提升行政村金融服务覆盖面。

在科技创新方面，该行针对50万元以下贷款实现单人审批、移动进件的工作流程，单笔贷款从申请到审批完成仅需1.7个小时，大大提高了工作效率；推出线上自动化决策贷款，小微企业、个体工商户、种植养殖户等各类经营性客户均可办理。2020年8月，该行推出"3分钟申请，1分钟放款"的"中富翼贷"小额线上信用贷款，农民足不出户即可满足自身的小额信贷需求，实现了农村金融服务"零距离"。2021年12月，在"中富翼贷"的基础上，该行又推出了"整村推进"信用贷，目前单笔最高额度20万元，同属于线上贷款，具有"额度高、利率低、高效便捷"的特点，有效满足了经营性客户的用款需求。

⊢ "中银"情怀，"老把式"管控"新风险"

李敏杰谦称自己算得上是位"老中银人"，他谈到，在2015年加入滑县中银富登村镇银行之前，曾在中国银行工作28余年，历任分理处主任、支行行长等职务，有较为丰富的一线工作经验。任职滑县中银富登村镇银行行长后，自己便深入开展市场调查研究和业务情景规划，带领团队同当地政府部门、行业协会对接，成立了专项工作领导小组，开展"行长进万企"营销活动，精准对接企业，根据现有政策细化制度，简化相关企业业务流程，提升员工服务技能，助力企业生产经营。

与此同时，按照新的审批方式，滑县中银富登村镇银行以非现场审批方式续做贷款，有效减轻客户资金压力，支持企业发展；通过线上微信公众号、手机银行宣传介绍最新出台的各项金融稳企惠企政策，线下网点宣传和进市场、进园区宣传，为客户送"贷"上门；加强与当地政府的联系与合作，定期在各个乡镇举办金融座谈会；根据客户经营特点及周期，推出更符合此类客户的贷款产品，降低抵押担保要求，降低小微企业融资条件。

在信贷资产质量控制方面，滑县中银富登村镇银行秉承风险前置原则，管理层每月组织业务部门、风险部门召开信贷情景规划会议，通过近期的市场调研，确定展业方向和行业，及目标客户和授信额度范围，行内达成一致意见。同时，该行要求业务人员扎实做好基础营销，找准目标客户，把三方核查做扎实，提升信贷审批经理审批效率和质量，并要做好客户贷后管理工作。此外，该行加强信贷监控，通过日常监控查漏补缺，对于发现的风险点及时纠正纠偏。通过上述措施和要求，该行确定清晰的目标市场，通过"定行业、定客户、定产品"的"三步走"战略，全行上下一心开展业务基础营销，并对客户进行风险识别，信贷资产质量持续保持较好的水平。

59. 践行富民万家的"引路人"

访威宁富民村镇银行党支部书记、董事长 ◎ 林旭

陈漫姿

2020年5月，林旭受浙江省温州鹿城农商行的委派，只身来到素有"贵州西藏"之称的少数民族自治县——威宁。初来乍到，当地差强人意的金融服务引起了他的关注，他下定决心以造福当地百姓为己任，积极推动威宁行金融服务水平的提升，从员工的仪容仪表、言行举止、服务态度、服务效率全方位着手进行整顿，努力落地阳光信贷制度，严禁员工在服务客户过程中吃拿卡要，健全客户监督举报机制，强力打造富民银行品牌形象。

作为贵州的"小西藏"，威宁是贵州省内平均海拔最高的县，山路崎岖、交通不便成为当地业务开展中普遍遇到的难题，也造成大量客户经理长期坐等客户上门的工作习惯。对此，林旭提出了要"走出去，引进来"，走村入户消灭"空白村"的工作思路，多措并举引导广大客户经理迈开腿，张开嘴，主动走出银行大门，进村串巷，主动为客户送服务上门，推动金融服务重心下沉，致力解决金融支持乡村振兴的"最后一公里"问题。为此，年轻的威宁富民人以双脚丈量土地，不管冬雪大雾还是泥泞滂沱，他们从不停下走访的脚步，利用下乡新"三件宝"将移动银行送到千家万户。通过3年的努力，在全县新设了16个乡镇金融服务点，从寻址、装修、筹建、开业，全过程全身心地投入，解决了周边的老百姓融资难、结算难的问题。针对威宁富民银行在乡镇区域知

名度低，百姓谣传为"私人开的银行"的困局，让全县老百姓更快更好地享受富民金融服务，他大力狠抓广告宣传，从无到有，在全县乡镇、村居的交通要道、黄金地段投放300多处富民的金融品牌广告，公布客户服务热线，建立快速响应机制，让客户在拨通电话后就能第一时间得到服务，大大提升了老百姓的满意度，整体提升了威宁富民的公众知名度和品牌影响力，使富民品牌在县域乡镇街道由鲜为人知到广为人知，让富民的名声遍布边远乡镇村居，得到老百姓的广泛认可和支持的同时，大大拓宽了获客渠道。

林旭曾表示，富民村镇银行就要秉承"富民"理念，要让人民群众真正富起来。他坚持"让银行人员多跑腿、让百姓少跑路"的服务宗旨，走村串户为辖区内的百姓上门办理授信，做实下沉村居的广度与深度，为广大乡村百姓提供尽可能多的金融服务。面对存贷款客户10万余户，服务乡镇35个，服务面积近6 300平方公里的基层金融服务现状，人均管户高，以传统存、贷业务作为核心业务，已不利于提升服务质量和服务时效，林旭提出简化流程的思路，利用主发起行科技支撑和办贷全面线上化的契机，进一步提升服务能力，提升客户服务体验，压缩办贷时效。要求全行客户经理在资料齐全的情况下两个工作日内必须办结新增和续贷业务，主动为客户降低更多成本，解决客户来回多次跑的问题，为拓宽小额客户服务半径提供更多可能。

只要业务在，党建必须在。自林旭同志担任威宁富民村镇银行党支部书记以来，坚决杜绝党建工作虚化、弱化，党建、业务"两张皮"的问题，他以主抓党建标杆行创建和党建治理，把业务发展中的难点、痛点作为党建融合切入点。透过业务短板，对照查找党建工作不足，围绕业务发展调整党建工作重心，针对部分党员平庸"躺平"，缺乏活力的问题，结合发起行"一行一品牌、一支部一特色"品牌创建指导意见和威宁"阳光之城"的县域特色，冠名"富民阳光"党支部，引领全体党员以阳光心态、阳光信贷、阳光党建提升激情，真抓实干，亮身份、亮职责、亮承诺、亮品牌特色，积极开展星火义工公益等一系列党建+的探索，并成立了"党员尖刀连"，以引领、突破各项业务短板为己任，通过考查、吸收，壮大队伍力量，发扬标杆引领和榜样文化，提升全员战斗力。现已被市、县级党委列为党建标准化规范化示范点、先进基层党组织及示范党支部等荣誉，得到大力支持和赞扬。

通过对党业融合的探索，截至2023年末，威宁行实现贷款余额29.56亿元,较基数增加2.08亿元,任务完成率排名全国富民第1。贷款增量、贷款户数、首拓余额、首拓户数及扫码授信5项业务保持高速增长,增量均位列全国富民第1。存款余额12.91亿元,比年初增长3.14亿元。全行存款户数8.63万户,比年初增长1.1万户,实现威宁创行以来首次存款增长超贷款增长。中间业务4项指标增量也均位列全国富民第1。

  秉承富民金融的为民初心,林旭身为众多新时代富民人的一个缩影,映照着富民人不惜踏足泥泞阡陌,不畏攀登峰峦高山,不惧蹚过湍急大河,坚守支农支小,助力乡村振兴的使命。每当笔笔蕴含希望之火的信贷资金落入百家之手,荒凉的土地将长出成片庄稼,村村寨寨将盖起洋房小院,让每一位富民客户在致富振兴之路上留下成功的足迹!

60. 深耕普惠金融　践行为民初心　做有地方特色的"小而美"银行

访吉林通化东昌榆银村镇银行党支部书记、董事长◎朱占武

📷 伍洪　方有成　肖文超

通化市是吉林省东南部和东北东部最大的区域中心城市，素有"人参之乡""葡萄酒之乡"和"中国松花砚之乡"的美誉，旅游资源丰富。

落户于此的通化东昌榆银村镇银行于2014年1月27日成立，该行始终坚持"服务'三农'、立足小微"的市场定位，依托"靠支农树形象、靠支农求生存、靠支农增效益、靠支农谋发展"的经营理念，为县域经济发展提供了有力的金融支撑。截至目前，该行各项存款8.04亿元，各项贷款4.56亿元，累计投放贷款20.06亿元，其中，支农支小贷款累计投放18.33亿元，投放当地"三农"和小微领域贷款达到90%以上。

通化东昌榆银村镇银行党支部书记、董事长朱占武首先向笔者介绍了该行所处地理位置和禀赋的自然资源。通化东昌榆银村镇银行已成立10年，今年是他来此任职的第4年。几年来，他参与了榆银系村镇银行初创的筚路蓝缕，经历了这些年来村镇银行谋发展的栉风沐雨。他与东昌榆银村镇银行的情谊可以说是"榆银榆深"。

朱占武在谈起通化东昌榆银村镇银行的生存价值观和经营理念时向笔者说道："自2021年以来，在主发起行吉林榆树农商银行董事长李国英的引领

下，通化东昌榆银村镇银行砥砺前行，向着5年'小而美'银行愿景，3年'零售攻坚'目标'榆快'奔跑。通过信息化赋能、数字化驱动，以探索数字化村镇银行建设为路径，努力实现自身'造血'功能，谋求高质量、可持续发展。"

坚定发展方向，探索解困之路

朱占武随后向笔者逐一解读通化东昌榆银村镇银行解困发展之路。近年来，大型银行业务纷纷下沉，村镇银行面对网点覆盖率低、品牌知名度低、市场占有率低、资金成本高、不良贷款处置难度较大等一系列发展问题，其生存空间越来越狭窄。朱占武清楚地认识到，要想在如此激烈的市场竞争中生存，必须避免与大型银行的正面"碰撞"，业务要"下沉、下沉、再下沉"，坚守支农支小初心，开展线上贷款业务，做实"农散小快灵"这类"门当户对"的客户，实现零售转型，是今后通化东昌榆银村镇银行实现快速健康发展的必由之路，也是走出困境的唯一之路。对此，通化东昌榆银村镇银行提出，要与国有商业银行比效率，与地方法人机构比特色，做"农散小快灵"，在竞争中错位发展，为80%的蓝海"长尾"客户提供金融服务的发展方向。

"做快是我行竞争的核心优势，小额贷款只有更快，才能提高工作效率，提高管贷户数，提高客户体验，在竞争中牢牢占据先发优势；实现信息化赋能，数字化驱动，零售转型，才能把面做广，才能有规模效应，才能提高社会影响力，提高同业竞争力。"朱占武向笔者介绍道。

科技赋能，加快零售转型

近年来，通过在实践中积累的"三农"及小微金融服务经验，通化东昌榆银村镇银行始终面临农村客户触达不足、管理成本高、风险大等问题。

2021年起，通化东昌榆银村镇银行依托发起行科技赋能，积极研发智能贷款平台，先后推出"1182"四大系列12款零售类特色数字化线上贷款产品。该行的"榆快贷"系列贷款产品具有"快简足优好+八随五秒"的特点，即"速度快、手续简、额度足、利率优、服务好""随用随贷、随有随还、随时随地、随心随意""秒申、秒批、秒签、秒贷、秒还"，客户只要"动动手指"，贷款马上就能到账，良好体验和差异化服务优势为该行零售转型打下了坚实基础。

┣"党建＋金融"，提升服务质效

身兼通化东昌榆银村镇银行党支部书记的朱占武，在谈及"党建＋金融"时，有说不完的体会、道不完的感悟。他向笔者介绍说，2023年以来，他曾多次走访区域内的政府机关、医院、学校、工厂，通过"党建＋金融""两服务四走进""三体结合""一体推动"等一系列活动，加强与地方各方面的展示与沟通；先后参与了区委、区政府举办的"银企"对接会、信贷产品推介会，借助"银政企"对接平台，加大"银企"合作交流和产品服务对接力度；建立双向沟通交流机制，深入了解企业金融需求，着力提升企业金融服务能力，努力成为企业身边有温度的"贴心人"。

与此同时，根据东昌区金融服务中心、工信局、农业农村局等提供的融资困难企业名单，通化东昌榆银村镇银行主动进行上门走访、调研，确定培植对象，开展资格认定，建立起客户"白名单"管理制度和信息沟通机制。针对营业网点少、服务能力延伸不到位的问题，该行与东昌区政府金融办签订了全面合作战略协议，开展"党建＋金融"活动，在江南社区设立了区域内第一家"榆快金融驿站"，聘请营销能力较强的网格员为金融服务志愿者，进一步提升该行的金融服务水平。

┣整村授信，助力乡村振兴

朱占武向笔者解读了他的"乡村情结"。村镇银行生于农、兴于农，因此服务"三农"既是出发点也是归宿，在2021年下半年，该行便紧锣密鼓地开展农村地区整村授信工作，在全辖区14个村设立驻村信贷员，全面开展了整村授信"三三评议"工作，农户信息全面入库，实现"名单制管理"；共采集农户信息6 028户，通过"三三评议"农户5 238户，筛选4 404户"灰名单"，577户"白名单"客户，预授信2 316万元。同时，为了更好地服务乡村振兴，该行先后推出了"榆农快贷""乡村振兴贷"等系列线上贷款产品，村民足不出户即可办理贷款，架起了金融服务乡村振兴、服务"三农"发展的桥梁和纽带，让每个乡村都能享受到金融服务的"雨露甘霖"。

路虽远，行则将至；事虽难，做则必成；为其艰辛，才更显勇毅；勇毅笃行，才弥足珍贵。"我始终坚信做正确的事，正确地做事，村镇银行未来的发展不管如何变化，脚下的路是走出来的，是干出来的，只有'撸起袖子加油干'才能创造美好的明天。"朱占武信心满满地告诉笔者，他将带领全行员工努力奋进，争取业绩更上一层楼。

61. 坚守普惠初心　做富民金融的践行者

访西秀富民、遂昌富民村镇银行董事长◎周朝阳

📷 李煜

点点星斗，照亮壮阔天宇；平凡脚步，丈量远大前程。祝愿2024年乘龙御风，在富民的每一段历程都值得记录，每一分投入都逐渐满盈。

安顺西秀富民村镇银行牢牢坚守"做小、做精、做广"的战略定位，坚守"发展速度服从发展质量"的基本底线，深化小贷战略，优化服务渠道，强化内控管理，完善风控体系，各项业务和监管指标不断优化。作为西秀行引领者的周朝阳董事长数年如一日，扎根西秀这片热土，舍小家，顾大家，带领全行员工攻坚克难，积极作为，始终保持普惠金融工作者的本色，践行着富民梦。

周朝阳常说："张弛有度严当头，志存高远实为先；强基固本酬于勤，以身作则贵在廉。"他注重新理论、新方法的学习，善于思考，不断提高自身的思想政治素质、理论水平和领导能力，带动团队的成长。

2018年5月任职西秀行，当时的西秀行正处于克难攻坚阶段，周朝阳不畏艰难，本着高度的责任感和使命感，带领全体员工，迅速确立了做小、做广的发展主线和降风险、带队伍、促改革的发展思路。周朝阳认为当时有两个要事必须立马付诸行动：一是必须着眼长远，认清形势，要始终保持普惠金融的定力和信心。他秉承"做小、做广、做精"的经营理念，致力于打造受社会和百姓认可的社区银行。从产品、服务、营销、管理和考核等多维度努力构建制度

体系，不断优化创新服务模式，加快金融科技应用，推动业务模式向"产品标准化、服务智能化、流程简便化、营销网格化"转型。二是必须提高思想认识，回归本源，坚守村镇银行的战略定位。在他的主持下，该行通过搭建银证合作平台，积极与政府对接，以金融助推乡村振兴工作为切入点，派驻中层干部、客户经理到乡镇及村居担任"金融特派员"，建立"红马甲"队伍深化普惠大走访，推进"分类建档、精准授信"工作。围绕营销"精准化"，以"背靠背"双联评为基础，通过负责人带队"一周一村居"走访，深化关键人队伍建设，有效拓宽了普惠金融服务渠道。

从2021年开始亲自到双堡、鸡场、旧州、蔡官4个乡镇选址并设立了普惠金融服务点，把有限的金融服务资源配置到偏远乡村、空白村，扩大农村金融的服务半径，实现辖区17个乡镇（街道）、357个村居的金融服务全覆盖，受惠客户超两万人。2023年末各项贷款余额9.36亿元，较2018年增加5.03亿元；贷款户数10 740户，增加7 631户；户均贷款余额8.72万元，下降5.21万元。在送金融下乡的过程中，不仅实现了增户扩面，而且提高了市场占有率，"红马甲"队伍已成为富民品牌，在乡村打造了一道靓丽的风景线，并得到了社会和政府主要领导的认可、赞誉，提升了该行的社会形象。

在大力推进普惠金融服务的同时，周朝阳亲自参与不良贷款的催收和风控体系的建设完善。通过对不良客户的走访催收、调查摸底，在实践中不断总结经验，打通管理中的堵点、弥补管理中的缺点，想方设法提高贷款准入质量，提升客户经理风控能力。通过线上线下审贷会的有机结合，加大潜在风险贷款考核，强化贷款管理责任追责，更加完善细化了贷款全周期的闭环管理。不断加强与政法部门的沟通联系，与属地法院建立良好关系，派人驻点办公，提高了诉讼立案和执行的效率，并率先进行了诉源治理试点工作，取得了良好成效，为进一步简化诉讼流程提供了有效司法保障。

在探索和实践的道路上，周朝阳始终认为只有锻造一支优秀的团队才能让事业长青，并带来持久的成功，他常说："普惠金融必须要讲情怀，必须具备社会责任感，需要我们去普及金融知识。"通过优化总部管理、强化执行力建设、合规文化建设、行风建设、员工培训等措施，不断完善绩效管理和员工晋升激励机制。在他的带领下，如今的西秀团队逐渐趋于稳定、成熟，焕发出强烈的创业动力，员工幸福指数不断提高。

他坚信：人生之路，唯有脚踏实地，方能行稳致远。阳光下做人，风雨中做事，在服务"三农"的征途中，要坚定信心，不忘初心，奋力拼搏，担负起地方性金融机构应有的责任与使命；保持"不畏浮云遮望眼"的定力，树立对富民事业忠诚担当的品格；焕发"越是艰险越向前"的激情，彰显勇立潮头的精神；突出"功夫要在事上磨"的导向，厚植"树高千尺不忘根"的情感，将富民文化融会贯通，取其精髓，并使其得到传承。

62.搏风击浪黄海边的小银行

访江苏响水中银富登村镇银行行长 ◎ 吴蔚蔚

方有成 李宁 周保胜

"响水县位于长江三角洲城市群最北部,江苏省东北部沿海,地处连云港、淮安、盐城三市交界处,东濒黄海。依托较好的区域优势,近年来,响水县经济社会发展踏上了'快车道'。"日前,江苏响水中银富登村镇银行行长吴蔚蔚自豪地向笔者介绍道。

目前,响水中银富登村镇银行设有小尖和陈家港两家支行,员工60人。截至2024年2月末,该行各项存款余额9.83亿元,各项贷款余额8.18亿元,涉农贷款占比达75.04%,普惠小微贷款达到76.25%,各项核心指标均达到监管要求。成立11年来,该行累计投放贷款金额40.1亿元,惠及7 600户个体工商户、小微企业,先后荣获"四星级统计单位""江苏银行业星级营业网点""安全保卫先进单位"等多项称号。

吴蔚蔚自信满满地向笔者说道:"身处黄海边,'小银行'也要敢于搏风击浪,高质量助力当地经济社会发展。"

├ 不与大型银行争锋,专注主责主业

谈到村镇银行如何应对大型银行业务下沉时,吴蔚蔚坦言:"虽然外部不确定因素增多、竞争激烈,但我行始终坚持服务'三农'的主责主业,坚守支

农支小的市场定位，与大型银行错位竞争，深入推动员工、服务、资金和产品下沉，'做小、做散'，对符合授信的客户'应授尽授''应用尽用'。"

响水中银富登村镇银行通过交叉营销、综合营销，确保每位客户至少开通3个产品，严格按照集团要求完成"1+4"业务（手机银行、快捷支付、关注微信号、跨行转账），及时把握客户新诉求、新期待，为客户维护、深度营销提供支撑；树立"以客户为中心"的服务理念，用服务赢得客户认可，并让不同类型的客户都能享受VIP服务；根据客户的信用状况、经营实际，给予全额抵押额度。

├ 不求"大手笔"，但求"小而优"

农业发展的"枝繁叶茂"，离不开金融"活水"的滋养。"感谢响水中银富登村镇银行的信贷支持，今年的天气好、行情也好，收成一定差不了。"响水县南河镇西兰花种植户老李信心满满地向笔者说道。

据了解，南河镇是江苏省西兰花单体种植规模最大镇，产业覆盖了全镇19个村居，规模化繁育西兰花苗7 500万株，为进一步加强对西兰花产业的支持，响水中银富登村镇银行通过与政府以及村委的合作，持续优化支农惠农服务模式，提高乡村振兴服务能力，截至2024年2月末，该行已支持南河镇西兰花种植户50余户，授信金额1 000万元。

响水县作为粮食生产先进县，响水中银富登村镇银行加大对接力度，先后支持了南河镇、运河镇、陈港镇等地的高标准农田建设，投入信贷资金1 500万元；2023年，向46户收粮大户发放贷款4 060万元，其中3 600万元的贷款以信用方式投放，占比达到90%，解决了收粮客户无抵押，难以获得大额资金的难题。

├ 不忘初心，与民同发展

"村镇银行虽然体量小、客户小，但其党性、人民性和金融服务性始终不会变。"吴蔚蔚向笔者表示。该行始终坚定"立足县域，支农支小"的战略定力，厚植"扎根一方热土、服务一方经济、造福一方百姓"的为民情怀，以普惠金融润泽"三农"、小微企业，用金融"活水"支持实体经济，勇当服务地

62.搏风击浪黄海边的小银行

方经济高质量发展的生力军。

响水中银富登银行把支农支小作为经营管理的"一号工程",从发展战略、营销机制、绩效考核、利率政策、产品创新等方面进行系统谋划、整体布局。2022年以来,在总行组织的"党建手牵手,服务新发展"的活动要求下,该行主动和各镇区主要负责人对接,先后完成了全县12个镇区的"党建+乡村振兴"签约合作,实现村组共建。围绕村庄特色产业、发展规划和村民金融需求,有的放矢地开展创业帮扶、精神帮扶和知识帮扶,截至2023年末,该行收集优质信用用户305户,"整村推进信用贷""中富E贷"用户1 334户。

响水中银富登银行积极响应县委、县政府提出的"感恩奋进走在前,向海图强立新功"的号召,将信贷规模向实体经济倾斜,优先发放普惠类、首贷类、信用类贷款;围绕全县主导产业,聚焦产业转型升级,与县财政局、科技局开展"知识产权"合作,为3户科技型中小微企业提供550万元低成本的知识产权抵押贷款。该行进一步扩大外联外拓的广度和深度,积极发挥"点对点"优势,主动与镇区、部门、商会加强沟通协作,在整村授信、产品创新、信息共享、网格员联动等方面深化合作。

├加强队伍建设,夯实发展之基

自2004年参加银行工作以来,吴蔚蔚经过柜面、客户经理、营业部主任、副行长等多个岗位的历练,加深了对县域经济的了解和深度的思考。担任响水中银富登村镇银行行长以来,她十分重视人才队伍的培养,坚持"压担子、架梯子、搭台子",给予员工更多的锻炼机会,多渠道、多方式培养锻炼专业人才队伍,为推进全行高质量发展奠定坚实基础。

响水中银富登村镇银行始终坚信"学习就是生产力",在行里设立"职工读书角",配备管理、科学、人文历史书籍200余本,遴选出一批政治素质好、工作经验丰富、专业技能精通、有较强传帮带能力的老员工,与年轻员工"一对一"结对子,互帮互学、取长补短;安排有潜质的员工参加跨专业培训和跟班学习,增加知识储备,补齐业务短板,着力培养"一岗精、二岗通、三岗会"的复合型人才,为轮岗交流、岗位调整以及在核心业务领域形成高密度的人才优势奠定基础。3年来,该行先后赴山东邹城中银富登村镇银行、江苏睢宁中银富登村镇银行等"兄弟行"交流学习，参加总部在各地的培训，提拔1名中层担任中后台副行长、4名优秀职工担任中层领导职务。

"沧海横流方显英雄本色。我行将继续铆足干劲，坚定不移的走'小而美'的发展之路，努力实现金融与经济的同频共振，为地方经济发展作出更大贡献。"吴蔚蔚信心十足地向笔者表示。

63.从"小而苦"到"小而美"

访吉林龙山榆银村镇银行董事长◎贾永军

伍洪　方有成　冯小宇

辽源市地处吉林省东部长白山向西部松辽平原的过渡地带，是满族重要发源地之一。龙山区是辽源市委、市政府驻地，是当地政治、经济、文化、交通和贸易的中心，下辖一镇、一乡，常住人口32万人。

龙山榆银村镇银行董事长贾永军首先向笔者介绍了龙山区的基本情况，接着便"抖"出自己的"家底"来。龙山榆银村镇银行成立于2014年3月，目前设有两家支行、5个部室，员工58人。截至2023年12月末，该行资产总额11.12亿元，各项贷款7.71亿元，负债总额为10.37亿元，存款9.52亿元。

┠"管好放活"拓市场

贾永军告诉笔者，龙山榆银村镇银行自开业以来，在主发起行榆树农商银行党委正确领导下，立足当地，坚守定位，以支农支小为己任，坚持稳中求进的总基调，从建章立制入手，建立了完善科学、规范、标准、高效的管理制度和工作运行机制。但是，近年来面对国有大型银行业务下沉、贷款利率下降双重"挤压"，龙山榆银村镇银行（以下简称"龙山榆银"）发展遇到了瓶颈，一度陷入了困境。2020年10月末，该行贷款余额仅为2.06亿元，存款4.37亿元，呈现出"小而苦"的窘境。

对此，2020年10月后，龙山榆银在发起行科技赋能的引领下，坚定"3年零售数字化转型攻坚"战略目标，为努力实现"5年区域一流现代'小而美'银行"发展愿景开展各项工作，以支持乡村振兴为抓手，凝聚共识，汇聚力量，开启了零售转型之路，为实现高质量发展筑牢基础。

据悉，发起行榆树农商银行在"管好、放活、赋能、共享"的原则指导下，充分履行大股东的职责，对于榆银系村镇银行确定了"稳中求进"的工作总基调，明确了"防风险、调结构、谋发展、促改革、严管理、抓党建"六大方面的重要工作，带领榆银系村镇银行顺应业务发展、客户需求、产品创新需要，研发了"信贷智能管理系统"与"绩效考核体系"，全面引领榆银系村镇银行开拓零售转型之路，按照"支农支小，零售转型"战略布局，充分发挥"小、快、灵"的优势，深入开展"银企"对接活动，以行为单位走村入户，走街串巷营销新农户、新型农业经营主体、个体工商户，按照国家战略要求主动服务区域经济发展。在引领榆银系村镇银行零售转型的过程中，榆树农商银行为榆银系村镇银行制定明确的时间表、路线图，并实行周例会、月调度、季通报制度，强力推进榆银系村镇银行零售转型工作。

├ 数字转型初告捷

贾永军细致地向笔者谈道，为了更好地把"吉林省联社工作会议和榆银村镇银行高质量发展大会精神"落到实处，在发起行和管理部的领导下，龙山榆银迅速统一思想、转变观念、调整策略、扎实工作；进一步明确客户定位，坚持以"农、散、小、快、零"服务零售客户定位，以信息化赋能、数字化驱动为手段，以"两服、四进、四送、四员"为载体，开展"三体结合、一体推动"专项活动，合理运用"党建+金融"平台；以"快简足优好+八随五秒"产品特征满足多层次客户需求；坚定"稳中求进、强基固本、统筹发展"基调，树牢"保质量、调结构、稳增长"经营思路，努力在回归本源、专注主业、支农支小、零售转型等方面下功夫。

截至2023年12月末，龙山榆银各项贷款余额7.7亿元，比2020年12月末增长5.52亿元；线上贷款余额3.29亿元，占各项贷款比例42.67%，其中，"榆农快贷"余额973.83万元，"工薪贷"余额985.52万元，"天使贷"余额29.3万

63. 从"小而苦"到"小而美"

元,"园丁贷"余额424.85万元,"金领贷"余额1.06亿元,"信易贷"余额8万元,"房易贷"余额5 695.8万元,"榆微快贷"余额9 146.6万元,"乡村振兴贷"4 995.76万元。贾永军兴奋地逐一报出了龙山榆银喜人的成绩单。

⊢ 立足地域方得胜

"村镇银行作为地方性法人机构,人员少、规模小、成本高,与国有大型银行和商业银行相比毫无优势。只有按照发起行的战略部署'短、平、快'的要求,聚焦'做农、做小'的差异化发展战略,把普惠金融'做精、做细',才能打造'小而美'具有当地特色的小型农村金融机构。"贾永军继续向笔者分析自己的经营之道。他说:"自2021年以来,龙山榆银便坚持'以客户为中心',立足当地袜业资源,针对东北袜业园区创新推出产品'袜机直贷',精准定位客户群体,营销特色金融服务,为袜企提供更为高效、便捷、连续的服务,提高获客率,增强客户黏性。"

为全面开展前期线上贷款推广工作,龙山榆银积极推进农村普惠金融,助力乡村产业发展;对辽源商会进行市场调查,寻求合作机会,并与市工商联洽谈,签订《榆快贷战略合作协议》;发动全员对辖内重点商业圈(汽贸小镇)、大型商场(百货大楼、集贸中心、欧亚卖场)等商业集中地进行营销宣传;加强与政府机关部门的沟通,宣传龙山榆银对公务员、教师及其他事业编制工作人员的消费性贷款产品,不断提升客户服务质量。

2023年,龙山榆银与辽源市工商业联合会开展"辽源龙山榆银村镇银行走进微企暨辽源市工商联'一行一品'银企对接"系列活动,以此来丰富龙山榆银"党建+金融"的活动载体,推动"三体结合、一体推动"进一步开展。活动中,辽源市工商业联合会与龙山榆银签署战略合作协议,文化旅游产业商会、步行街商贸协会、物流产业商会、酒类饮品行业商会等10余个商业协会、行业协会与龙山榆银信贷人员进行"点对点"对接,提供了交流的平台,强化了龙山榆银对中小微企业的支持作用,同时也为龙山榆银线上贷款产品的推广打下坚实基础。

"龙山榆银将坚持支农支小不动摇,着力加大村镇整体授信工作。目前,龙山榆银所辖的一乡一镇共有28个行政村,耕地面积6 091.5亩,农户1.48万户,龙山榆银已采集6 927户农户数据,完成对28个村的'三三评议'工作,预授信农户数为1 836户、金额1.34亿元,已签约授信307户、金额6 534.31万元,用信262户、金额5 764.65万元,为龙山区乡村振兴事业注入了强劲的金融'活水'。"贾永军向笔者说道。

64. 打造高质量发展"桂阳模式"

访湖南桂阳沪农商村镇银行党支部书记、董事长◎尹日升

伍洪　罗玄敏

"百业农为首。"桂阳县承载着"楚南名区""三国名城""千年矿都""八宝之地""冠军之乡"的历史底蕴和芳华美誉。近年来，湖南桂阳沪农商村镇银行践行普惠金融、助力乡村振兴、服务实体经济、赋能共同富裕，守农心、重农事、强农路，在高质量发展工作上持续实现"破圈"和突围。截至2023年12月末，该行存款规模超14.5亿元，贷款规模达11.5亿元。

├ 与农民为友，村居服务注重"接地气"

"面对资产定价下行、息差持续收窄，国有大型银行业务下沉'掐尖'，客户资源争夺进一步'白热化'等一系列挑战，我行最大的优势在于不断提升金融服务质量，与农民交朋友，让金融服务更具可获得性、可负担性、可持续性，这既是获取优势的关键，又是破解一切发展困难的'金钥匙'。"桂阳沪农商村镇银行党支部书记、董事长尹日升向笔者介绍道。

把"听我说"改为"听农户讲"，做到深刻了解农业、了解村居、了解农民，做到了网格化推进村居服务更适配、更高效、更具特色。桂阳沪农商村镇银行将全县14条商街、19个乡镇及3个街道"挂图"到18位客户经理名下，与各村委持续开展主题鲜明、形式多样的共联共建活动，在300多个行政村设

立了"沪农商普惠金融宣传栏",详细公示辖区客户经理的照片及电话、信贷产品等信息,紧跟当地"乡村振兴专干"步伐,与广大农户交朋友,将广大农户的需求和建议纳入金融服务完善和创新中,用更接地气的方式和方法,推进"一乡一品""一村一特色",有序开展"点对点""面对面""链对链"的金融服务,网格化"责任田"既做到了"深翻土",也做到了"施足肥"。

桂阳县太和镇湾塘村被湘南学院农业研科所选定为黄精培育基地,当时,村支书已有两年的试种经验,但要在全村推广,单靠村里的留守老人是不够的,他动员外出务工青年返乡种植,但当大家返乡后,却在启动资金上碰到了难题。桂阳沪农商村镇银行小微团队在下乡调研中了解到这一情况,尹日升多次走进该村,逐户了解村民们的资金需求和黄精种植情况,为农户们制订了最为匹配的授信方案,短短一周的时间便投放贷款64笔、金额658万元。

当地镇政府有关领导这样评价桂阳沪农商村镇银行:"做农村金融,桂阳沪农商村镇银行的工作方式最为接地气,队伍精干,效率高,服务好,工作方式灵活,这正是经济发展所需要的,这才是真正为民办实事的'农金银行'。"如今,该村的黄精种植面积已突破1 200亩,总产值突破2 400万元,成为湖南单品种植面积最大的基地,年户均收入突破了15万元。

勤劳是本色,质朴是底蕴,爱农是情怀,桂阳沪农商村镇银行坚定不移做广大农户的"好邻居""好帮手",为乡村经济发展持续助力赋能,通过"跟进式""帮扶式""联动式"服务,与当地乡村经济共发展、共成长。

├ 拜农民为师,队伍建设注重"暖民心"

学习农民朋友吃苦耐劳的本色和精神。"跑同业不愿跑的路,吃同业不愿吃的苦,做同业不愿做的业务,我行在人才队伍建设上不仅注重专业能力,更注重吃苦耐劳的为民情怀,逐渐建立起一支懂农业、爱农村、爱农民的人才队伍。"尹日升向笔者介绍道。

聚焦农业更强、农村更美、农民更富,桂阳沪农商村镇银行全面提升客户经理队伍的专业能力、获客能力、风控能力、自控能力和敬业能力,以强烈的"三农"情怀,"送贷到乡""送贷到村""送贷到户",把"小贷款"做出了"大作为"。

能够得到广大农户的广泛认可,桂阳沪农商村镇银行人才队伍主要体现在"三大方面":一是不畏酷暑炎热,不畏冰雪寒冷,不畏路途坎坷,不畏职责沉重,跨越千山万水,守护万家灯火。二是从一座村庄到另一座村庄,把普惠金融送到千家万户;从一位农户到另一位农户,在追梦"三农"中实现理想抱负;在助力百姓美好生活中,谱写着属于自己的不平凡。创新惠农方式,拓宽惠农渠道,完善惠农机制,树好"三种精神",锤炼"三种作风",真正做到了"会农事、懂技术、善管理、精执行"。

干劲足,懂农村,得民心,正是桂阳沪农商村镇银行干部员工有着"吃得苦、霸得蛮、耐得烦"的勤劳品性,成为助力乡村振兴和加速推进高质量发展的原动力。

┣强农民之路,做小做散迈向"新航道"

入村而访,进田而讲,助农而勤,兴企而专,桂阳沪农商村镇银行发展于民、贴近于民、惠之于民,专注服务本地、县域、社区,服务"三农"和小微企业,持续加大金融服务创新,发挥支农支小主力军的优势,坚持"做小做散"迈向"新航道",助力当地乡村经济更为生机盎然。

以本土化、网格化、亲情化的服务模式,在"做小做散"中深刻诠释"以人民为中心"的价值观。桂阳沪农商村镇银行积极整合自身客户资源,深入挖掘"三农"、小微企业客户的痛点和难点,创新产品模式,努力强化自身普惠金融服务多元功能,实现从单纯"三农"、小微企业的资金提供者到"三农"、小微企业的"资源整合者"的升级蜕变,真正成为聚人气、惠民生、促发展的金融服务平台。

金融绣新景,一针一线皆是情。从不知如何访村入户,到成为广大农户的"常客""熟人"和"老朋友",身份由"客户经理"变身为"金融专员",桂阳沪农商村镇银行把为农户纾困解难当成自己的事去做、当成自家的事去干,大到房屋构建、农机购置,小到牲畜繁育、苗木栽培,"全周期"助力广大农户奔向美好新生活。

"知农又知小,做散又做熟,敬业更专业,桂阳沪农商村镇银行通过定域、定人、定时、定量的网格化责任田,实时实地为小微企业、'三农'客户解决'一揽子'金融服务方案，使金融服务更追求本土化、精细化、便捷化、微利化，把自身的发展红利让惠于企、让惠于民。"尹日升向笔者介绍道。

　　立足高站位，构建新格局。下一步，桂阳沪农商村镇银行将持续把脉"三农"经济，持续创新金融服务方式和方法，努力成为服务"三农"好帮手，持续提高为"三农"、小微企业客户纾困解难的本领。

65. 坚守支农支小定位 打造"小而美"精品银行

访天津宝坻浦发村镇银行行长◎王冬

📷 徐国维 孙旭 陈亚

天津宝坻浦发村镇银行是宝坻区唯一一家新型农村金融机构，在支持地方经济发展中形成了自身独特的市场定位和发展方向，交出了一份服务宝坻乡村振兴的亮眼"成绩单"。近日，该行党支部书记、行长王冬接受了本报专访。

记者：宝坻区是天津市传统农业大区，宝坻浦发村镇银行是如何立足"三农"开展金融服务的？近年来取得了怎样的成绩？

王冬：宝坻浦发村镇银行注册成立于2013年12月19日，是宝坻区唯一一家具有独立法人资格的村镇银行。主发起行为上海浦东发展银行。村镇银行是为"农"而生，促进农村发展、农业增效、农民增收是村镇银行的初心所在。自开业以来，我行围绕国家"三农"政策和集团发展战略，坚持支农支小的市场定位和小额分散的经营原则，坚持"小而美"目标导向，持续深耕"三农"、小微领域，服务宝坻乡村振兴。

宝坻区是天津市传统农业大区，辖区面积1 523平方公里，24个镇街，746个行政村。受经营成本制约，我行目前仅有一个营业网点，员工35人，村镇银行的发展总基调是坚守"立足县域、服务'三农'、支持小微"的办行宗旨。截至2021年末，我行资产规模达到11.2亿元，存款规模达到9.2亿元，贷款余额5.98亿元，其中涉农贷款余额5.28亿元，涉农贷款占比88.26%。贷款客户数量1 109户，户均贷款53.94万元，结算客户数量3.5万户。

记者： 宝坻浦发村镇银行在"扶农支小"工作中有哪些创新探索？

王冬： 我行一直坚守自己的定位和小额分散的原则，通过一系列举措加大对涉农实体经济的金融倾斜。2021年新增贷款规模5 864万元。

领导带头，首先要当好指挥员。村镇银行业务小，客户分散，员工需要付出更多的努力克服畏难情绪。作为村镇银行的行长，应发挥带头作用，带头冲锋陷阵，"实"字当头，"干"字当先，把忠诚于村镇银行事业作为坚定不移的信仰，真正沉下心来，扑下身子，全力以赴投入服务宝坻农村发展和乡村振兴的战场中；另外要始终坚守支农支小市场定位的信念，持之以恒，主动思考、主动作为，和客户经理一道走访小微企业、农户，带领全体业务人员积极投身支农支小的主战场。

加强队伍建设，激发发展动力。"三农"问题一直是中央一号文件部署的重点工作。村镇银行承载的是农村金融服务的一份重要事业，我行始终坚持以人为本，引导员工树立更加鲜明的服务"三农"导向，通过聘请乡村振兴指导专家，通过当面授课、召开业务交流会等形式，切实提升全行员工的专业能力。2021年度，我行聘请了陈光星（高级农艺师、天津农学理事、宝坻葱蒜协会理事长）、渤海农业集团的尚东维、刘玉萍、丰华裕隆总董事长王立国（全国甘薯领域的带头人）、新开口镇专业养殖村支部书记程金港等有技术、懂管理、富有开拓精神的5位乡村振兴指导特聘专家。2022年，我行将继续聘请"三农"领域的专业人才，增强我行业务人员的服务本领，成为一支高素质、职业化、懂农村、爱农业的人才队伍，让优秀人才在村镇银行的舞台上展现奋斗者的风采。

业务重心下沉，克服网点少的不足，将金融服务延伸到田间地头。我行不断梳理宝坻区域特点，通过对大量市场调研的总结，同时结合宝坻区域特点，明确了2021—2022年业务发展方案。方案要求拓展我行在农业金融服务的覆盖面。通过与区农委的对接，共同加大对区内家庭农场、示范村、农业带头人的资金支持力度。在此方针的指导下，利用客户视图的新一轮内容升级扩充，以及更为精细精准的客群定位，提高客户产品黏性，努力实现各项业务的总体经营目标。2020年以来，我行累计走访1 200余农户、460余家中小企业,掌握了大量的第一手数据,通过数据化的分析,结合宝坻农业特色,我行与专业担保公司合作,实施对农户的担保贴息扶持,扩大受众面。2021年,我行结合不同的客户需求,精准推出了"农创保""农牧贷""春耕贷""收粮贷"等一系列涉农贷款产品,解决农户贷款缺少担保方式问题,让更多农户享受到国家的普惠政策。积极开展延期还本付息工作。面对新冠疫情带来的不利影响,为助力企业复工复产,我行梳理了2021年底前到期的小微企业贷款业务,安排客户经理逐户对接企业,了解客户实际经营状况,收集客户金融服务需求。

结合企业受新冠疫情影响的情况和经营状况,通过贷款展期、续贷等方式,给予企业一定期限的延期还本安排,对我行普惠小微贷款做到"应延尽延"。截至2023年12月末,我行对4 413.29万元贷款进行了延期付息操作。同时,将我行的"创业贷"贷款利率下调0.63个百分点,有效减轻了企业和农户的负担,缓解涉农小微企业"融资难"的问题,为加快企业复工复产提供强有力的金融支撑。

记者:宝坻浦发村镇银行是如何开展党建工作的,又是如何实现党建与服务"三农"互融共促的?

王冬:在开展党建工作方面,我行加大了党建外联共建力度,积极与辖内企事业单位、特色农业村镇对接。另外一点就是用心用情加大为群众办实事的力度。

2021年,我行先后与天津农垦渤海农业集团有限公司、天津丰华裕隆农业发展有限公司、肉牛养殖专业村后六家口村、水稻种植专业村大米庄村、中关村科技城等优质涉农企业或特色种植养殖村镇开展"银企"党建共建活动,实现了党的建设与企业发展良性互动,创设共建双方互利互惠、共同发展的平台;以"党建共建"为突破口,共享共赢,实现了资源的优势互补,通过推介我行优惠的利率政策以及多样性的涉农信贷产品,推进批量授信,把"扶农支小"业务做精做强。

记者:为满足地方经济主体多元化的金融服务需求,宝坻浦发村镇银行采取了哪些创新举措?

王冬:在具体工作中,我行大力实施农户名单制授信,对有授信融资需求的农户采取预授信,将审查时间提前,提高放款效率,解决农业生产资金需求时效性强的问题;与主发起行联动,对区内规模以上企业开展联合贷款,汇聚主发起行的力量,为优势资源互联互通提供桥梁,提高普惠金融服务能力;加强与各政府主管部门、经济管理部门的沟通协调,加大与担保公司等机构的互利合作,建立地方政府、专业市场、商会协会、产业园区等多渠道合作平台;在促进银企双方对接的过程中,综合运用各种广告及宣传媒体将我行服务"三农"的品牌打响;通过创新产品、优化流程,在服务中让客户得到更多便利,根据不同客户和产品特点,在利率及担保方面给予支持,及时满足客户的资金需求。在风险可控的前提下,积极探索对经营扎实、口碑良好且有发展潜力的优质民营小微企业,并给予信用保证类贷款,减轻对抵押担保的过度依赖,努力提高信用贷款比重。

66. 坚定初心服务"三农" 打造本土精品银行

访浏阳江淮村镇银行行长◎袁媛

📷 欧阳稳江

扎根本土，绽放于大地。8年时光，虽不短，但在漫长的时间中似乎又只是沧海一粟。2015年5月6日，湖南浏阳江淮村镇银行正式开业，从1亿元注册资金起步，到成长为存款规模在全省74家村镇银行中排名第2、累计纳税7 000万元。这8年里，浏阳江淮村镇银行已经成为一家"服务好、效率高、口碑佳"的浏阳本土精品银行。回顾这8年，浏阳江淮村镇银行的成长历程可以说是全国村镇银行不断蜕变的缩影，同时也是浏阳经济高质量发展的一种印证。

⊢发挥金融优势，打造本土精品银行

对于一粒种子而言，从破土而出到苗壮成长，这个过程生机盎然、朝气蓬勃。对于大多数浏阳人而言，今天的浏阳江淮村镇银行并不陌生。已经拥有8家支行且在持续发展的浏阳江淮村镇银行，也是从8年前的一粒小种子开始蜕变的。2015年，浏阳市被确定为全国33个农村土地制度改革试点县（市、区）之一，"两入两统两建"的集体土地入市新模式，激活了"三农"的"一池春水"。浏阳江淮村镇银行抓住这一契机，打通金融服务乡村振兴的"最后一公里"。

2015年5月6日，在位于劳动路和圭斋路的交叉口，浏阳江淮村镇银行开业。这家新银行，以安徽桐城农商银行为主要发起人、浏阳市牛石出口礼花厂等12家本土企业法人和8位自然人为发起人，以"江淮"命名。对于浏阳江淮村镇银行在浏阳的生根发芽，发起人信心满满："村镇银行的优势在于决策链条短、机制灵活、服务效率高，村镇银行进入浏阳，会给浏阳金融带来不一样的改变。"

以"支农支小，服务实体经济"为方针，重点实施"农民致富信贷支持工程、全民创业信贷支持工程、小微企业信贷促进工程、农业产业化信贷促进工程、农村市场建设信贷支持工程"等五大工程，充分凸显了浏阳江淮村镇银行"机制灵活，决策高效"的特点，不仅可以为客户提供更具特色的金融产品和服务，而且也能为浏阳经济社会发展注入新的活力。

"换句话说，其实就是'小而美、小而优、小而精'。"入职3年，浏阳江淮村镇银行行长袁媛对于自己服务的这家本土银行有着十分精准的定位。在她看来，该行立足浏阳便要始终坚守市场定位，坚持"做小、做散、做实"的信贷方向，花大力气推动网点和业务下沉，践行普惠金融，致力于成为浏阳本土精品银行。2020年，浏阳市城乡发展集团有限责任公司入股浏阳江淮村镇银行，携手共同推动浏阳经济高质量发展。

在防控风险的同时迈大发展步伐，浏阳江淮村镇银行一家家支行在乡镇落地生根，方便快捷的自助网点触手可及，多个助力乡村振兴的产品也应运而生。

"江淮村镇银行花大力气推进网点下沉、业务下沉、服务下沉，创新推出一系列适合农户和小微企业的金融产品和服务，为助力浏阳乡村振兴贡献力量。"袁媛表示，江淮村镇银行除了加快速度进驻乡镇外，还有一个重要的举措便是建设百家左右的"浏金小站"——助农取款服务点。让村民足不出村便可完成小额取款、转账汇款等业务，享受更加便捷的金融服务。

截至2023年末，浏阳江淮村镇银行客户超7万户，资产总额30.01亿元，各项存款余额25.75亿元，各项贷款余额18.72亿元，累计纳税7 000万元，存款规模在湖南省74家村镇银行中排名第2，全国百强村镇银行……一个个数字、一份份荣誉背后是全体浏阳江淮村镇银行人一步一个脚印的努力。对于江淮村镇银行来说，8年来的不断沉淀、超越以及突破自我的种种记录，更像是前行中的一份鼓励，欣喜之余转化为新的起点，开启新的征程。

66.坚定初心服务"三农" 打造本土精品银行

├以服务"三农"为初心,做实支农支小

"浏阳江淮村镇银行服务好、放款快,是他们的贷款让我渡过了难关,顺利地开启了农场的产业化之路与果园的现代化之路。"吴伏平是浏阳市乡润家庭农场的农场主,从单纯的种植果树到种植养殖结合,从发展养牛到发展销路好、周转快的黑山羊养殖,是浏阳江淮村镇银行的"惠农贷"帮他顺利过渡、不断优化产业结构。

"国家的大政策支持,浏阳江淮村镇银行雪中送炭式的贷款,让我感受到现在是制造业的春天来了。"位于永安镇西湖潭村、沿开元大道而建的星辰·尚东产业小镇里,园区多个企业正有条不紊地进行生产。

天允科技董事长周荣笑表示,公司新搬到尚东产业小镇,一度面临资金紧缺的难题,而浏阳江淮村镇银行高新区支行及时给予了支持。和天允科技一样,以浏阳经开区为核心的"一园四镇"共有50多家小微企业、600多户农户与浏阳江淮村镇银行保持着"鱼水情深"的业务往来。

"我种了近200亩田,最近从浏阳江淮村镇银行贷了一点款,到时添个插秧机效率就更高了。""我们村的集体经济项目有四五个,去年的纯收入就达到了十多万元,浏阳江淮村镇银行的贷款能助力我们更好地将这个蛋糕做大……"

事实上,无需加冕,优秀的银行往往自带光环,而这一光环,却是以贴地的方式"下沉"的。从2021年6月起,浏阳江淮村镇银行针对乡村振兴推出的系列产品就有十余款,其中有针对农户中长期消费性贷款的"安居贷";也有支持农户个体经营,为解决农户融资难而推出的"乐业贷";还有针对有抵押物的农户、有额度需求的农村企业而推出的"押满贷",以抵押物价值的100%,组合保证、信用方式,综合授信贷款额度。此外,还针对农户融资缺乏抵押物、保证人而推出的纯信用方式贷款"惠农贷"等。

"我们面对的客户大多是农民兄弟与小微企业主,这份'信'也是建立在知根知底的基础上的。"袁媛表示,江淮村镇银行一直以来都高度重视"三农"事业发展,把乡村振兴系列产品作为服务"三农"和支持乡村振兴的有力抓手。

与此同时,浏阳江淮村镇银行还积极开展金融服务下沉、创新金融产品、

重点资源倾斜、提质降本、积极宣传走访、开展"整村授信"等活动。在授信权限方面，浏阳江淮村镇银行则保持了"大胆而开放"的态度，将30万元的贷款权限直接下放到了支行，这也就保证了"小而美、小而优、小而精"的定位。

在不同的发展阶段，浏阳江淮村镇银行也给自己制订了不同的规划，并深化结构调整，努力向目标迈进。通过一系列的努力，2022年3月21日，浏阳江淮村镇银行关于开办助农取款服务业务的请示，获得正式批复，取得"助农取款服务点"开办资质。

富民惠农，润泽万家。"我们将始终紧跟时代发展与行业创新的主旋律，瞄准浏阳高质量发展过程中的金融需求，主动作为、不断创新，为浏阳经济发展输送源源不断的金融'血液'。"袁媛表示，美好如期而至，已经8周岁的浏阳江淮村镇银行将更加成熟稳重、愈发从容不迫。

以"家"为纽带，凝聚发展合力

有温度、有深度、更有情怀，根植于本土，"情"永远是最牢固的纽带。这根纽带的一端是银行，另一端是员工，是客户，更是浏阳这片朝气蓬勃的热土。

与安徽桐城农商银行的企业文化一脉相承，浏阳江淮村镇银行选择了一个"家"字作为自己的精神坐标。纵观浏阳江淮村镇银行的发展史，"家银行"是她坚不可摧的文化基因，是推动银行持续快速发展的强大动力。

"我喜欢这个积极而向上的大家庭，也喜欢与江淮一起成长的感觉。"江淮村镇银行古港支行行长邱玫瑰是行里的老员工。一步步成长起来的她，在业务上早已可以独当一面，同时也带领着一支年轻的队伍取得了骄人的成绩。

浏阳江淮村镇银行目前有85位员工，平均年龄为33岁。"在这里，有竞争，更有成长。"一位新提拔的中层干部表示，去年江淮村镇银行通过内部提拔，让8位优秀员工获得了晋升。鼓励交流与换岗，师徒结对、导师指导制……种种奋斗姿态，让浏阳江淮村镇银行的每位员工都感受到了向上的力量。平时丰富多彩的团建活动，则让员工们在努力工作的同时又感受到了家的温暖。

"建家、爱家、兴家、护家。"相对于员工那份"以行为家"的体验，客户们对浏阳江淮村镇银行的感受则是有了一份"管家"般的信赖。从开业的第一天起，该行便以"家银行·银行家"为基础，以产品品牌为支撑，全面推进"家银行"文化品牌向实效化、纵深化发展，为客户提供更专业、更便捷、更贴心的金融服务，解决客户关注的"热点、焦点、难点"问题。这份"家"的感觉，不仅辐射到了以服务家庭为目标的产品设计，而且融入"走村串户"式的服务理念、让利于民的富民惠农金融政策，让浏阳江淮村镇银行真正成为支农支小的"贴心管家"。

一个区域的崛起，经济发展是"驱动力"，金融的助力则能为经济发展增添动力。袁媛表示，7年只是浏阳江淮村镇银行成长过程中的一个节点，"在勇当'强省会'战略开路先锋、全面建设现代化新浏阳"的征程中，我们全体浏阳江淮村镇银行人将贡献属于自己的一份力量。

67. 助商利民"小而美" 花开边境乐融融

访吉林龙井榆银村镇银行董事长◎孙昌洙

📷 伍洪　方有成　苗润鹏

"龙井市隶属于吉林省延边朝鲜族自治州，人口和经济规模相对较小，是一个全市常住人口只有12万多人的边境小城，而诞生于此的吉林龙井榆银村镇银行，却以'助商利民、其乐融融'为宗旨，让普惠金融之花开遍边境小城，服务实体经济。"日前，在接受笔者专访时，龙井榆银村镇银行董事长孙昌洙首先描述了所在城市概况。

据了解，由榆树农商银行发起的龙井榆银村镇银行成立于2017年11月，注册资本金3 000万元，该行始终坚持以"立足'三农'，面向小微，服务地方经济"为服务宗旨和市场定位，努力打造成为"龙井市人民的身边银行""贴心的银行""自己的银行"，为龙井市发展贡献金融力量。截至2023年12月末，该行各项存款余额2.35亿元，贷款余额1.51亿元，户均贷款余额近13.9万元。

├ 扬长避短，向难而行

面对同业市场竞争压力越来越大，如何在夹缝中求生存、求发展？董事长孙昌洙有一套切实可行的有效方法。

"作为地方性法人金融机构，在面对国有大型银行业务普遍下沉，贷款利息普遍下降与同业竞争下，我行还是具有自己的优势的。首先，我行对当地农村的经济及社会情况更为了解，这就为开展融资信贷业务提供了有利条件。促使我行能够更好地了解为'三农'客户提供更加贴心的金融服务。其次，相对于大型国有银行，我行的融资规模相对较小，能够更好地满足农村企业及个人的资金需求。特别是对于那些规模较小，资金经营不足的企业和个人来说，灵活小巧的融资方案能够为他们提供更好的支持。最后，我行的服务对象包括农村居民、农村企业、个体工商户及其他自然人，这使业务具有更为广泛的覆盖面。"孙昌洙向笔者介绍道。

银行数字化，"榆快"便民化

"'体量虽小，但科技一刻不能落后'。我行针对'起步晚、体量小'的短板，仍然紧跟科技潮流，致力于建设数字化银行，提升'获客''活客'能力，更好地服务'三农'和小微企业。"孙昌洙向笔者介绍道。

近年来，龙井榆银村镇银行依托发起行"榆快金融""榆快·智能绩效""榆快·漫生活"三大系统（平台），历经三年时间四次迭代蜕变，正式上线"龙井榆快金融"微信小程序，客户通过微信小程序可实现贷款"线上签约、线上用信、分次提款、线上还款、循环使用"，足不出户即可获得信贷资金。同时，该行牢牢抓住农村、社区、小微企业、个体工商户"四大关键"区域，细化营销阵地，深入村落、社区、周边市场，与社区、村委会进行精准对接，再以镇、村、单位为圆心，向其管辖范围辐射，从而进一步推进全域整镇、整村授信，并充分了解客户生活、生产经营状况，深度挖掘金融需求，全面推进存款、贷款等金融产品的一体化营销，满足辖内客户金融需求。

党建业务相得益彰

"政治上姓党，业务上姓农"这是龙井榆银村镇银行长期坚持的基本方针，而注重党建工作的组织领导，是该行可持续发展的重要保障。孙昌洙向笔者阐释了"党建"和"业务"之间的关系。龙井榆银村镇银行通过建立、健全党组织，加强党员教育培训，提高党员的政治素养和业务水平，坚持"以党建引领业务发展、以发展业务检验党建成效"，推动党建与业务"双提升""双促进"。

龙井榆银村镇银行高度重视与村居的合作，积极与辖内村委会联合开展形式多样的党建活动，共同探讨解决各村在发展中的问题和困难。在推行"政治上姓党、业务上姓农"的方法中，龙井榆银村镇银行充分发挥党员在业务中的示范引领作用，带动全行员工向党组织靠拢，形成了"政治上姓党、业务上姓农"的良好氛围。同时，该行领导班子充分发挥自身的从业经历和专业知识等优势，带领团队共同成长；注重团队建设和人才培养，通过不断学习和创新，提高竞争力和服务水平。

68.助力"银都"闪耀"金光"

访永兴沪农商村镇银行党支部书记、董事长◎车飞

伍洪 邓艳霞 许溢

"永兴县虽然没有银矿，但以加工白银工艺而闻名，其出产的白银占全国白银产量的1/4，被誉为没有银矿的'中国银都'，在县委、县政府的正确领导下，永兴县不仅将'中国银都'这块金字招牌越擦越亮，农业农村经济更实现了腾飞发展。"日前，笔者来到湖南永兴沪农商村镇银行，该行党支部书记、董事长车飞向笔者介绍道。

近年来，作为"扎根县域，服务'三农'，助推城乡一体化发展"的永兴沪农商村镇银行，通过打造以党建为引领的普惠发展新路径，在"守正"与"创新"上多维发力，全面确保发展方向与市场需求高度契合，金融服务与百姓需求高度融合，战略部署与地方建设高度耦合，竭力激发干部员工的积极性和创造力，持续探索新的发展空间和业务增长点，综合发展能力与日俱增。截至2023年12月末，该行累计投放各项贷款34.86亿元，涉农贷款占比86.08%，服务客户1.7万多户。

▶ 党建共建，助力山村"产业化"发展

做乡村腾飞的"翅膀"、产业致富的"眼睛"、科学发展的"大脑"。永兴沪农商村镇银行充分发挥基层党支部战斗堡垒的作用，联络乡村、服务乡村、

建设乡村，着力提升干部员工的战斗力、专业力、服务力和执行力，不断在优化党建、做强主业上深耕细作，助力乡村产业"引进来""活起来"和"强起来"，力求形成"一村百业、链强民富"的新局面。

在车飞的带领下，笔者来到该行党建共建村——油麻镇浪石村。蜿蜒起伏的公路上，车辆一直处于爬坡的状态，该行客户经理日常穿梭在崎岖坎坷的山路上，工作困难程度更是可想而知。

"我们村原本是一个山多地少的偏远小山村，道路阻、产业少、家里穷。在县委、县政府的领导和支持下，我们村在种好本土名牌产品'永兴冰糖橙'的基础上，还引进了烤烟、玉竹等其他特色产业，不仅各类土地实现了利用率最大化，家家户户也依托产业发展，日子逐渐富裕起来。"浪石村支部书记康高兰向笔者介绍道。

据了解，浪石村地域面积6.3平方公里，耕地面积2 700余亩，林地面积6 700余亩，由10个自然村、17个村民小组合并而成，共有660余户、2 500余人。该村现已形成烤烟种植面积330多亩，"翠冠梨""奈李""鹰嘴桃"等水果种植面积达2 000多亩，玉竹、黄精等中草药种植面积700多亩的特色化产业。

在该村烤烟房的外墙上，一条印有"村镇银行是服务'三农'的生力军，是'三农'资金需求的贴心人"的横幅，尤为引人注目。"为了更好地助力浪石村加速实现产业化发展，我行不仅在浪石村布放了金融产品展示板，还向该村派遣了'金融村干部'，深度掌握各项产业发展、种植周期、资金使用等情况，及时为农户们纾困解难和提供金融支持。"车飞向笔者介绍道。

"党建共建连接百村，服务'三农'不惜重金"。永兴沪农商村镇银行将一笔笔信贷资金化作为烤烟苗、果树苗、中草药苗，农户们在产业化发展上摘掉了"穷帽子"、找到了"致富路"、过上了"好日子"。截至2023年12月末，该行累计向该村投放各项贷款112笔、金额1 680万元。

"金融村干部"，助力农户"无忧化"种植

"浪石村有660多户人家，我行客户经理曹鹏几乎都走访过，每家每户的人口数量、土地流转、种植亩数等情况，他基本做到了清晰掌握。哪家农户需

68.助力"银都"闪耀"金光"

要什么时候用款,他都会提前3~5天为农户做好提款准备,农户收成到手了,他还会及时提示农户是否还款,尽最大力度减少农户贷款使用成本。"车飞对笔者说道。

浪石村的村民黄军训以前一直在外务工,2022年回到村里开始从事玉竹种植,由于缺乏种植经验,出现了严重的资金预算偏差,急需流动资金。玉竹不同于其他农作物,一旦错过时节,种植后生长周期普遍延长,更会错过最好的市场行情。面对资金难题,黄军训手足无措、如坐针毡。

"我行客户经理曹鹏得知情况后,第一时间赶往黄军训家中,向其讲解信贷政策,并对其进行预授信。黄军训当时非常担心,特意打电话向康高兰书记确认我行向农户们提供信贷资金是不是真的,曹鹏是不是'金融村干部'。在得到康书记的肯定答复后,黄军训才彻底放下心来。"车飞向笔者介绍道。

信贷资金到位后,黄军训顺利完成了玉竹的种植。经过两年多的发展,黄军训的玉竹种植面积已达到185亩,经济效益十分可观。有了永兴沪农商村镇银行的支持,农户们更加"挽起袖子、甩开膀子",在产业发展上"大胆"种起来、干起来,没有了后顾之忧。

├ 马田支行,助力乡镇"创新化"增效

在车飞的办公室挂着一张"业务规划图",透过这张图可以看出,永兴县地形如同一个"龙头"。车飞说:"我们不仅要打造成为普惠金融的'龙头村镇银行',还要打造成为高质量发展走在前列的'龙头村镇银行'。"

马田镇正处在"龙脖子"正上方,起到支撑整个"龙头"的作用。据了解,从前,马田镇不仅是"屯兵御马"的地方,还是"军事要塞"。经过多年发展,现已发展成为"经济重镇",享有"湘南第一大镇"的美誉。具有"战略眼光"的车飞,正是看中了马田镇的农业农村经济发展前景,才将永兴沪农商村镇银行马田支行设立于此。

"马田镇是永兴的'龙脖子''经济咽喉''产业枢纽',只要马田镇经济发展强起来,整个永兴县的经济发展就会跃上一个很大的台阶。我们将马田支行设立于此,将全面助力马田镇在各项经济上加快推进创新化发展,力争早日做到经济增效、产业增效、农户增效。"车飞向笔者介绍道。

为打通普惠金融服务"最后一米",永兴沪农商村镇银行全力拓宽村居服务的道路,通过党建共建、人才前移、网点延伸等方式,深化践行"勤走乡间路,多敲百姓门"的经营策划和亲民之道,在创新企业文化中凝聚发展的创新力和凝聚力,纵深式推进普惠战略,为乡镇经济发展深度赋能。

"一马当先,田园牧歌。"透过马田支行,永兴沪农商村镇银行金融服务还会延伸和辐射至悦来镇、油麻镇、高亭司镇、洋塘乡,让广大居民对金融服务"触手可及"。据了解,马田支行定于2024年3月20日正式开业,马田镇以及周边乡镇的广大居民将会享受到更为安全、高效、便捷的金融服务。

"我行将深度聚焦县域内的各项经济,将金融服务的触角延伸至三百六十行,培育更多有情感、敢担当的金融人才,全方位地为地方经济发展、产业发展助力赋能,提供金融支撑。"车飞向笔者表示。

69.弘扬奋斗精神　绽放最美芳华

访安源富民村镇银行党支部书记、董事长◎糜华

📷 郑春

"奋斗的岁月如歌，奋斗的人生无悔！"安源富民村镇银行党支部书记、董事长糜华微笑着说。这朵支农支小战线的铿锵玫瑰，在星星之火的安源，在奋斗的激情中吐露着芳香，绽放着最美芳华；凭着干事业的闯劲、韧劲和雷厉风行的作风，还有为人做事的踏实真诚，带领安源富民村镇银行取得了傲人的经营业绩。

▌迎难而上，勇挑重担——她是引领发展的"女当家"

2022年10月，糜华就任安源富民村镇银行党支部书记、董事长。当时的安源富民村镇银行在白热化的市场竞争面前"步履蹒跚"，面对各大银行不断挤压生存空间、员工队伍士气不高、进取精神衰退等诸多发展困境，糜华没有退缩，而是主动沉下身子，深入基层看听问访、熟悉情况，深入客户中调研资金需求、掌握情况。在此基础上，制订了"筑基础、强提升、再突破"的发展规划，确立了对外以客户、品牌、市场为目标，对内以减少内耗、提升服务、全力以赴谋发展的经营战略，不断推进业务高质量发展。

辛勤耕耘结硕果，汗水浇开幸福花。在糜华的带领下，安源富民村镇银行以"增信心、守定位、推发展、强执行"的奋斗精神，在巨大的挑战面前交出了一份漂亮的成绩单。2023年，全行存贷款余额较基数净增4.36亿元，基

础存款日均余额较基数净增1.45亿元，各项贷款余额较基数净增2.15亿元，各项关键指标均居富民系村行前列。

"不干则已，干必争先"，这是糜华的性格，如今也已成为安源富民村镇银行的企业精神。

├ 不忘初心，践行普惠——她是"四千"精神的弘扬者

"做小、做广、做精，我们一直在坚持做，在当前经济形势下，我们更要弘扬"四千"精神，积极作为，做出实效！"在全行战略研讨会上，糜华如是说。

走遍千山万水的背后，折射的是脚下要沾泥土、接地气。为充分沉入村社区市场，强化"网格化"落地，糜华将辖区内4镇8街，68个居委会，53个村委会进行责任划分，带领员工逐家逐户调研资金需求。通过一次又一次的走访、了解、询问，目前安源富民村镇银行已为辖内8 698户个体工商户和1万余户农户建立了包括基本信息、金融、经济基础信息在内的信用档案，做到了建档全覆盖，其中为6 012户个体工商户、6 827户农户进行了授信，授信金额达31亿元。

说尽千言万语，为的是向群众宣传普惠金融政策，寻求的是每一个合作的可能。对普惠小微客户实施"名单制管理"，每月提前梳理未来2个月内到期的贷款客户明细，逐笔提前与客户联系，沟通了解客户的资金需求与续贷意愿，向他们介绍延期还本政策和申请流程，确保应知尽知，应延尽延，缓解了小微企业年内还本付息资金压力。2023年共计为262户小微企业客户办理延期还本业务，延期贷款余额19 849万元。

想尽千方百计，靠的是解放思想，找准定位，直面问题，把不可能做到的事情变成了一切皆有可能。针对新市民、物流行业、批发零售业、文旅业设立专项资金，推出专项产品"富商贷""富农贷""文旅贷"等，同时对上述客户开辟绿色通道，专人对接、快速响应，全力保障客户资金需求。针对近3年退出的优质客户，以相对低利率上门再次主动营销，共挽回退贷客户693户，合计1.47亿元，做好差异化竞争。

吃尽千辛万苦，回望营销过程，可谓筚路蓝缕，以启山林。凝练的是敢

干会干的营销劲头，展示的是安源富民村镇银行金融服务的细致入微。通过利用好人民银行降利率政策，针对3 624笔6.39亿元存量普惠小微名单客户，开展利率调整工作，在原贷款合同利率基础上季度减息1个百分点，减息金额为154.33万元，进一步降低了小微企业财务成本，获得了客户的一致好评。糜华一直倡导，把辛苦留给自己、把方便留给客户，通过运用展业平台、富民普富APP的便捷性，实现上门一站式办贷。

润物无声，固本树魂——她是凝心聚力的"知心姐姐"

"企业发展既要看经济账，更要看文化账，人文关怀做不好的，就不是一位合格的董事长。"糜华深知企业文化在企业发展中的关键性作用，更深知自己肩上沉甸甸的责任。

全行员工90余人，其中"90后"的员工占比70%以上，怎样才能让大家像石榴籽一样紧紧抱在一起呢？糜华知道，企业文化就是人的工作，通过设立安源行重回优秀行的长期目标，明确方向，劳动竞赛要勇夺第一的短期目标激发全员活力，多途径对绩效办法反复讲解提升各员工的认知程度，加强与员工之间的有效沟通，帮助员工解决在实际工作中遇到的困难和问题，达到引领人、凝聚人、关心人、培养人的成效，并最终转化为强大的执行力。

春风化雨，润物无声，企业文化就是塑造企业灵魂，培育精神理念的核心，树立"客户至上、积极乐观、勤奋敬业、合作共赢"的16字价值观，让大家知道"什么事最重要？""我们信奉什么？""我们该怎样行动？"让每一位员工感受到了信仰和精神的力量。今天，安源富民村镇银行各项业务快速发展，企业盈利稳步增长，文化工作和经营工作呈现出相得益彰、齐头并进的生动局面。

功崇惟志，业广惟勤。在铸造百年富民的新征程上，糜华正带领安源富民村镇银行全体员工撸起袖子加油干、甩开膀子使劲干，牢记初心使命，以"一万年太久，只争朝夕"的奋发精神，不待扬鞭自奋蹄，一心一意谋发展，心无旁骛抓落实，引领安源富民村镇银行荣光绽放、砥砺远航。

70.路漫漫其修远兮　吾将上下而求索

访湖南汨罗中银富登村镇银行董事长◎唐杰

　方有成　李宁

两千多年前，屈原独自隐居行吟汨罗江畔时写下了《离骚》《九歌》等鸿篇巨制，其中"路漫漫其修远兮，吾将上下而求索"一句更是成为千古绝唱。

今天，在浩渺的洞庭湖畔，在清澄的汨罗江边，汨罗市人民正以"上下求索"的不竭动力，打造文化、经济强市。在这场滚滚大潮中，作为国民经济血脉的金融显得尤其重要。自2010年12月，湖南汨罗中银富登村镇银行在汨罗市扎根以来，已然成为当地支农支小的重要金融力量。该行现有员工58人，所辖1家支行3个普惠金融服务点，其业绩和创新实践得到了客户、同业和各级监管部门的好评。汨罗中银富登村镇银行董事长唐杰首先向笔者介绍了汨罗中银富登村镇银行的基本情况。

⊢扎根县域，助力乡村振兴

　　汨罗中银富登村镇银行始终坚持"扎根县域、支农支小、助力乡村振兴"的定位，唐杰向笔者分享其治行管行理念时称："我行以'做小、做散、做快、做优'为方向，实施差异化经营；坚守中银富登'三大铁律'（不弄虚作假、不取客户一针一线、不放弃任何帮助别人和提升自己的机会）作为立行之本；以'助力乡村振兴　共创美好生活'为使命；坚持'没有VIP客户，只有VIP服务'的服务理念。截至2024年3月底，我行存款余额超6亿元，贷款余额超10亿元，户均贷款约为11.6万元，累计发放贷款超25 000户、金额55亿余元。"

唐杰谈到，当下"需求下滑、利率下行、大型银行下沉、城商行下乡"的情况，确实给村镇银行业务发展带来了不少的冲击，但从这几年的发展结果来看，内部、外部冲击对汨罗中银富登村镇银行的整体影响还是可控的。从2020年到2023年，汨罗中银富登村镇银行贷款规模基本上保持了每年近两亿元的增势，与该行始终坚定不移地遵循"中银富登商业模式"展业密不可分。中银富登的目标客群与国有大型银行相比，更加注重客户的经营情况、稳定现金流与人品，不看重押品，采用了"小额、信用、批量"的经营战略，信用贷款与农村集体土地自建房准抵押贷款占比达73.64%。

近几年，汨罗中银富登村镇银行不断下沉市场，把主力战场定位为农村，尤其是农村金融服务薄弱、信息不对称的偏僻乡村，这些地方金融服务相对不足，同业竞争压力相对较小。同时，通过对当地特色行业的深度调研及多维度的市场细分，找出同业不太关注的群体，风险、业务共同参与前期市场调研，对客户进行精准"画像"，提前制订风险缓释措施，树立业务人员服务新客群的信心，进而提供精准的信贷产品。"同一个行业，国有大型银行聚焦的客群与村镇银行的聚焦客户也是有差异的，我行一直在这种差异上进行补位，在差异上寻找空间。"唐杰向笔者介绍道。

硬核科技与软性管理

"中国银行的'基因'，成就了中银富登强劲科技实力"。唐杰谈及科技赋能时豪情满怀。他说："村镇银行如何发挥'体量小、转身快'等特点，适时赋能科技金融成色，把硬科技和软管理科学结合，产生了非常正面的效果。近年来，我行依托投管行科技支持，深入市场调研，结合汨罗地方经济特色与循环经济产业优势，坚持走差异化经营道路，坚持'小额、分散、批量业务拓展'的模式，线上线下产品齐发力，通过'党建＋金融'深入乡镇、村组、社区，以支持乡村振兴为目标，大力推进普惠金融业务，努力解决广大农村村民、小微企业、新市民'融资难、融资贵'等问题，为打通金融服务'最后一公里'走出了一条小微金融特色之路，并被湖南省村镇银行协会授予'湖南省村镇银行学习示范基地'称号。"

为挣脱物理网点的"束缚",汨罗中银富登村镇银行通过应用人脸识别、电子证书、电子印章、数字地图等技术,客户经理手持移动PAD和移动开卡机,逐户走访县域农村客户,并实现信息采集、开户、进件、审批、贷后等全流程线上操作,真正将业务"搬"到田间地头,扩展客户服务范围,提升客户体验和服务水平。

结合汨罗循环经济特色产业,以产业链融资、促进产业转型升级。该行通过支持重点行业、重点企业,以"核心企业+上下游"的产业链融资方式,重点支持了中塑新能源、新基源等塑料园区企业,铝加工、贸易、木门制造、废旧回收等行业。截至2023年末,该行制造业贷款占比10.77%,批发零售业贷款占比40.61%。

目前,汨罗集聚了200余家再生资源回收企业、4 000余家经营户和5 500多个收购网点,废旧物资回收网点遍布全国,每年数百万吨废旧金属在这里"重获新生"。截至2023年末,该行投放循环经济产业贷款超两亿元,涉及客户685名,助力特色产业健康发展。

├ 回馈乡梓,助力和美乡村

"政治上'姓党',业务上'姓农'。我行始终把党的领导贯穿到全行发展的全过程、各方面。"唐杰在谈到"党性"和"人民性"时向笔者表示。他说:"中银富登是中国银行服务乡村振兴的重要平台,作为国有大型银行开办的村镇银行,党的领导是既是特色更是优势。在全面加强党的建设中,我行坚持与主责主业结合,通过成立'党员先锋突击队''党员示范岗''青年突击队'等形式,引导广大党员干部和青年员工在服务乡村振兴的大舞台施展才能,建立新功。"

在服务乡村振兴中,汨罗中银富登村镇银行通过与乡镇签订"党建+金融"战略合作协议的模式,部门负责人及包村客户经理每周拜访辖内村"两委",摸清村里产业结构、人口状况,通过村委或"企查查"APP筛选村中种植养殖客户、新型农业主体以及有消费经营资金需求的客户名单,就名单制订服务方案;包村客户经理做好专属服务,确定进村频率及服务时长,对名单对

70. 路漫漫其修远兮　吾将上下而求索

象进行走访，建立服务台账，有针对性地提供线上、线下产品。截至2023年12月，该行已与15个乡镇签订"党建＋金融"战略合作协议，对184个行政村农户进行"优质信用户"建档，累计授信3 507户、金额3.15亿元。

与此同时，汨罗中银富登充分发挥金融行业专业特长，结合当地实际，积极组织员工参与"金融知识进万家""金融知识进校园""小小银行家"等公益项目；组织青年员工、团员参与乡村振兴工作，派驻村工作队员开展"点对点"帮扶，在稳步发展各项业务的同时，履行社会责任与使命担当。

▍"三农"情怀，初心不改

唐杰谈及自己的"三农"情怀时，如数家珍地向笔者介绍了其从业经历。目前他是湖南省4家中银富登村镇银行、江西省5家中银富登村镇银行的省级"协调人"，还是汨罗中银富登村镇银行、桃江中银富登村镇银行两家村镇银行的专职董事长，可谓重任在肩。

唐杰有着近30年的银行从业经历，汨罗中银富登村镇银行是他管理的第5家村镇银行，2019年3月任职汨罗中银富登村镇银行董事长以来，他用5年时间将该行的贷款规模从"0"发展到现在的10亿元，在全国134家中银富登村镇银行中综合业绩排名居前。

唐杰从小在农村长大，他更能理解农民生活的"苦"和农民致富的"难"。唐杰笑着向笔者说道："每次和养牛户聊起'西蒙塔尔'的养殖技巧，和种粮大户谈起当前农业机械化的现状和未来趋势，听到这些农业客户夸一个银行的董事长居然这么懂农业，自己心里特别开心。"

"作为一家村镇银行，中银富登给予员工'开放、纯粹、公平、公正'的舞台，在这里只需要专心干工作，就能不断进步，不断成长。12年来，当看到那么多年轻的员工，从刚出校门的'小白'，不断进步成长为村镇银行的业务骨干，甚至很多人走上了管理岗位，成为支行长、法人行的副行长、法人行的行长，看到他们事业有成，结婚生子，家庭幸福，我打心眼里高兴。"唐杰感慨万千，他自己很享受在中银富登工作的每一天。

71. 持续塑造品牌特色新优势

访山东临清沪农商村镇银行行长 ◎ 张超杰

伍洪　范伟

"强品牌，哺百业，惠民生"，近年来，山东临清沪农商村镇银行用"普惠金融助力百姓美好生活"的铮铮誓言，用"努力打造为客户创造价值的服务型银行"的凌云壮志，焕新发展理念，发挥专业优势，提升金融质效，服务国家战略，赋能社会治理，持续为地方经济振兴发展提供强劲的金融助力。

"金融服务乡村振兴，是商业机遇，也是社会责任，更是适应新时代发展需要而全面提升金融服务能力的重要体现，扩大农村金融服务覆盖面，提升乡村振兴金融服务能力，持续塑造发展新优势，是当前金融服务乡村振兴高质量发展的有效路径之一"。临清沪农商村镇银行行长张超杰向笔者介绍道。

截至2023年12月末，该行各项存款余额20.17亿元，其中储蓄存款余额19.71亿元，占比97.74%；各项贷款余额9.64亿元，户均贷款24.14万元，农户和小微企业贷款占比92.67%。

├ 打造"百姓银行"，深耕村居服务

聚焦主责主业，临清沪农商村镇银行深耕村居，下沉服务重心，持续开展了"诚信村"建设、整村授信、村居服务新征程等系列活动，打造"百姓银行"特色服务品牌，形成"一个包片区域、一个拓展小组、一个责任人、一个

联系人"的"四个一"工作推进机制,为广大农户提供"差异化、特色化、专业化、亲情化"的金融服务,"本土化"优势和作用愈发凸显。

近年来,临清沪农商村镇银行通过管理下沉、服务下沉、人才下沉、产品下沉,不断推进和完善农村信用体系建设,加大信贷资金的投放力度,降低农户融资成本,优化农村金融生态环境,通过集中宣讲和逐户走访相结合的方式,发挥好村委会、存量客户、致富带头人等人员的关键性作用,努力将金融服务送到每一位有需要的农户手中,让田野"沃土"变成金融服务"热土",为乡村振兴持续增添新动能。

"我们将信用村、信用户作为完善农村信用体系、发展整村授信业务的基础,持续优化信用村建档评级工作,通过移动PAD,将信用村、信用户建设延伸到偏远乡村,以点带面、点面结合,助力数字乡村和'三产'融合发展。"张超杰向笔者介绍道。

截至2023年12月末,该行村居业务已覆盖12个乡镇、4个街道办事处、554个自然村,整村授信覆盖365个行政村,覆盖率65.88%,累计授信3 400余户、金额达5.6亿元。

跨越千山万水,"沪"守"万家灯火",临清沪农商村镇银行用"普惠金融"穿针引线,沿着广袤无垠的"三农"沃土,绣出一幅幅波澜壮阔的"富春山居图"。

⊦打造"指尖银行",实现深度赋能

临清沪农商村镇银行既走传统"人熟地熟"扫街路线,又借鉴金融科技助力,实现线上线下有机结合,助力农民跑上致富"高速路"。

通过建立"村居档案系统",临清沪农商村镇银行上线"网格化营销+整村授信"功能,将整村授信的客户数据、评议数据进行管理及验证,生成"白名单""黑名单",依靠"线上技术—线下熟人"风控,建立农户电子档案,通过关键人评议、第三方打听、线上大数据风控等,实现"背对背"无感授信、"面对面"用信扫码。

通过一系列的优化更新,实现让数据多跑路、让农户少跑腿,老客户最快3分钟、新客户最快10分钟办结贷款,老百姓亲切地将临清沪农商村镇银行称为"指尖银行"。

烟店镇位于临清市西南部，辖内有36个自然村，是中国轴承贸易之都、山东省优质轴承生产和出口基地。近年来，烟店镇轴承市场已发展成为全国规模最大、品种最全、参与人员最多的轴承专业市场。受轴承市场的带动，全镇每个村都有轴承加工户，郑厂村就是通过轴承产业带动，率先富起来的一个村庄，该村共有300余户村民，其中有100多户都在从事调心滚子轴承的生产销售生意，多为家庭作坊式的个体工商户。

随着产业升级、高新技术产业的创新，传统的家庭作坊已不能满足要求，需要进行全方位的更新换代，但大部分农户面临着资金短缺，申贷渠道少，机器设备待升级改造等难题。

找准服务内容，强化金融保障，临清沪农商村镇银行敏锐地预判到农户的处境，提前对接郑厂村村"两委"、逐户了解村民的需求，主动联系机器设备销售代理商，指导农户使用新设备，为农户的技改提供资金支持，白天入户调查收集资料，晚上整理资料上报审批，仅用3天时间，就对该村经营调心滚子轴承的40余户农户完成了授信，解决了村民融资难、融资贵的问题。截至目前，临清沪农商村镇银行已在该村累计授信60余户，授信金额960余万元。

├ 打造"社区银行"，促进产业富民

"一镇一业""一村一品"，临清沪农商村镇银行奏响产业强农"交响曲"，俯下身子，眼睛向下，脚步向前，用诚挚的语言、坚定的脚步、勤劳的双手、专业的思维，畅通金融服务"最后一公里"，服务小微企业、"三农"客户。

借助主发起行上海农商银行先进的"社区银行"普惠经验，通过对乡镇经济科学调研，持续推进分支机构建设工作，把分支机构开到乡镇地域较为偏远、产业经济较为薄弱、农民收入普遍偏低的地方，以"设立一个分支机构、带来一批特色产业"为出发点和落脚点，真情为农，勤力为民，促进家庭农场、农业合作社等小微经济体实现增产、增收、增效发展，助力有创业意愿和梦想的返乡人员、脱困户等群体实现创业致富、产业致富、勤劳致富。

面对国家监管政策、市场经济环境导向与变化，临清沪农商村镇银行在经营架构上重点突出党的领导地位和优势，深化践行"支持一户、带动一

群""支持一企、带动一村""支持一社、带动一片"理念,围绕绿色发展、循环发展、低碳发展主题,持续提升金融服务质效,为乡村经济发展、基础设施建设、生态环境改善、提高生活质量等,推出可行性服务方案,帮助小微企业、"三农"客户等解决在产业发展过程中遇到的融资难、融资贵等问题,降低农户和新型农业经营主体的融资成本,提升广大居民对幸福指数的获得感,为当地乡村经济产业发展注入强劲的金融力量。

"乡村振兴,产业为先,我行把助力产业兴旺作为服务乡村振兴的'牛鼻子',融入当地特色产业,引金融'活水'精准灌溉,在助力地方产业兴旺中,持续发挥着'社区银行'的'大作用'。"张超杰向笔者介绍道。

"普惠"的大河,永远响彻着催人奋进的歌声。临清沪农商村镇银行在助力百姓美好生活的道路上,用勤劳的双手播撒希望的种子,携手广大城乡居民续写"春天的故事",润泽"三农"的金融"活水"潺潺流淌,流进绿色乡村、美丽乡村、生态乡村,晕染着"金融为民"的初心和颜色,使小微企业、"三农"客户对"普惠金融"这一幸福实景更为"看得见""摸得着"。

坚守为民初心,深耕"三农"沃土,凸显品牌力量,临清沪农商村镇银行将围绕"农"深化改革,围绕"农"创新固本,围绕"农"驰骋不息,把"农"字融入企业文化建设之中,以"农"字贯穿始终,强普惠金融、乡村振兴之力,心怀"农"字,谱写高质量发展新篇章。

72. 同舟共济　共破难题
助力小微企业健康发展

访神农架楚农商村镇银行党支部书记、董事长 ◎ 张靖

📷 孙正凡

近年来，湖北省神农架楚农商村镇银行充分发挥地方法人金融机构为小微民营企业提供信贷服务的作用，采取多项举措，并积极主动与小微及民营企业共破融资难题。自成立以来，该行共向35余家小微企业发放贷款8 626万元，占全行贷款总量的32%，帮助企业及时排解了资金紧缺的矛盾，保证了生产经营持续健康发展，打造了林区金融系统行业新秀的品牌形象。

├ 准确定位，把支持小微企业列为办行宗旨

中小企业是区域经济发展的主力军，大型银行的贷款主要投向具有规模经营的大中型企业，小微民营企业求助信贷支持堪难。在激烈的金融市场竞争中，就需要村镇银行的支持，扶持小微民营企业则是小银行与小客户共谋发展、实现双赢的良策。

"神农架楚农商村镇银行在服务'三农'的同时，加大了对小微民营企业的扶持力度，集聚信贷规模，尽量满足小微企业单户300万元以下的贷款需求，并把这一市场定位作为办行宗旨，当成为地方实体经济作出贡献的重要途

72. 同舟共济 共破难题 助力小微企业健康发展

径之一。近年来，在大力拓展存款业务的同时，我行不断增加对小微民营企业的贷款投入，积极探索破解小微民营企业'融资难、融资贵'等问题。"神农架楚农商村镇银行党支部书记、董事长张靖介绍道。

├ 组建团队，强化小微企业贷款营销

村镇银行要塑造一支服务意识强，业务能力高的员工队伍，为"三农"、小微民营企业和县域经济发展提供优质高效的金融服务。团队的稳定性比高精尖的人才显得更为重要，如何吸引人才、留住人才是村镇银行面临的挑战。张靖介绍到，神农架楚农商村镇银行始终认为，支持小微民营企业不是坐等客户上门，而是需要多形式、多渠道主动寻找、筛选、拓展贷款客户。通过进村入户到每个乡镇和工业园区，对小微民营企业情况调查摸底，深入企业查看，加强联系互动，及时掌握客户资金需求，主动给予贷款支持。

张靖表示，为不断做好小微民营企业贷款，该行高度重视加强客户经理队伍建设，实行任务、责任和绩效三挂钩的考核机制，调动客户经理的积极性。该行客户经理常态化走访辖内小微企业65余家，由客户经理主动营销的贷款客户有55多户，占85%，贷款金额达到8 000多万元，占贷款总额的29%。其中，园区一家中药材企业，生产规模不大，但产品市场前景看好。因建厂时投入固定资产资金较多，导致流动资金短缺，联系多家银行，皆因缺少还款保证措施，贷款无门。该行客户经理得此信息后，及时上门了解情况，并联系林区中小企业担保公司为其担保，只花了3个工作日，就发放了300万元贷款。现在这家企业生产规模扩大，产品远销省内外，成为村镇银行的优质客户。

├ 创新举措，尽力满足小微企业贷款需求

为提升小微民营企业信贷服务，神农架楚农商村镇银行通过以下几个方面，加大小微民营企业信贷服务质量。完善信用保证，解除后顾之忧。该行首先和当地担保机构紧密合作，为小微民营企业贷款提供担保；与林区中小企业担保公司签订了合作协议，实行"利益共享、风险共担"的合作机制。成立以来，由担保公司担保的贷款有132笔，累计金额19 285万元。

完善金融功能，优化融资环境。该行采取有效措施，放大贷款效应，使小微民营企业真正受益。辖内一家企业向某银行申请贷款300万元购买原材料，用款时间急，该银行承诺可贷，但需购买该行理财产品30万元，企业左右为难。该行知晓后，及时登门联系，主动发放300万元贷款救急。该行公开承诺，发放贷款做到"三不"（不与存款、理财产品挂钩，不乱收费用，不附加额外条件，接受客户和公众监督）；该行发放小微民营企业贷款，不以追逐利润为目的，坚持贷款利率平均上浮幅度低于其他中小金融机构，涉农小微企业贷款利率上浮幅度不超过10%；小微民营企业向银行求贷，最担心"一锤子"买卖，贷款到期归还以后不能续贷。该行对单户贷款金额较大、生产经营正常、业务往来诚信、资金周转顺畅的小微企业，采取一次授信，多次使用，随还随贷，不断周转。现在在该行办理授信业务的小微企业已占贷款户的30%。在村镇银行的积极帮扶下，与该行建立信贷关系的小微民营企业，资金需求获得了及时供应。

完善业务流程，提高服务效率。小微企业贷款具有"小、频、急"的特点，时间长，拖不起，手续繁，耗不起。针对这种状况，神农架楚农商村镇银行对小微民营企业贷款实行"差别、特色、简化、高效"的服务，减少贷款审批环节，提高审批效率，缩短审批时间。具体采取以下措施：实行"双登门，两分开"的办法，开展贷款调查和评估。对申办贷款的企业，银行客户经理和风险管理人员一起登门，统一采集信息资料，分开进行考评论证；若由担保公司担保的，担保公司也派业务人员与银行人员一起登门，按照担保业务要素，分开调查论证。这样做，既有助于各方对企业情况了解达到一致，同时"两场芝麻一场打"，又减少了时间，提高了效率。灵活掌握贷审会召开频率。正常情况一周开一次，也可应需多开，便于及时审批。

神农架楚农商村镇银行从实践中体会到，积极为小微民营企业提供信贷服务，既是履行金融部门职责，也是承担社会责任，对银行经营工作也是有力的推进。该行坚持多为小微企业着想，把帮助解决小微民营企业资金困难的过程，衍化成为真正推动区域小微民营企业健康成长、科学发展的过程，进而实现村镇银行与地方经济同频共振、同舟共济。

73. "参乡"榆银"榆"快先行

访吉林抚松榆银村镇银行行长 ◎ 崔英

📷 伍洪 方有成

"世界人参之乡"抚松县，位于吉林省东南部，松花江上游，长白山西北麓，地域辽阔，林海遍地，人口较多，近两万亩人参种植让这里成为全球人参生产交易中心，每年鲜参与干参交易额高达近50亿元，是名副其实的"世界参乡"。近日，笔者专访吉林省抚松县榆银村镇银行行长崔英时，她自豪地为家乡打出了经典"广告"。

采访中，崔英还向笔者介绍了抚松榆银村镇银行。她表示，自抚松榆银村镇银行（以下简称"抚松榆银"）自2014年成立以来，担任行长。此前，她在金融专科学校毕业后，先后担任过柜员、信贷员、会计、信用社主任、联社副主任，算是基层信用社的"老员工"。

"九载耕耘，栉风沐雨。"一直以来，抚松榆银始终坚持以建设"温度银行""速度银行""抚松人自己的榆快银行"为目标，以发起行吉林榆树农村商业银行未来五年"科技化赋能、数字化驱动，打造数字化银行"规划为基础，实现"小而美"银行目标愿景，围绕"乡村振兴、服务实体"布局发展战略，创新"三农"和小微企业金融服务模式，做好党建与普惠金融协同发展工作，充分发挥村镇银行"服务'三农'、支持小微"的"生力军"作用，提升金融服务水平，提高服务能力，创新支农产品、服务和模式，满足涉农经营主体的

金融需求，推进乡村振兴。

村镇银行"小而美"，"人参"客户得"滋补"

谈到经营状况时，崔英行长向笔者解读了抚松榆银的"经营密码"。她说，按照五年"小而美"、三年"零售攻坚"数字化零售转型目标，抚松榆银紧贴当地发展特点和客户多元化的金融需求，为农户、新型农业经营主体、社区、小微企业等客户群体，提供具有"快简足优好+八随五秒"特点的多款数字化、全线上、纯信用的支农惠农"榆农快贷"信贷产品，产品特点深得"参乡"广大客户的青睐。同时，抚松榆银举全行之力开展"三体结合，一体推动"，以"两服务、四走进，开展四送、做好四员""党建+金融"、网格化营销为载体，通过实地走访和主动上门服务，不断将最适合的金融产品推介到农企和农民手中。

截至2023年末，抚松榆银共向1 371户农户发放贷款13 607笔，累计发放金额9.98亿元，户均发放贷款72.82万元，为地方经济发展注入了金融"活水"。

"近年来，抚松榆银始终坚持践行金融普惠理念，改善地方信用环境和金融环境，积极发挥'榆快金融·驿站'作用，努力实现农村金融服务的有效延伸，加强服务客户'零距离'，真正实现'小而美'、助'三农'、扶小微的愿景。"崔英如此解析道。

近年来，人参已走入平常百姓家中。但人参产业客户多属资金需求量大的"大客户"，"大客户"往往也需要银行资金来"滋补"。因此，抚松榆银高度关注人参种植、加工和销售领域，积极开展授信工作。截至2023年12月末，全部人参产业贷款已授信791户，授信金额17 891万元，已用信515户，用信金额12 908万元，户均贷款余额25.06万元；90%以上"大客户"实现了规模、效益同步发展壮大。抚松镇庆生村村支部书记张广淼，在抚松榆银贷款的支持下，已发展成为集种植、加工、销售于一体的规模化经营业户。

红松籽是抚松县地域特产，种植面广、产量大、产值高，是林业重要经济收入来源之一。抚松榆银自2015年8月首次发放松籽产业贷款，目前，已授信11户，授信金额1 200万元，授信客户全部用信，用信金额达1 052万元。

73. "参乡"榆银"榆"快先行

松籽加工大户魏庆利,累计用信150万元,年加工松塔约7.5万公斤,产松籽7万公斤,每公斤松籽售价约60元,收入约为420万元,净利润近100万元,成功走上了致富之路。

▶"榆农快贷",农户手机就能贷

抚松榆银坚持以农为本,服务小微。截至目前,抚松榆银对14个乡镇,134个自然村进行信息采集,采取"背靠背""三三"评议,对符合贷款条件的村民,开通"榆农快贷"线上准入,并对已符合贷款条件的村民进行宣传营销,"榆快金融"线上贷款产品贷款预签约授信10 555户、预授信金额12亿元,已签约授信1.590万户,已签约金额2.46亿元,"榆快金融"数字化信贷产品,基本实现客户通过智能手机足不出户即可获得信贷资金,提升了产品的体验感,突出了信贷资金的普惠性、便利性和可获得性。目前,行政村评议覆盖率达88.06%,有效支持地方特色产业发展,满足人参市场资金需求,助力实体经济。

此外,抚松榆银依据县政府"关于促进农民增收意见"文件精神,积极探索经营权和宅基地使用权"两权"抵押贷款方式,农村土地承包经营权、大型农机设备、林地使用权等抵质押担保方式,缓解涉农企业及农户融资难题;推动"吉企银通"金融服务平台提质增效,开展线上线下常态化融资对接服务活动,积极搭建"政银企农"沟通的金融纽带,实现广覆盖、全方位与客户接触,对区域内的农业生产、人参种植、加工、销售等支柱性产业给予更多的金融支撑。

▶"林海参乡"美,"榆银榆快"好

谈到党建与业务融合并进时,崔英行长提到,必须将"政治上姓党、业务上姓农"切实运用到实际业务中去。为贯彻落实吉林省政府、省联社关于"秸秆变肉"暨千万头肉牛建设工程的各项决策部署,抚松榆银充分发挥金融支撑作用,加大对肉牛产业发展的支持力度,有计划、有次序、有重点地推进肉牛产业金融服务各项工作深入开展,全力解决养殖户"融资难、融资贵"的问题。当前形势下,零售数字化转型是村镇银行发展难的外部形势所"需",

也是内部生存所"要"，抚松榆银按照发起行高位统筹安排，打造数字化支撑，化压力为动力，走一条适合自身的数字化零售之路。

"榆快金融"系统瞄准"农散小快灵"客群，相继推出"四大"零售类客户"1162"系列线上贷款产品，利用产品"速度快、手续简、额度足、利率优、服务好""随用随贷、随有随还、随时随地、随心随意""秒申、秒批、秒签、秒贷、秒还""快简足优好＋八随五秒"等特点吸引客户。另外，抚松榆银运用科技创新有效收小风险敞口，通过系统大数据风控、标准化程度提高，能有效隔离内部员工参与的垒大户等道德风险，与传统贷款相比，风险度可降低80%以上，更有助于村镇银行健康发展。

"抚松榆银在地域同行业中独到的特点是机制灵活、贷款审批链短、放贷速度快，根据这些特点，我们致力于把业务'做小做精'，紧密结合发展定位，充分发挥法人机构机制灵活的优势，坚持小额分散、错位经营，坚持扬长避短，聚焦抚松县农村金融市场，在极具地方特色的人参、松籽等特色产品的产业上，研发多款数字化、全线上、纯信用的支农惠农的零售类信贷产品，大力推动助农、帮扶、普惠金融等各项工作开展，多措并举助力乡村产业振兴，满足了特产收购、加工等客户资金使用额度'小'、时间'短'、频率'高'、用款'急'的要求，切实履行了立足抚松，深耕'三农'的金融义务和地方法人银行的社会责任，受到当地政府认可和群众的一致好评。"崔英行长介绍道。

崔英行长还表示："作为抚松榆银村镇银行高管，在不断学习新知识，树立新思想、新理念的同时，将自身多年管理经验融入日常管理。我深知员工是企业发展的'内在基因'，而具备良好职业素养和高效执行力的团队，是企业健康发展的根本保障。为此，我在员工'健康理念'上下功夫，以培育合规文化为着眼点，通过强化培训、合规竞争、合规操作等政策约束机制，把控风险；以工作项目化、任务清单化、时序流程化、推进制度化、落实标准化'五化工作法'不断改进工作作风；以零售攻坚目标月评比、季考核等正向激励机制，让员工切实感受到'你若奋斗，必厚待'工作机制。目前，员工普遍树立起幸福是奋斗出来的工作理念，团队执行力明显提升。今后，我将继续与抚松榆银全体员工携手并肩，积极打造新时期数字化村镇银行，向着五年'小而美'，三年'零售攻坚'愿景和目标'榆快'努力奔跑，谱写抚松榆银发展新篇章的同时，在建设'林海参乡、幸福抚松'的征途上奋楫启航。"

74. 服务送进百姓心坎　普惠金融落到实处

访巨鹿融信村镇银行党支部书记、董事长◎张岛

　　徐国维　甄镜媛

　　提到河北巨鹿，人们自然会联想到那场以少胜多的"巨鹿之战"，想到项羽破釜沉舟一战成名扭转整个战局的历史故事。现如今，这片英雄辈出的土地已成为闻名全国的"金银花之乡"，同时也成为巨鹿融信村镇银行唱响乡村振兴的大舞台。提到巨鹿融信村镇银行，记者不禁由衷地赞叹，开业刚满4年，就在经营上取得了骄人业绩。他们是如何做到的呢？近日，董事长张岛在百忙之中接受了记者的采访。这位朝气蓬勃的"80后""掌舵人"谈起话来亲和力十足，更显沉稳睿智，面对记者的提问，他如数家珍，娓娓道来。

　　巨鹿融信村镇银行是2019年7月由沧州农商银行发起，经原银保监会、中国人民银行批准成立的。自成立之初，巨鹿融信村镇银行始终秉持"以贷定存，存贷平衡，成本覆盖，争取利润最大化"的经营理念，坚持"服务小微、普惠'三农'"的市场定位，依法合规审慎经营，以服务地方经济为目标，以优质服务为手段，以制度流程为规范，将普惠金融落到实处，全方位助力县域经济发展。

　　在当前经济环境下，同业竞争日渐激烈，面临新的机遇和挑战，村镇银行处于金融系统的末梢环节，能够做到稳健可持续发展尤为不易，但巨鹿融信村镇银行不仅摸索出了一条适合自己的融合发展之路，而且还通过资源整合，

积极引进数字科技赋能、党建支撑金融、"政银担"一体合作等多方资源，实施"金融+N"新合作模式，积极推进并落实乡村振兴普惠金融，实现合作共赢，资源共享。

⊢"金融＋数字科技"，助力普惠金融

2023年以来，巨鹿融信村镇银行积极探索创新，持续加强科技赋能与数字化转型，深化互联网、大数据、人工智能等科技手段运用，创新金融服务模式，改进优化授信审批和风险管理，提高获客效率，提升客户金融服务可得性和质量。同时，巨鹿融信村镇银行与腾讯金融云合作，积极探索创新，通过数字科技赋能，推动信用体系建设，对其他金融机构覆盖不到的区域、人群进行全覆盖，形成错位竞争发展；充分发挥科技和连接优势，开创数字金融乡村振兴新模式，通过大数据分析，实现批量授信评级，从"1对1"到"1对N"的金融服务，完成了适龄常住人口的全覆盖，预授信金额79.29亿元，并通过线下转线上再转线下的方式，完成与客户的"一对一"触达，实现逐步递增的普惠业务，加快了推进乡村振兴普惠金融的步伐。

⊢"党建＋金融"，凝聚发展新合力

作为巨鹿融信村镇银行党支部书记、董事长，张岛始终坚持抓好党建促业务，坚持把党建工作和业务经营目标同向、部署同步、工作同力，以高质量党建引领高质量发展，使两者在融合发展中相互促进提升。

巨鹿融信村镇银行发挥党建引领作用，与县委组织部合作，开展"党建＋金融"，评定信用乡、信用村、信用户，优化农村信用环境建设，为乡村振兴提供资金支持；进一步优化农村信用环境建设，打造农村综合服务体系，通过整村授信普惠金融新模式，支持县域"三农"和小微企业，依托村党支部前置把关，对产业村的经营户进行信用评级，有效解决农户融资贵、融资难的问题；充分运用支农支小再贷款金融工具，加快了推进乡村振兴普惠金融的步伐；深化党建业务融合，持续加强"政银"合作，巨鹿融信村镇银行积极与巨鹿县各乡镇党委对接，开展金融赋能小微"政银企"对接会，签订战略合作协议，并在前期充分调研的基础上，现场为参会的村"两委"干部及小微企业商

户代表现场授信，发放授信通知书，增强与基层党组织的合作黏性；通过党建引领，开设村级金融助农服务站，进一步融入村级党支部，填补农村金融"最后一公里"的空白，确立金融联络员的"服务上站"制度，让农户实现足不出户便可享受金融服务。

⊢ "政银担"同频共振，融合资源协同发展

巨鹿融信村镇银行积极对接河北省农业融资担保有限公司，创新"政府＋金融＋农担＋产业＋保险"的多方位合作模式，金融赋能农业产业，发展村集体经济，增加农民收入；推动县域农业高质量发展，实现村集体经济发展，增加农民收入。巨鹿融信村镇银行与河北省农担公司签订战略合作协议后，依托"冀农担"贷款业务为巨鹿县域内种植养殖户、农业生产村级集体经济组织提供金融担保和信贷支持，通过"双基共建"走访、"政银担"对接会等形式，开展种植养殖户集群乡镇、村庄宣传，针对巨鹿县特色农业产业和市场需求，不断细化、丰富创新产品，共同开发"银担"合作模式下的"农资贷""金银花贷""肉羊贷"等产品，为农村经营户提供小额信贷支持，为"三农"提供资金保障。

⊢ "金融＋创业"，带动创业梦

为更好地推动大众创业、万众创新，服务乡村振兴战略，持续优化县域营商环境，巨鹿融信村镇银行与县人社局合作，为创业人员解决融资难问题，与全县9家创业孵化基地达成战略合作，为"创客"创业提供资金支持。同时，巨鹿融信村镇银行制定"双拥"政策，积极承担拥军优抚社会责任，拓宽退役军人就业创业渠道，为退役军人设计专属贷款品种——"拥军创业贷"，积极解决干事创业的金融需求。截至2023年底，巨鹿融信村镇银行共发放贷款166笔、金额达6 326万元。

⊢ "金融＋综合服务"，优化客户体验

巨鹿融信村镇银行组织开展金融知识普及宣传，树立银行良好形象；不

断创新金融服务举措，持续提升服务质量，设置军人优先窗口、雷锋窗口，升级"劳动者之家"服务区，增设茶吧休息区、图书区以及儿童娱乐区，提供免费体检服务，设立自助办税终端机、营业执照自助终端机、"巨好办"积分兑换商城、审批事项受理窗口等，在原有服务的基础上，进一步丰富厅堂功能区域，提升厅堂服务水平和客户体验满意度。此外，巨鹿融信村镇银行还为园林、环卫工人捐赠物资，设立"见习岗位基地"，面向社会提供见习岗位，用真心传递公益爱心，打造老百姓身边"最暖心的银行"。

2023年是全面贯彻落实党的二十大精神的开局之年，同样也是巨鹿融信村镇银行新的3年规划实施阶段，巨鹿融信村镇银行将继续多方面协调资源融合，深化党建业务融合，持续加强"政银企"合作，回归农村金融本源，大力发展普惠金融，从服务新时代"三农"工作全局出发，不断提高金融服务乡村振兴能力和水平，服务"三农"，助力小微企业，充分发挥村镇银行在农村金融服务中的主力军作用。

采访结束时，张岛满怀信心地告诉记者："乡村振兴，大有作为，金融赋能，时不我待。只要我们'咬定青山不放松'，巨鹿融信村镇银行的普惠金融事业就一定能再创新辉煌！"

75. 彩云之南建功立业助振兴

访南华兴福村镇银行董事长 ◎ 马骏

方有成　杨丽萍

彩云之南，天高地阔，物华天宝。地处云贵高原腹心的云南省楚雄彝族自治州南华县，享有世界"中国野生菌之乡""中国核桃之乡"等美誉，扎根于此的南华兴福村镇银行始终坚持"支农支小、服务区域经济"的市场定位，在支持乡村振兴、勇担企业社会责任等方面作出了积极贡献，其优质的金融服务更是赢得了当地百姓的良好口碑。"截至2024年2月末，我行已累计向当地投放贷款29.71亿元，其中涉农贷款27.21亿元，真正做到'一切依靠群众，一切工作为了群众，无愧于村镇银行的使命和担当'。"南华兴福村镇银行董事长马骏欣喜地向笔者介绍道。

├ 坚守定位谋发展

马骏来自主发起行常熟农商银行，他与笔者交流时快言快语地表示："村镇银行由于资金少、规模小，要想在市场上立足，就必须采用与大型银行不同的经营策略，根据自身特点，发挥优势，展开错位竞争。比如，村镇银行可为中小微企业提供个性化的融资和咨询服务，积极开发和引入适合'三农'需求的金融产品，开办农户小额信用贷款业务；创新贷款方式，简化贷款手续；科学确定农业贷款周期，满足农民农业生产资金需求。依托灵活、快捷的经营模式和接地气的服务,可提高村镇银行发展的核心竞争力。"

在经营中,南华兴福村镇银行始终坚持"六多六少"原则(多做个人业务,少做公司业务;多做信用业务,少做抵押业务;多做经营业务,少做消费类业务;多做农村业务,少做城市业务;多做难而正确的事,少做走捷径的事),大力推进整村授信业务,做到"村村有负责人,户户有管护经理",与乡镇政府、村委会合作,加大信用村建设。结合辖区农户种植养殖情况,该行推出"烟农贷""菌子贷""魔芋贷""萝卜贷""饲料贷""兴福养殖贷""兴福乡亲贷"等贷款产品,全方位满足不同农村客群需求。截至2024年2月,该行整村授信户数达4 878户,其中用信户数1 864户。

同时,南华兴福村镇银行做好客户分层,划分"星级客户",为客户提供"定制化"的产品与服务,让客户在办理业务的过程中体验全程"VIP"式服务;综合考量客户对公账户开立、流水、定活存款、客户转介绍等在贷款利息上"一户一策",构建与客户共赢的生态圈;组建贷后回访团队,做到一周一联系,一月一走访,增强客户黏性,及时掌握客户经营情况,在扩大生产时给予信贷支持,在经营出现风险时及时做好应对策略,降低客户损失。

├ 多措并举强保障

在与笔者谈到"人才强行"战略时,马骏更是兴奋不已。他向笔者分享道:"我行始终坚持'人才强行'战略,秉承'员工是银行最宝贵的财富'理念。目前,我行员工平均年龄29岁,这支年轻的队伍像'前辈'一样靠着一双'铁脚板',晴天一身土,雨天一身泥地穿梭在田间地头,用'大喇叭、小板凳'进村入户,用勤劳和汗水浇灌着农村金融服务的种子;借助科技力量,通过移动PAD实现客户信息录入、移动开卡、签约、放款等工作。此外,我行还尝试借助无人机设备参与贷前调查,不仅能全方位落实客户经营面积及状况,而且能提高工作效率,用最快的速度、最好的服务为客户办好每一笔业务。"

在工作中,南华兴福村镇银行年轻的员工们不仅扮演着高素质的金融职员角色,更在客户需要的时候扮演着"知心姐姐""科普小达人"等角色,提升了客户体验。同时,该行在营业大厅设立"儿童区",开展"小小银行家""儿童绘画比赛"等活动，将活动带出厅堂，组织工作人员进社区、进乡村，用实际行动，护航留守儿童快乐成长。针对外出务工人群，该行在高铁站、客运站设立志愿者服务点，为返乡人群提供水、面包等食物，同时提供行李看管，车票报销等服务，让外出务工的人一下车就能感受到来自家乡的温暖。

南华兴福村镇银行在辖区内持续组织开展"兴福杯"广场舞大赛、"兴福杯"好声音、"兴福杯"扑克赛等系列"兴福杯"赛事，不仅丰富了老百姓的娱乐生活，还增强了客户黏性与体验感。除上述系列活动外，该行每周组织一次"周周乐"活动，通过游戏、金融知识普及、健康知识讲座、插花等形式开展，让客户"周周有期待"；每月组织一次大型活动，持续做好厅堂引流，做好客户服务，提升客户忠诚度。

⊢严防风险守底线

马骏在谈到风险管控时，谨慎沉稳向笔者介绍道："首先，南华兴福村镇银行是由经验丰富、经营业绩良好、内控管理能力强的常熟农商银行发起设立的，本质上是建立了一道'防火墙'，有效地控制了社会风险。其次，我行可以借助商业银行现代管理制度建立有效的内部风险控制体系，在风险控制的基础上，可以实行'公司担保+农户'的经营模式开展信贷业务，实现联动经营、联动发展，还可以发放农户小额联保贷款，有效降低经营风险。"

工作中，南华兴福村镇银行建立了风险控制机制，形成了覆盖村镇银行各种风险的全面风险管理体系，加强前台、中台、后台的整体联动和相互制约，全面提高风险管理的有效性，增强风险判断的准确性和客观性，促进各项业务持续健康发展；建立全面的风险管理组织架构，以强化信用风险管理为重点，推行风险经理与客户经理平行作业，建立作业流程合理、岗位职责清晰、报告线路明确的风险管理流程和业务操作流程，体现"以客户为中心"的思想，平衡风险与收益的关系。

2023年，南华兴福村镇银行在贷前方面以风险控制、业务融合为重心，加快流程梳理，明确审批标准，加强对发起行信贷管控经验的借鉴学习；在贷后方面多措并举，采取"一户一策"的方式处置不良贷款、灵活采取多种方式清收逾期贷款,并着力提高信贷资产质量。该行建立不良贷款听证机制,进一步查摆剖析了信贷业务风险管控的薄弱环节,让客户经理学会自我剖析、自我讨论、以案促学、以案自检;针对移交类贷款制定专门的风险管理制度,对移交贷款的风险扣罚和责任认定标准进行明确,确保因人员调整或调动引起的业务移交工作能够发挥移交业务资源优势,保障各机构业务持续向好向快发展;加强清收专员管理,持续加强贷款全流程管理,将贷款"三查"制度真正落到实处;每月联合普惠金融部进驻各机构开展月度风险巡查,强化支行长、信贷主管在日常审批业务中的风控作用,引导全行树立"做小做散"意识,严防风险积聚,树立"控新降旧"意识;按月压实清收任务,开展不良贷款、核销贷款专项清收激励活动,激发客户经理清收责任意识,提高清收效率。

76.凝心聚力谋高质量发展

访无为徽银村镇银行党支部书记、行长◎欧见秋

霍云鹏　徐道红

"从城商银行分支机构到村镇银行工作,跨度大,到任3个月,我过得非常充实,每天不得不高度紧张起来,思考战略定位、风险防范、绩效提升、队伍管理、人才激励、业务发展等方方面面的工作,深感责任重大。"记者对安徽无为徽银村镇银行行长欧见秋的采访从他到无为徽银村镇银行任职3个月的感受谈起。

如何尽快、有效地投入跨系统的村镇银行工作,欧见秋告诉记者,首要之事是学习与了解村镇银行情况、行业特征、地域特性,并将理论学习、经验借鉴与内部工作探讨相结合,学习与分析相结合。欧见秋通过拜访监管部门,与主发起行管理部门开展充分交流,全方位地了解相关政策、制度、要求,与班子成员开展集体交流和业务探讨,虚心向班子成员请教,全方位地了解无为地情和行情。在紧张的工作中,欧见秋每天抽出时间阅读"中国农村信用合作报·中国村镇金融"公众号发布的各地村镇银行工作经验和金融强农案例。欧见秋表示:"同业的一些先进做法我感到非常好,但它对我们不完全适用,案例中的某些思路,真是让我受益匪浅,具有极强的借鉴作用。"

"无为徽银村镇银行原有领导班子根基好、稳定、敬业、综合素质强。"欧见秋认为,领导班子团结、思想统一是村镇银行高质量发展的基本点。欧见秋到任第一天就表明态度,自己是村镇银行的一员,来无为徽银村镇银行是干

事的，以此消除大家对他来"镀金"的误解。记者了解到，欧见秋原任职的支行在徽商银行系统内业务、管理水平均属前列。他到任村镇银行后，没有照搬原有的管理和业务模式，不把自己的思想强加于人，和大家一起走访客户、调研、开拓业务；主动和领导班子成员交流思想，善于听取不同意见，采取民主集中的方式形成决策；表明自己勇于担责的态度，让领导班子成员在自己职责范围内，合规大胆地创新、开展工作，在极短的时间内营造出良好的工作氛围。欧见秋说："作为行长，自己不但要带头履责，而且必须有担当，我是无为徽银村镇银行第一责任人。"

加强内部生态建设

良好的内部生态是村镇银行高质量发展的关键要素。欧见秋告诉记者，无为徽银村镇银行新的领导班子从理顺内部工作关系、建立激励机制、完善规章制度三大方面入手，营造发挥员工能力、激发员工潜力、形成合规运营合力的氛围和条件。

组织开展"畅言行动"。无为徽银村镇银行在没有视频监控的会议室设立"行长邮箱"，鼓励支行、部门员工给领导班子成员提意见，指出行里在制度、管理、产品、手续等方面存在的问题；支行、部门之间也可以互相提意见，指出在业务配合、相互支持等方面存在的问题；前台、中台、后台之间也可以相互提意见，指出相互配合方面存在的问题。针对大家所提的问题，无为徽银村镇银行组织专人进行梳理分类，下发给涉及的支行、部门，要求他们提出解决方法、思路和方案。面对需要领导班子层面解决的问题，由分管行领导牵头解决；能马上解决的问题，决不拖沓；对暂时解决不了的问题，提出解决方案和时间表，列入长期工作目标中。无为徽银村镇银行做到每条合理化建议均回复，让员工能够看到解决问题的诚意和希望。无为徽银村镇银行明确了领导班子成员对口联系部门、支行工作制度，将行领导班子成员定位为支行和部门的服务员，明确部门、支行有什么诉求、问题可以直接找分管领导，同时要求分管领导要主动调研，解决部门、支行的实际困难。

建立周工作计划、点评制度。无为徽银村镇银行要求支行、部门每周提交工作计划，对上一周工作执行情况进行汇总，明确"下一周干什么、如何干"。行长对每周汇总情况进行点评,同时每2周至3周作一次"跟踪点评",通过内部微信群表扬成绩突出的单位、个人,并对发现的问题进行监督整改,效果立竿见影,促进了部门、支行人员履职尽责。建立考核激励制度。无为徽银村镇银行推出客户经理分级制度,根据客户经理的业务能力、贡献大小等综合因素进行评级,打通客户经理的上升通道,解决了干好干坏、入职时间长短都一样的难题,形成正向激励,让成绩突出的员工能享受到支行负责人的待遇。同时,无为徽银村镇银行用举办颁奖仪式来提高员工的荣誉感,用"待遇+荣誉"留人。

调整结构促转型

截至目前,无为徽银村镇银行资产规模近40亿元。鉴于目前农村金融业务已进入"红海"的实际情况,村镇银行如何有效开展业务转型?欧见秋告诉记者,通过研判同业报表,摸透同业主营业务,分析同业竞争优劣势,减少恶性竞争,才能从"红海"中发现"蓝色切入点";深入领会工作意图,在符合监管部门要求的前提下,"做政府想做但有困难、群众需要但不易得、村镇银行能做而同业不愿意做或因决策链长暂时无法做的事"。

推行企业"白名单"制。村镇银行因受客观条件所限,获取的信息、数据相对较少,客户经理在客户信用评定上遇到许多困难。为了帮助客户经理开展业务,无为徽银村镇银行推出"白名单"制度。针对无为本地行业的龙头企业、专精特新企业,无为徽银村镇银行到政府相关部门、企业关联单位进行走访,了解企业信用情况,组织领导班子成员和相关客户经理对客户的信用进行综合研判,集体讨论决定"白名单"企业。无为徽银村镇银行首批确定了53家"白名单"企业,对他们简化流程,优化服务,明显提升了客户营销、授信、审批等环节的效率。

调整资产结构。无为徽银村镇银行为进一步夯实个贷业务发展基础,在全行7个支行均成立了个人信贷部,出台了个人贷款考核激励制度,压缩其他费用和成本,将业务费用向个人贷款倾斜;营销策略以个人贷款为主,下调个人贷款利率,坚持把个人贷款业务做大。此外,无为徽银村镇银行总行设立小微金融部,对全行业务进行统一经营管理,坚持以做100万元以下的小微企业业务为主。

打造服务乡村振兴的金融新模板。芜湖市已连续两年下发支持农村分布式光伏发电项目的文件,并出台了一系列支持政策。欧见秋告诉记者,面对光伏发电项目良好的发展机遇,无为徽银村镇银行成立专门班子,在调研论证的同时,积极拜访企业、沟通政府。在发现光伏发电项目发展窗口期大概只有2年至3年的情况后,无为徽银村镇银行发挥村镇银行独立法人的优势,借鉴同业"银政企"合作模式,及时推出光伏发电贷款产品。目前,无为徽银村镇银行已发放两笔光伏发电贷款,储备客户数10户,业务增长后力强劲。在支持工商业屋顶光伏发电项目试水成功的基础上,无为徽银村镇银行积极谋划金融支持农民增收的农村屋顶光伏发电项目,推出"融资+农户屋顶+合作社统筹管理+专业公司"运营模式,延伸服务、融合资源,让农民"以电还贷,用电不花钱",并能够每年获得合作社的发电收益分红。

合规和风险防范是金融机构的永恒话题。欧见秋告诉记者,首先要对监管工作有正确的认识,很多村镇银行是根据经验办事,监管机构和主发行开展的专项巡查、审计,是帮助村镇银行规避风险、给予指导,有助于合规化建设,是一件非常好的事;其次是合规文化建设非常重要,要从基层每一位员工入手,通过举办培训、签订承诺书、宣誓等形式,让每位员工树立合规意识,通过严格限权、事后监督和检查、建立贷后风控模型等手段,用制度管人。

专访即将结束时,欧见秋表示,村镇银行要实现高质量发展,离不开发起行的支持,徽商银行给予了无为徽银村镇银行人才培训、业务指导等多方位的支持。无为徽银村镇银行将通过加强员工与管理层的双向交流,提升凝聚力,全力打造"奋斗+合规"的企业文化,为企业高质量发展赋能。

77. 深化强农金融服务　深耕县域农业沃土

访安徽寿县联合村镇银行党支部书记、行长◎孙禄全

📷 龚杰　刘美荪

　　安徽寿县联合村镇银行成立于2013年，坐落在"国家历史文化名城"的寿县，该行现设有5家支行、2家便民服务点。自成立以来，该行始终以"服务县域、服务'三农'"为市场定位，以"做小、做散、做深"为经营理念，全面融入县域经济发展大局，不断深化强农服务的下沉力度，深耕县域农业金融沃土，为县域经济发展和乡村振兴建设提供强有力的金融支持。

├ 强化党建引领，凝聚发展合力

　　寿县不仅是"国家历史文化名城"还是"农业大县"和"人口大县"，全县面积为2 948平方公里，其中耕地面积为276万亩，全县户籍人口138.2万人，其中常住人口83.09万人，是大有可为的广阔天地。"我行一直把普惠金融的重点放在乡村，致力于通过下沉式的金融服务，把普惠金融送到田间地头，让农业经济活跃起来，让产业发展繁荣起来，是寿县联合村镇银行一直坚持的事。"寿县联合村镇银行党支部书记、行长孙禄全向笔者表示。

　　该行以"党建+金融"模式，全面推进乡村振兴战略，把夯实农村基层党组织建设同推动富村富民有机结合起来，与各级党组织深度对接，互联互动。首先要夯实基层党建基础。以问题为导向，积极开展党建与业务互学共促活

动,促进"党建+业务"双向发展。其次要加强党建引领信用村建设。为进一步提升客户的获得感和满意度,该行在信用村开展整村授信、网格内批量客户授信业务以及"白名单"授信业务。助力信用村发展,借助"信用金融",做好主动对接,全力支持新型农业经营主体的生产经营,因地制宜发展壮大村集体经济,促进乡村产业发展。

聚焦网格化营销,深化精细化服务

据孙禄全介绍,寿县联合村镇银行在主发起行杭州联合银行的指导下,立足于县域经济发展区域的不同特点,在各支行所在区域内实行村居化营销的方式,将乡镇所在的自然村划分为若干个片区网格,实行"早走访、晚回访",专人专管制度;在日常开展的营销与走访中,强化落实"真走访""真建档"工作,与客户建立紧密联系,通过深入走访挖掘,收集客户真实、可靠的数据来针对性地提供金融供给。通过村居化营销,进一步下沉了该行的服务重心,增加了与农户之间的黏性,2023年先后走访客户2.59万次(户),累计完整建档1.39万户。同时,针对区域发展的不同特点,该行通过网格化收集到的信息需求,相继开发出"惠农振兴贷""家家贷"等金融产品,极大地满足了农村生产经营过程中所需的各种金融要素环节,把支持县域经济特别是乡村振兴战略,作为普惠金融发展的重点。

为进一步提高乡村振兴服务效率,该行以智能化与便捷化为抓手,为客户经理配备了移动背夹开卡机与移动PAD,通过"送贷上门、送贷下乡",实现发卡、授信同步进行,让农村客户从"最多跑一次"到"一次都不用跑",让客户"足不出户"就能享受到村镇银行的贷款产品成为可能,进一步提高了该行服务乡村振兴的能力和水平,满足农村地区居民的金融需求。截至2024年3月末,该行涉农贷款户数3 514户,涉农贷款余额6.59亿元,较年初增长6.18%,占各项贷款余额比例为79.41%。

"为农情怀是村镇银行的本色,作为村镇银行要不断地深入了解基层,走访基层的脚步要勤、频率要快,步伐要慢,要把农村这块广阔天地建设好、服务好。"孙禄全向笔者说道。下一步,该行将把"金融强农"作为引领发展的"根"与"魂",将"金融强农"理念传递给每位员工,让千家万户享受到普惠金融的便利。

78.联合你我力量　做当地百姓信任的银行

访安徽霍邱联合村镇银行党支部书记、行长◎钱俊

龚杰　方有成　霍云鹏　邓媛媛

钱俊给人的第一印象，忠厚中透露出一股干练劲儿，配合着坚毅的神采，让人感受到是一位有阅历之人。对霍邱特色产业的介绍，如"霍邱龙虾""霍邱麻黄鸡""霍邱鹅肥肝""临水酒"等。钱俊已达到如数家珍的地步，让记者深感其是一位人缘、地缘熟，有思想、有想法、想做事，爱事业、有情怀的金融人。

霍邱是安徽最大的沿淮行蓄洪区，粮食产量、稻虾综合种养位居安徽第一，是革命老区的人口大县、农业大县、全国粮食生产先进县，如何立足县情，走符合当地实情的金融强农之路，是安徽霍邱联合村镇银行行长钱俊一直在思考的问题。

钱俊告诉记者，自己从部队退伍之后就进入农村信用社工作，从基层员工做起，先后在多个岗位上工作过，进入霍邱联合村镇银行感触颇多，主发起行浙江杭州联合农村商业银行不但带来了先进、务实的理念，创新、奋斗的工作作风，丰富的金融强农经验，而且给霍邱联合村镇银行配备了团结、向上、守原则的班子，能加入此团队，内心无比自豪，激发了自己的工作潜能，也有助于发挥自己所长。针对霍邱实际情况，在工作中我们不求图大、只为实干，不搞"跑马圈地"之事，现有5家网点，1家金融便民服务点，注重稳健发展。始终坚持"做小、做散、做深，实现质量、效益、规模的协同发展"经营理

念，截至2024年3月末，霍邱联合村镇银行存款余额达到11.15亿元，贷款余额10.19亿元，不良贷款率仅为0.5%。

作为农业大县的霍邱，涉农企业和小微企业抵押物少或无抵押物。钱俊告诉记者，为破解抵押贷款的难题，霍邱联合村镇银行首先从农村信用评价体系搭建做起，要求各支行进村入户，派人下到企业、事业单位、学校，用网格化模式全方面征集管辖内村民、单位的信用小数据，建立起霍邱联合村镇银行特色的信用评价体系，结合摸底信用小数据，及时发现村民和单位的资金需求，开展整村授信及行业授信，创新推出行业链式授信，重点在水产养殖业、农机、运输公司等行业，通过行业圈链、上下游、同行业、同市场及地方电商平台、主流商会、专业市场、物流园区等链式关系，依据核心企业或核心关系网，进行链式批量授信，创新不同的金融服务产品，通过产品撬动一个行业，成功后再复制到下一个行业。针对不适合用纯信用贷款的小微企业，为放大金融服务功效，我们结合辖内实际，加大与县担保公司等对接，引入信贷担保机制。截至2024年3月末，发放小微企业贷款6.93亿元，占贷款总额68.03%。

普惠金融的精髓，就是及时提供客户能负担的起、适合的金融服务。钱俊说道："我们在做好风险管控的基础上，突出普惠金融服务的及时性，结合产品及各营业网点的风控能力下放小微企业贷款的审批权限，充分利用信用小数据模型，做实客户基础，推出客户'白名单'机制，对授信客户动态管理，如发现有资金需求，线上快速办结，简化民营和小微企业贷款审批流程，确保用信及时的同时，降低运营管理成本，提升授信覆盖面、用信转化率和服务便利度。针对春耕、夏收农忙季节，农机、农资对接订货会及全县各行业资金需求相对集中、迫切的阶段，我们均主动上门，提供便捷、适用的金融服务。"截至2023年12月底，已对17个村开展链式服务，开展白名单批量授信近2 000人，授信金额约4 000万元，贷款余额约3 200万元。

融入当地，服务身边百姓，公益先行是霍邱联合村镇银行金融服务的一大特色。钱俊说道："好的营销一定离不开优质的服务，让客户在享受服务中润物细无声地接纳你。"霍邱联合村镇银行以物理网点为中心，根据地域经济、风土人情特点，从公益服务入手。推出暖心早餐，给菜市场的商贩们送去一杯粥、一个鸡蛋、一个包子等，温暖早起出摊而饥肠辘辘的客户，并根据季节

78.联合你我力量　做当地百姓信任的银行

变化，及时调整早餐品种，夏送绿豆汤清凉，冬送八宝粥温胃。设立"移动的零钱柜"，主动给商贩们兑换零钱；将金融知识送到村口、社区、超市，在与消费者面对面沟通中，开展防范电信诈骗、防范非法集资、反假币等宣传活动，同时为消费者提供理发、量血压等便民服务。每月固定开展厅堂活动日，用剥毛豆、抓鸡蛋、套圈圈、玩转盘等百姓喜闻乐见的形式丰富周边群众的文化生活。钱俊说：我们做了许多看似和业务无关的事，但我们在家长里短的聊天中，拉近了与客户的距离，让客户更深入了解我们，极大地提升了信任感和品牌形象，巩固了老客户存量，发现并锁定一批优秀客群，拓展了新客户。在当前大行下沉的情况下，跳出金融做业务更具有现实意义和深远意义。

企业要健康发展，必须坚持以市场为导向。钱俊说："霍邱联合村镇银行近几年来坚持客户的需要就是我们工作方向与目标的要求，借助于发起行提供的金融科技优势，让数据多跑路，客户少跑路，从多维度给客户提供服务，走为客户提供便捷、适合、及时的服务之路，加大产品创新，以'联合快贷'为依托，大力推行'随借随还'模式，精准对接客户需求，提供'一揽子'金融服务。"为更好地支持当地乡村振兴，推出符合霍邱当地产业特点的助农贷款、新市民创业贷款、新农村支持贷款等产品，只要"三农"客户有需求，就精准开发相对应的服务产品。截至2024年3月末，该行涉农贷款共计发放9.48亿元，占贷款总额的93.06%。

"火车跑的快，全靠车头带"。作为霍邱联合村镇银行党支部书记钱俊，深知党支部战斗堡垒作用的重要性。钱俊告诉记者，霍邱联合村镇银行党支部坚持党建和业务高质量发展相融合，将服务"三农"成绩作为衡量合格党员的重要标准之一，要求党员带头走村入户，深入社区、村子走访宣传营销，在群众中主动亮明党员身份，要求普通群众做到的，支部成员特别是党支部书记必须做到，通过重温入党誓词来提升党员同志的责任感，牢记初心，推出"党建+经营管控""党建+安全生产"等"党建+"模式，把主题党日、"三会一课"等党建活动搬到田间地头、屋场院坝、红色展馆，用金融强农的行动诠释党建工作。

采访最后，钱俊说，霍邱联合村镇银行在金融强农方面做了一定的工作，得到了政府、监管部门的肯定，先后荣获"支持实体经济发展先进单位""十佳银行""金融产品创新先进单位""全国村镇银行金融产品与服务创新奖"等荣誉。成绩代表是过去，农业强国的宏伟蓝图前景光明，伟大征程召唤我们再出发，金融强农事业不可能一蹴而就，没有捷径可走，道阻且长，行则将至，行而不辍，未来可期，霍邱联合村镇银行会一直走在强农奋进的征途路上。

79.奋力打造金融服务乡村振兴"重要窗口"

访谯城湖商村镇银行党总支书记、行长◎陈忠明

龚杰

谯城区隶属于安徽省亳州市，谯城区古称"谯"，已有3 700多年的历史。日前，笔者前往这座文化古城，专访了谯城湖商村镇银行党总支书记、行长陈忠明，就村镇银行如何为"三农"和小微企业解决融资需求，深入开展清廉文化建设，落实普惠金融，高效助推乡村振兴等话题进行交流。

初次见到笔者，谯城湖商村镇银行行长陈忠明侃侃而谈。他介绍说："谯城湖商村镇银行于2014年11月开业，目前在岗员工258人，营业网点19家，构建了股东大会、董事会、监事会、经营管理层'三会一层'的公司治理架构；公司治理体系健全，成立了党总支，设立了党群工作部、纪检办公室、综合管理部、业务管理部、风险管理部、财务会计部、审计部等部门。2016年度至2022年度连续7年监管评级为二级，还先后被中国银行业协会授予'全国村镇银行综合服务能力'百强单位，中国银行业协会授予总行营业部'三星级'网点称号，任安徽省银行业协会村镇银行管理委员会副主任单位。"

近年来，谯城湖商村镇银行积极对接乡镇政府开展信用村建设活动，各乡镇网点立足所在服务区域进行走访调研工作，开展信息收集建档工作，并开展农户评级授信。该行根据各乡镇实际情况，结合"一片一组一邻"政策，每个自然村均设置了联络员，以便及时满足各村级人员资金需求，更好地为农

户提供资金周转服务。根据党建引领信用村建设，该行创新推出"乡贤信用贷""红领贷""红企贷""乡村振兴贷"等贷款产品，这些产品都具有手续简便、循环发放、随借随还、利率优惠等特点，可实现无抵押、免担保办理；借助市政府开发的亳州市党建引领信用村建设服务平台系统进行产品发布，通过互联网渠道进行宣传，实现以融资产品为切入点，参与社会信用体系建设。为全力推进"整村授信"工作，该行充分发挥乡镇人员优势，开展厅堂营销及拓客活动，将金融知识普及与该行业务宣传相结合。该行还成立了青年志愿者服务队，积极投身社会公益，开展了"金融知识万里行"、金融知识进课堂、进乡村、进社区活动，宣传国家金融政策、普及金融知识，切实履行社会责任。截至2023年12月末，该行通过移动营销平台，建立了145个行政村级别的授信群组开展农户授信工作，共计授信农户13 516户，授信金额18.22亿元。谈到清廉金融文化建设开展情况，陈忠明说道："我行制定了清廉金融文化建设方案，成立了以行长为组长、副行长为副组长、各职能部门负责人为组员的领导工作小组，负责我行清廉金融文化建设活动部署落实、进度督导和成效评估。"

成立纪检监察机构，落实职能责任。为加强清廉金融文化建设活动，谯城湖商村镇银行成立了纪检办公室，完善员工违反廉洁从业规定处理制度，明确清廉金融文化建设职能定位和岗位责任制，聚焦党风廉政建设与反腐败斗争中心工作，形成"遵纪守法、秉公办事、廉洁自律、为民服务"的廉洁从业行为准则。

加强廉洁从业教育，开展清廉金融文化建设月活动。谯城湖商村镇银行创建清廉金融文化建设长廊，悬挂中国共产党廉洁自律准则、打造清廉银行概要、廉洁职业要求展板等，营造了浓厚的清廉金融文化学习氛围；组织党员领导干部、重点部门、重要岗位工作人员观看《反贪风暴》警示教育片，让干部员工受警醒、知敬畏，以强烈的思想震撼和精神洗礼，增强"不敢腐"的自觉；召开全行职工大会，部署推进清廉金融文化建设活动，发挥典型示范引领作用，进一步增强了该行清廉金融文化的感召力和影响力，增加员工纪律意识和规矩意识；开展清廉文化建设暨警示教育专题党课活动，支部书记结合清廉文化理念、典型案例、廉政故事、规章制度等内容为广大党员讲述了《践行廉政准则，坚守四条底线，确保廉洁从业》，进一步增强党员干部的廉洁从业、廉洁自律意识，筑牢拒腐防变的思想道德底线；认真开展新入职人员清廉金融文化建设教育，由该行党总支书记给新员工上第一堂廉洁课，以案说法，阐明反腐倡廉涉及银行机构的各层级、各业务、各环节，加深了新员工对廉洁从业内涵的理解。

对于如何支持地区经济持续恢复和高质量发展情况，陈忠明介绍说："我行始终坚守服务"三农"和小微企业的初心，充分发挥地方'小法人'机构政策灵活的优势，坚持支农支小市场定位，践行普惠金融、服务实体经济建设，深化机制改革，加快业务创新，各项工作持续稳定向好。截至2023年12月末，我行投放各项贷款余额21.91亿元；小额贷款余额19.49亿元；各项贷款户数1.32万户，小额贷款户数1.29万户。"

创新品、强服务，聚焦小微企业"痛点"精准施策。在坚决贯彻落实亳州银保监分局关于小微企业贷款"两增两控"的指导精神上，为做好小微企业减费让利工作。该行积极通过使用央行再贷款资金发放低利率支小贷款、调整贷款产品定价、创新低利率贷款产品、承担抵押登记评估费用、办理小微企业贷款延期还本等方式，提高小微企业融资便利度，降低小微企业负担，截至2023年12月末，小微企业贷款利率为7.94%，较年初已降低0.71个百分点，小微企业贷款利率下降显著。通过各类优惠措施，2023年以来，已为小微企业减费让利金额达到3 360万元。

"力度+温度"，全面发力稳企业保就业。谯城湖商村镇银行坚持以"六稳""六保"为己任，开展金融支持"稳企业、保就业"专项行动，通过调查、分析客户经营状况和还款情况，推出小微企业延期还本付息业务，通过"续贷通"无还本续贷产品，解决企业生产经营正常但临时流动资金紧缺无法按时还本付息的问题，缓解企业经营压力，并要求企业提供稳岗承诺书，确保企业的就业岗位保持稳定，企业做到不随意裁员，不降低员工薪酬福利待遇。截至2023年末，该行累计为450户小微企业办理贷款延期还本1.78亿元，避免企业资金过桥还款，减少企业资金调度的成本费用。

鼓励青年返乡创业，降低创业融资成本。为提升当地外出人才的回乡创业热情，该行积极与人民银行亳州市分行、谯城区财政局、谯城区人社局签订创业担保贷款合作协议，投放创业贷款吸引人才回乡自主创业。客户贷款利率不仅可以按不高于贷款LPR加150个BP执行，而且可以享受利率3%部分的财政贴息，综合融资成本最低可至2.15%，客户融资成本显著降低。2023年发放创业担保贷款共100户，金额1 788万元，累计发放184户金额3 476万元。通过创业担保贷款投放，满足了更多返乡创业客户的融资需求，吸引更多本地外出人员返乡创业，推动了人才的柔性、良性流动。

  作为新型农村金融机构，谯城湖商村镇银行立足县域、扎根农村，始终坚持"想你所想、为你所享"的经营理念，以"党建引领信用村建设"为抓手，坚持"小额、分散、流动"的信贷原则，为"三农"和小微企业解决资金需求；全面持续推进清廉金融文化建设，开展小额农户贷款"整村授信"业务；借助互联网大数据开发"移动营销平台"，推出客户"一次都不跑"、在家办业务的"惠农卡"信贷产品，努力将谯城湖商村镇银行打造成金融服务乡村振兴的"重要窗口"。

80. 打造新时代"小而美"的暖心银行

访蒙城湖商村镇银行党支部书记、行长◎韩丽娜

📷 龚杰 修建

"我行始终牢记支农支小的历史使命,切实下沉服务重心,不断拓宽服务覆盖面,严格执行贷款业务'七不准'、服务收费'四公开'规定,坚持普惠金融观,让利于农户、小微企业。"安徽蒙城湖商村镇银行党支部书记、行长韩丽娜向笔者介绍道。

蒙城湖商村镇银行位于安徽省亳州市蒙城县,经中国银保监会批准,成立于2013年5月,注册资本1亿元,主发起行为浙江南浔农村商业银行。截至2023年末,该行员工153人,中共党员39人,营业网点12家,资产总计12.48亿元,各项贷款余额8.37亿元,其中普惠型涉农贷款余额8.07亿元,占各项贷款余额的96.42%。作为一家新型农村金融机构,该行始终坚持服务"三农"、小微企业,竭诚为当地经济建设发展提供优质金融服务,致力打造经营机制灵活、管理理念先进、市场定位准确、服务优质高效的新时代"小而美"的暖心银行。

"良好的公司治理是企业高质量发展的基石。经过11年的发展,我行法人治理逐步完善,经营活力不断激发。"韩丽娜在谈到党建工作时说:"党的领导与公司治理有机结合。蒙城湖商村镇银行在公司章程中明确党组织在公司治理中的法定地位,通过落实'双向进入、交叉任职'的领导体制和重大经营管理事项党支部前置研究的制度安排,将党的领导融入公司治理各个环节之中,党

组织把方向、管大局、保落实的领导作用进一步加强。以党的政治建设为统领，不断加强支部标准化、规范化建设，全面增强支部的创造力、凝聚力及战斗力，充分发挥党支部的战斗堡垒作用，指导全行业务稳健发展。"

近年来，蒙城湖商村镇银行深耕普惠金融，不断拓宽服务覆盖面，创新推出"农机贷""兴旺·生猪贷""复兴贷"和"创业担保贷款"等信贷产品，并积极探索拓宽涉农贷款抵质押物范围，有效解决服务区域内农户的资金需求。该行推出的"惠农卡"业务，具有小额贷款循环功能，以"惠农卡"为载体提供小额贷款放款、使用、还款等服务功能，客户在手机端即可实现"一次授信、循环使用、随借随还"，并按照"一次核定、随用随贷、余额控制、周转使用、动态调整"模式进行管理，极大方便了客户的资金需求。

在谈到如何做好金融赋能乡村振兴时，韩行长娓娓道来，她介绍说："为深入贯彻落实乡村振兴战略部署，蒙城湖商村镇银行党支部充分发挥农村金融生力军作用，围绕农村生产发展重点领域和薄弱环节，不断创新金融服务、优化工作流程、加强过程管控，积极为农村经济的发展提供良好的金融服务支持，打通金融服务乡村振兴的'最后一公里'，实现面对面交流，'零距离'提供金融产品，全面支持乡村振兴，为'三农'注入发展动力。"

2022年，蒙城县三义镇曹街村的曹先生萌生养殖创业的想法，在家人和妻子的鼓励下，搭建起养殖棚，养殖猪羊，因养殖行情较好，曹先生便计划扩大规模，但扩大规模还有部分资金缺口，因此便抱着试一试的想法联系了蒙城湖商村镇银行村部金融对接员。该行客户经理得知情况后，第一时间前往曹先生的养殖场进行贷前调查，通过了解核实符合贷款条件，该行立即为曹先生发放了10万元信用贷款，支持其扩大养殖规模。

曹先生的养殖场是蒙城湖商村镇银行支持乡镇老百姓实现致富的一个小小缩影。该行始终不忘服务"三农"初心，优先发放涉农贷款，重点加大对畜禽养殖、农产品种植等行业的信贷支持。据介绍，该行2023年累计发放涉农贷款14.26亿元，其中累放新型农业经营主体贷款6 800余万元，累放助粮农贷款8 400余万元。

"根据蒙城县委县政府扶贫工作安排，我行于2016年对接楚村镇赵店、卢楼、卢店3个行政村的扶贫工作，一对一帮扶65户贫困户。按照扶持对象精准、项目安排精准、资金使用精准、措施到户精准、脱贫成效精准，积极履行社会责任。以贫困村、贫困户、贫困人口为扶贫对象，着力改善贫困村和贫困户发展条件，提高扶贫对象的自我发展能力，推动实现脱贫致富。"韩丽娜谈到如何精准扶贫时总结道："对脱贫户进行思想引导，宣传积极向上的生活观念，引导他们养成良好的生活习惯，展现昂扬的精神风貌，克服'等、靠、要'思想，坚定脱贫致富的信心和决心。对照'十看十问'清单，逐户详细了解脱贫户的生产生活情况，对于有困难、有要求的脱贫户及时联系村委共同研究解决方案，2016年以来，该行为对接贫困户送米、油、面条、衣物等慰问物品，同时向对接帮扶村捐款修路，累计捐助10余万元。"

一直以来，蒙城湖商村镇银行秉承"想你所想，为你所享"的经营理念，立足蒙城，服务"三农"、小微企业，打造新时代"小而美"的暖心银行，不断助力蒙城县经济发展。

81.助推普惠金融高质量发展 勇做服务实体经济生力军

访凤台通商村镇银行党支部书记、董事长◎徐虎

龚杰 方有成

2006年12月,《中国银行业监督管理委员会关于调整放宽农村地区银行业金融机构准入政策更好支持社会主义新农村建设的若干意见》的发布,拉开了村镇银行蓬勃发展的序幕。2023年2月13日,《中共中央 国务院关于做好2023年全面推进乡村振兴重点工作的意见》,即2023年中央一号文件发布,其中指出:推动村镇银行结构性重组。伴随着金融强农的东风,在人间最美四月天的花开时节,记者专程踏上江淮大地,专访凤台通商村镇银行党支部书记、董事长徐虎。

初见徐虎,让人眼前一亮,睿智的谈吐,配上一件雪白长袖衬衣,尽显一位年轻的"老金融"风采。在与其对话期间,记者充分感受到徐虎董事长渊博的知识储备和丰富的从业经验,10年前,曾被派往祖国改革开放最前沿的珠海横琴村镇银行任副行长,如今更是意气风发地介绍着凤台县的风俗和文化。"在新发展格局背景下,健全农村金融服务体系,具有十分重要的意义,深化对农村金融工作本质规律的认识,摒弃以规模和速度论英雄的传统思维,适应新形势、落实新要求、展现新担当。"如何把握行业动向,徐虎董事长提出了独到见解。

凤台县,隶属安徽省淮南市,位于淮河中游,淮北平原南缘,北邻亳州

市蒙城县，西北接亳州市利辛县，西连阜阳市颍上县，隔淮河南望淮南市寿县，东连淮南市区。幅员891平方公里，常住人口54万人。这里是中国深井采煤第一大县，煤电是这里的支柱产业，同时还是全国粮食生产先进县、全国水利先进县、花鼓灯之乡、歌舞之乡，被誉为"淮上明珠""皖北江南"。

2010年12月，凤台通商村镇银行在江淮大地破土生根，成为皖北地区第一家村镇银行。据了解，凤台通商村镇银行是由淮南通商农商银行主发起、经原中国银行保险监督管理委员会批准设立的具有独立法人资格的新型农村金融机构，是一家服务于"三农"、小微企业和地方经济的股份制银行，坚持为县域客户提供方便、快捷的金融服务。截至2023年末，该行各项存款余额18.50亿元，各项贷款余额14.66亿元。

以党建引领把准发展航向

"建行以来，凤台通商村镇银行将党建工作融入企业经营管理，着力发挥基层党组织的战斗堡垒作用，强化党员先锋模范作用，聚焦为民办实事，积极践行普惠金融使命，以高质量党建引领村镇银行高质量发展。"徐虎董事长向记者介绍道，凤台通商村镇银行聚焦"一个支部一座堡垒"，辖内以3个营业网点、普惠金融部及乡村振兴特色部门为主力，充分发扬战斗堡垒作用，全心全力践行普惠金融服务理念。

凤台通商村镇银行始终坚持以党建为统领，把学习宣传贯彻党的二十大精神作为当前最重要的政治任务。以党的二十大精神为引领，一方面引导全体党员、员工优化工作作风，深入基层，扎根基层，服务基层；另一方面，引导一线员工积极做好支持实体经济与助企纾困工作，主动走访客户，竭力满足农户、商户及小微企业各项金融需求，积极推动党建与普惠业务的深度融合。

工作中，凤台通商村镇银行强化履职，规范创新，组织员工积极开展文明服务、廉政主题教育、案件警示教育等培训活动，推进优质服务工作，不断强化职工服务意识、完善服务细节、优化服务流程，提高服务效率，将文明服务贯穿各项业务流程；坚持作风建设常态化、长效化，优化网点服务环境、规范员工服务行为，依照《安徽凤台通商村镇银行员工服务礼仪规范》，用优质高效的服务推进各项业务的发展；坚持纠"四风"、树新风并举，以学习宣传贯彻党的二十大精神为契机，教育引导广大党员、员工牢记"三个务必"，践行"三严三实"，弘扬党的光荣传统和优良作风。

凤台通商村镇银行以"行为有规、授权有度、监测有窗、检查有力、控制有效"的内部控制为总体目标，狠抓内控合规管理，持续推进和全面优化风险管理体系，组织完善内部控制管理架构，充分发挥"三道防线"的风控作用，将服务实体经济高质量发展与合规建设紧密结合。

徐虎谈到，自2023年中央提出"推动村镇银行结构性重组"政策以来，安徽省委立即以文件明确要求，作为省内数十家农商银行体系村镇银行主发起行的农商银行，必须切实担起职责和使命来，具体在村镇银行的人才培养、科技加持、现金流动和风险管控等方面尽职尽责。这无疑为村镇银行基层主管人员，增添了信心。

⊢以金融"活水"，滴灌实体经济

中央经济和金融工作会议明确指出，金融服务业必须要"脱虚向实"，真真切切支持实体经济主体，自己所在银行此前也一直坚持如此底线。徐虎紧接着坦言。2022年末，凤台通商村镇银行积极协助企业通过安徽省政府采购网"徽采云"平台，利用政府采购中标合同申请贷款，仅两小时，便放款成功。这一举措实现了凤台县线上"政采贷"业务零的突破，这也是凤台通商村镇银行积极践行金融使命，提升普惠金融服务质效的一个缩影。"通过'政采贷'项目，积极探索中小微企业金融服务质量的新路径，为提高中小微企业融资便利性提供了条件，这有利于凤台通商村镇银行更好地服务于实体经济，为实体经济注入金融'活水'，持续提升金融服务质效，为地方经济社会高质量发展贡献村镇银行力量。"徐虎董事长告诉笔者。

凤台通商村镇银行切实担起服务实体经济职责，助力小微企业创业创新和发展，收到显著成效，受到当地政府及主管部门的高度认可。

⊢以实际行动，助力乡村振兴

中央农村工作会议强调，全面推进乡村振兴是新时代建设农业强国的重要任务，人力投入、物力配置、财力保障都要转移到乡村振兴上来。这为当前和今后一个时期村镇银行发展指明了方向。凤台通商村镇银行坚决贯彻落实会议要求，以实际行动助力乡村振兴。

为健全金融支持乡村振兴战略实施机制，提升金融服务全面推进乡村振兴工作质效，凤台通商村镇银行乡村振兴部于2022年1月正式挂牌成立。乡村振兴部的成立，是该行深入贯彻落实党中央实施乡村振兴战略部署，努力践行村镇银行普惠金融使命的表现。徐虎董事长在谈到乡村振兴工作时说："本着做'小'、做'散'、做'精'的原则，我们积极探索乡村振兴发展新路子，建立专业化团队，制定科学的信贷投放计划，构建全方位乡村振兴金融服务体系，全力贯彻落实乡村振兴发展战略。"

与此同时，凤台通商村镇银行主动积极探索建立新型银担合作机制，与凤台县华诚融资担保有限公司签订《乡村振兴担保贷批量业务合作协议》，此项举措充分发挥了银行体系优势，切实缓解了县域"三农"融资难、融资贵等问题。该业务由凤台通商村镇银行与担保公司共同打造，为支持县域家庭农场、种植养殖大户、农民专业合作社等新型经营主体的发展，以党建引领为抓手，全力保障农林牧渔业生产资金充足，助力凤台县乡村振兴事业发展。徐虎董事长表示，凤台通商村镇银行也将持续整合资源，加大创新，充分发挥综合金融服务优势，进一步强化"银担企"合作范围和深度，以更加优质、高效、便捷的金融服务，为民营、小微企业发展注入信心和活力。

金融服务乡村振兴工作抓得如何，核心在于人才队伍建设。近年来，在全面实施乡村振兴战略背景下，凤台通商村镇银行响应国家号召，积极融入支持乡村振兴战略实施的各项工作中去，优化人力资源配置，加大乡村振兴项目投入力度，用实际行动铺就乡村振兴"幸福路"。2023年以来，该行在其乡村振兴特色支行试点实行客户经理孵化培训模式，各支行抽调两名客户经理跟班学习；通过"孵化器"模式，强化客户经理队伍建设，进一步提升客户经理队伍营销能力，为乡村振兴赋能。

访谈最后，徐虎董事长表示，面对国家和地方大银行下沉竞争的强力挤压，凤台通商村镇银行必须坚守初心和使命，坚持"小而美""小而优"银行的市场定位，不与大银行打"阵地战"，而是采访灵活机动的山地"游击战"方式和方法，采取错位比拼、比腿勤、比嘴勤、比服务等自身绝技，实现自己的目标，完成自己的任务。

凤台通商村镇银行将继续坚持以服务地方经济为己任，坚持"服务'三农'不动摇、支持小微企业不松劲、乡村振兴不掉队"，积极推动乡村振兴战略实施、全力支持地方经济高质量发展。

82. 扬帆启航　谱写地方金融新篇章

访安徽涡阳湖商村镇银行党支部书记、行长 ◎ 吴海平

龚杰　戴进

涡阳县地处于长江三角洲地区，安徽省北部，涡河中游，总面积2 110平方千米，常住人口110余万人，是一座圣贤先哲人才辈出，历史悠久文脉昌盛的文化名城，有着厚重的历史文化底蕴；也是伟大的思想家、哲学家、道家学派创始人老子的诞生地，素有"老子故里·天下道源"的美誉。成立于此的涡阳湖商村镇银行，以"智寻合道，励寻先行，创寻致远"为文化主题，面向小微，服务地方经济。日前，在接受笔者专访时，涡阳湖商村镇银行党支部书记、行长吴海平首先描述了所在城市概况。

吴海平接着向笔者介绍道："近年来，随着我国经济的快速发展和金融体系的不断完善，作为服务于县域经济、农村和小微企业的新型农村金融机构，村镇银行承担着愈发重要的历史使命。在众多村镇银行中，由南浔银行发起的湖商村镇银行在短短的10多年间，已经遍布全国14个市县，全系统职工达1 900余人，总存款余额212亿元，总贷款规模164亿元，成为全国村镇银行队伍中一个快速发展的'金融新秀'。自2014年3月成立以来，涡阳湖商村镇银行秉承为'三农'服务的使命，坚持'想你所想，为你所享'的经营理念，怀揣成为'一流的社区性精品银行'的美好愿景，以务实高效的工作作风和创新发展的策略，不断提升自身实力，为乡村振兴、共同富裕贡献'湖商力

量'。目前，我行下辖11家支行，服务半径已覆盖涡阳全域，客户群体达30万余人。"

创新营销模式，提升服务体验

吴海平向记者介绍，涡阳湖商村镇银行经历了从无到有、从不被信任到快速发展的过程，探索出了一条符合自身特色的业务之路。

一是大力推行整村授信，让业务办理"最多跑一次"，主要是以零售业务批量化为导向，对县域内各村庄的村民进行整体评估，批量授信。该行客户经理直接把办公地点移至辖内各村，利用晚上或双休日休息时间，通过移动PAD终端，逐村逐户与农村客户开展普惠签约，快速摸清村镇居民资金需求情况。

二是创新业务品种，大力开展"惠农贷"业务。"惠农贷"业务是指向符合条件的村内农户、商户等提供用于生产经营的个人信贷产品服务，以"惠农卡"为载体，通过网点或手机银行为持卡人提供小额贷款放款、使用、还款等服务功能，实现"一次授信、随借随还"，信用类额度最高10万元，担保类额度最高可达30万元。截至2023年末，该行共计办理"惠农卡"4 286户、授信金额5.67亿元，用信金额达3.78亿元。

三是提供多样化担保种方式，针对当地家庭农场，农民合作社普遍存在缺少房产抵押和土地抵押等相关抵押物的情况，该行在贷款担保方式中，采用家庭农场担保或者其他农户担保等方式，解决他们缺少抵押物的难题，赢得了广大客户的信赖和支持。

强化风险管理，保障资金安全

作为金融机构，风险管理是发展的重中之重。涡阳湖商村镇银行高度重视风险管理工作。在风险管控方面，该行建立了完善的风险管控体系，包括信用风险管理、市场风险管理、流动性风险管理等各个方面，并制定了相应的风险管理政策和操作规程，全面加强资金安全管理，通过严格的业务审核和风险评估，能有效预防和控制各类风险，确保资金的安全性和稳定性。

同时，涡阳湖商村镇银行还注重员工风险防控教育培训，增强员工的风险意识和自律能力。并且，该行积极引进先进的金融科技手段，不断提升服务

82.扬帆启航 谱写地方金融新篇章

水平和效率,加强内部控制,为客户提供更便捷、更安全的金融服务。

├加强"党建+业务",提升核心竞争力

"'初心向党、使命为农',这是涡阳湖商村镇银行必须长期坚持的基本方针。注重党建工作的组织领导,坚持把中国共产党的领导作为银行的根本政治原则,始终将党的路线方针政策贯彻到全行各项工作中,这是银行可持续发展的重要保障。"吴海平向笔者阐释了党建与银行业务之间的关系。

在推行"初心向党、使命为农"的方法中,涡阳湖商村镇银行充分发挥党员在业务中的示范引领作用,带动全行员工向党组织靠拢,涡阳村镇银行始终坚持"姓党"的政治属性和"姓农"的生命属性,成为党和政府联系广大"三农"的金融纽带。

同时,涡阳湖商村镇银行注重培养党员干部,通过定期组织党员学习、培训,提高党员干部的思想认识和业务能力。该行还开展丰富多彩的党建活动,如志愿者服务、结对帮扶捐资助学等,引导党员干部发挥先锋模范作用,履行社会责任,为营造良好的企业文化氛围做出了积极贡献。

采访临近尾声,吴海平坦言:"作为一名村镇银行人,虽有压力,但更多的是责任和挑战,我将会掌好涡阳湖商村镇银行的'舵头',始终秉承为'三农'服务的使命责任;牢固树立'想你所想,为你所享'的经营理念;致力成为'一流的社区性精品银行'的美好愿景,再启新征途,源源不竭地为涡阳经济高质量发展引入源头'活水',凝聚起金融服务实体经济的磅礴力量,与时俱进,谱写地方金融事业的新篇章。"

离开涡阳后,笔者仍在回忆吴海平行长的话,湖商村镇银行的快速发展离不开每位员工的辛勤耕耘,正是这些普通员工们不辞辛苦创造出了涡阳湖商村镇银行的骄人成绩。成立以来,该行先后获得"市直机关工委特色党支部""亳州市银行业文明窗口"、涡阳县连续两届"文明单位"等荣誉称号。

83. 拾级而上　行稳致远

访安徽濉溪湖商村镇银行党支部书记、行长 ◎ 吴云翔

📷 龚杰　董莹莹

"橘生淮南则为橘，生于淮北则为枳"，《晏子春秋》中的这句话，就是淮河发挥地理分界线作用的生动写照。走进淮河左岸，作为南北特征兼收并蓄的濉溪小城，是有着光荣红色历史的革命老区，也是有着悠久人文历史的地方，素有"酒乡煤城""嵇康故里""中原粮仓"的美誉。日前，安徽濉溪湖商村镇银行党支部书记、行长吴云翔自豪地向笔者讲道。

2014年3月，由浙江南浔农商银行主发起设立的淮北地区第一家村镇银行——濉溪湖商村镇银行，应运而生。自立行以来，濉溪湖商村镇银行始终坚持立足县域，支农支小的市场定位，发挥村镇银行在服务"三农"、小微方面的独特优势，坚持"做稳、做实、做精、做专、做美"十字工作方针，积极创新服务模式，在实现自身高质量发展的同时，为地方经济高质量发展注入鲜活的金融力量。

目前，濉溪湖商村镇银行下辖10个营业网点，内设7个职能部室，员工134人，业务覆盖全县11个乡镇和两个经济开发区。截至2023年末，该行资产总额9.55亿元，各项存款余额7.02亿元，各项贷款余额7.91亿元，涉农贷款余额7.81亿元，占各项贷款余额的98.76%，支农、支小特色显著。该行先后荣获"淮北市银行业优秀营业网点""金融机构支持经济发展特别贡献奖""市

直机关标准化建设特色党支部""存款保险宣传工作一等奖""安徽省青年文明号"等称号。

2024年，是濉溪湖商村镇银行第10个完整的经营年度，也是深入推进业务结构调整及内部管理改革的攻坚期、关键年。10年来，作为一家服务本土的村镇银行，在地方政府的关心支持下、在上级监管部门的关心支持下、在主发起行的正确领导下，该行加速调整业务结构，夯实风险管理基础，不断规范内部管理，强化党建引领，完善公司治理、深耕当地市场，持续推进改革转型，在激活农村金融市场、推动普惠金融和支持农村社会经济发展等方面发挥了积极作用。

多管齐下助"三农"，多维联动促振兴

"村镇银行因农而生，伴农而兴，是金融支农支小的生力军，是党联系广大农民的金融纽带，作为'草根银行'，就应该扎根农村沃土，坚持'姓农'本色"。濉溪湖商村镇银行党支部书记、行长吴云翔向笔者表示。

2021年，濉溪湖商村镇银行制定了"十四五"发展规划（2021—2025年），把致力打造"小美精稳"的区域性"精品银行"作为发展目标，即打造"小而美"的"普惠型银行"、打造"小而精"的"精品型银行"、打造"小而稳"的"稳健型银行"。为打好"增户扩面"的"基础桩"，该行建立农户信用档案，由"坐商"变"行商"，主动开拓市场、多措并举深耕整村授信，坚持把服务"三农"作为主阵地，将普惠金融政策带到千家万户、田间地头。为让客户"少跑腿"，全行业务人员积极开展"上门办贷"，发扬"白加黑""晴加雨""五加二"，把"早上一头雾水、中午一头汗水、晚上一脚泥水"的"三水精神"落到工作实处。10年来，该行用脚步丈量上百个行政村，共建立农户、小微企业信用档案近1.5万户。

濉溪县五沟镇老谢是当地的"葡萄大王"，在探索葡萄种植的起步阶段，由于在大棚建设及购买葡萄苗木上花费较多，致使经营出现困难，濉溪湖商村镇银行驻村客户经理在村户走访中了解情况后，立即为其成功办理了25万元的贷款，同时给予优惠利率政策。如今，在该行金融"活水"的灌溉下，老谢不仅壮大了葡萄种植产业，而且还发展了特色养殖业，日子越过越红火。

欲问秋果何所累，自有春风雨潇潇。濉溪湖商村镇银行员工们行走在田间地头的足迹和一声声嘘寒问暖的问候，拉近了与老百姓的距离，增进了与广大百姓的感情，真正让老百姓感受到来自濉溪湖商村镇银行人所肩负的责任与付出努力。

产品创新更适配，精准投放强有力

"乡村振兴的落脚点是带动农民致富，把小农户纳入现代化农业的轨道中。不与'大银行'比规模，只向'大银行'学经验，培育'后发优势'，一心一意干好自己的事。充分发挥'前沿阵地优势'，浑身上下沾满'泥土气'。"濉溪湖商村镇银行党支部书记、行长吴云翔向笔者表示。

"发展中，我们认识到只有不断深化'小额、分散、流动'，才是村行的生存之道。"濉溪湖商村镇银行党支部书记、行长吴云翔坚定地说道。濉溪湖商村镇银行精准把脉市场，努力打造"一村一品牌""一乡一特色"，凝聚农村产业力量，先后推出"粮食收购贷""秸秆贷""家庭农场贷""创业接力贷"等具有农业特色的金融信贷产品，努力从服务客户资金需求向提供客户全生命周期服务转化，探索出"金融+合作社+农户"的供应链金融服务模式，实现"产供销"一体化的闭环供应链发展。该行创新推出"惠农贷"，直面农户轻资产、资金需求"短、频、急"的特点，线上操作线下审批，提升服务效率。近两年，该行还重点整合了以"新市民惠装贷""按揭余值贷"为主的系列产品，对各产业链上的用户进行精准对接，全面促进当地发展。

2023年，铁佛镇村民赵先生承包了村里的土地种植农作物，但是家里劳动力少，忙季也不方便寻找人工进行收割。眼看着收获的季节就要到了，赵先生想买台自动收割机，可是由于手头资金不足，民间融资又太贵，让赵先生犯了难。恰逢濉溪湖商村镇银行客户经理小王下乡走访期间了解到赵先生的情况，立刻向其推荐了"农机购置贷"这一贷款产品。从申请到审批，仅两天时间就将70万元贷款发放到赵先生的银行账户上。"濉溪湖商村镇银行为我提供的70万元贷款，实实在在地解决了我的大难题。"铁佛镇秸秆收购农户赵先生高兴地向该行客户经理小王说道。近年来，在濉溪湖商村镇银行的支持下，越来越多的壮年劳动力选择留在家乡自主创业，通过种植、养殖、加工小作坊等走出了一条致富路。

夯实党建谋发展，扎根县域做贡献

为助力巩固拓展脱贫攻坚成果同乡村振兴有效衔接，濉溪湖商村镇银行成立"乡村振兴服务队"，下沉至辖内各行政村开展走访调研，严格落实"一线工作法"，与村支"两委"建立互评机制，充分了解当地情况及需求，全面掌握每家每户人员结构、资产负债情况、收入来源和金融需求，做到"情况明、底子清"，为有针对性地开展金融服务提供第一手资料，更好、更快对客户进行分类、建档客户信息，着力打通农村金融"最后一公里"。

同时，濉溪湖商村镇银行坚持"以客户为中心"，开设"党员示范岗"，由党员干部带头，开设老年人、特殊群体服务窗口，将"爱心、用心、耐心"服务做到实处，全面提升金融体验感。此外，该行积极投身社会公益，从抢险救灾，到捐资助学、助企纾困，充分发挥"党建+社会责任"实效，与当地社区、单位联合开展"送'福'到家""健康义诊""金融知识万里行"等活动近万场，以真情回馈社会，强化责任担当，切实为群众办好事、办实事。

"主动出击，团结一切可以团结的力量，不仅为乡村振兴注入了强大动力，而且还打开了濉溪湖商村镇银行发展的新天地。这是在主发起行引领以及监管部门悉心指导下，全行员工奋发努力取得的。但我们绝不能够满足于现状，农业农村农民中有广阔天地、广大市场，我行将积极投身于支持县域经济和乡村振兴战略的实施中，体现更大担当，做出更大作为，用最真挚的行动和情感为地方发展散发自己的光和热。"濉溪湖商村镇银行党支部书记、行长吴云翔向笔者说道。

积力所举无不胜，众智所为无不成。在主发起行的战略引领下，濉溪湖商村镇银行将始终秉承服务"三农"的初心和使命，坚持"做小做散"，昂扬奋进，用奋斗续写"春天的故事"，用实干创造"发展的奇迹"，真正成为巩固脱贫成果、服务乡村振兴、擘画共同富裕的普惠金融排头兵。

84. 金融画笔勾勒美丽乡村 "三农"普惠唱响村银舞台

访安徽宣州湖商村镇银行党支部书记、行长◎沈明明

龚杰　霍云鹏　毛以文

"追赶江浙　争先江淮"是安徽省宣州区发展的目标，也是宣州湖商村镇银行的发展目标。只有将单位的发展目标融入国家发展战略，融入地方经济发展的规划，单位的事业才能取得高质量的发展。宣州湖商村镇银行始终坚持"服务'三农'、立足小微"的市场定位，倾力打造"小而美，优而精"的服务地方百姓的小额零售银行。宣州湖商村镇银行党支部书记、行长沈明明阐述宣州湖商村镇银行战略定位时，思路非常清晰。

沈明明行长告诉记者，宣州有"千年府郡，诗画江南"之称，毗邻苏浙沪，"襟江带湖，通商惠农"。主发起浙江南浔农村商业银行从战略发展的角度，在此设立安徽宣州湖商村镇银行，落实主发起行的战略意图，更好地促进当地经济发展，我们针对宣州区辖内情况，进行了科学布局，下设1家营业部、10家支行、1家分理处、1家金融服务点、1个自助银亭。为提升金融队伍的服务能力，我们从员工素养入手，组建了132人，本科学历及以上人员占比91.67%，面向县域农户、社区居民、和小微企业客户群体的高质量金融服务队伍。截至2024年3月末，安徽宣州湖商村镇银行存贷款总规模已突破43亿元，其中各项存款28.02亿元，各项存款15.27亿元，普惠型小微企业贷款占比

88.56%，户均贷款25.11万元，做小额、分散普惠成效显著，高质量发展步履铿锵。

⊢ 聚焦主责主业，积蓄"三农"发展动能

"新时代、新挑战、新机遇，前景波澜壮阔，初心坚如磐石，宣州湖商人永葆三农小微服务的'原汁原味'，在小小的蓝图里绘写缤纷未来"。沈明明向记者说："村镇银行的根在农村，服务乡村振兴是我们的主责主业，金融强农是我们的初心，用脚去丈量，走实金融服务'三农'的每一步是我们的工作作风"。银行派驻金融助理36人覆盖71个村（社区），以"农村信用体系建设"为中心，遵循"党建引领常态化""线上线下一体化"两项指引，构建"行长进企业""诚信信用圈""小微绿通道"三大机制，优化资源配置，推进整村授信、整组授信、整企授信，共创建1个信用示范村、2个信用乡镇、1个信用办事处、35个信用村、57个信用创建村，弥补金融空白，有效地解决了宣州区农村金融急难愁盼问题，三信创建及成果应用工作展现实效。

"芒种时节谷飘香，颗粒归仓丰收忙。"建国村、合义村是典型农业大村，主要从事水稻、小麦种植，每年农忙时许多农户面临资金短缺问题。宣州湖商村镇银行金融服务小分队开展入村驻点服务，以"惠农卡"移动办贷为抓手，逐户建档立卡，采集农户信用信息，做到客户信息清，用款底数清、用途清，对符合条件的农户进行统一授信，为广大的农户备上了农忙时的急用钱包，舒女士因为购买谷物种子急需2万元，李先生因为小麦大面积收割急需10万元，通过线上操作，将授信转为用信，资金当天就送到农户手中，解决了他们的燃眉之急。贴心高效的服务赢得了百姓们的认可和支持，两村45户农户成功用信，共计发放信用贷款600余万元。

⊢ 提升整体质量，写好风险防控答卷

安全是高质量发展基础，当前村行面临的风险既是贷款风险，又是安全保卫、员工道德等内部风险，同时舆情风险也是经营管理的重要关口。在沈明明行长的表述中，记者感受到了他的风险意识和严谨工作作风，"严监管"已成为行业发展的主基调，必须要坚持合规经营、合法经营，严格规范从业行

为。风险防控是一门技术活也是耐力活，要正确处理好"量""质"与"长期利益""短期利益"的关系。村行的发展需要我们有战略眼光，短期的"利己主义"或许能够拥有短暂的辉煌，但唯有懂经营、讲担当、善管理，才能实现存贷款均衡发展，才能走得长远。

风险管理也需要进行战略布局，也是需要沉淀，要有对人民、对国家、对事业负责的情怀与担当，要从把控当下，筑牢基础的角度构筑战略格局，精细化管理战术，始终站在有利于村镇银行长远发展的高度上进行谋划与决策。沈明明行长告诉记者，前移风险关口是基础。强化贷款三查特别是贷前调查工作，做真做实评估、尽调、抵押担保等基本环节，30万元以上贷款由总行风险管理部参与调查，100万元以上贷款由经营班子逐户走访，从源头上控制信用风险。对重点风险领域、员工异常行为加大排查管控力度，通过员工自查、账户排查、网络通查、客户回查等方式管控内部风险。记者非常认同沈明明行长发展与安全两者关系的论述："我们深刻体会到，安全是发展的前提，发展是安全的保障，必须把好权和责、快和稳的关系，网点消防、资产质量、现金重控是重中之重，一稳皆稳，一失皆失，守牢风险和安全底线才能牢牢把握工作主动权"。

深化党建引领，彰显普惠金融特色

把党建融入经营管理全过程，将党建工作与业务工作一起部署、一起检查、一起考核、一起总结。沈明明行长告诉记者，在宣州湖商村镇银行，党建与业务发展深度融是高质量发展行之有效的重要手段，坚持党管金融、党管机制、党管干部的原则，加强"党建+金融"的顶层设计，创新地推出党建与业务融合前置研究工作法，并督导落实，将优化服务与创建党建品牌相结合；以党员结对的方式，带动层级传导，把员工"派出去"、让服务"送出去"，充分发挥党员模范作用，打造显实效的"服务'三农'小微"党建品牌。强化阵地服务，扎实开展主题教育，坚持不懈用习近平新时代中国特色社会主义思想凝心铸魂，拥护"两个确立"，做到"两个维护"，党员干部带头，在全行调动调研学习氛围，带着问题、带着百姓的需求进行调研，把调研成果转化为推动全行高质量发展的实际行动和积极成效，打造做实事的"家门口银行"服务品牌。

沈明明行长说："'党建+普惠'金融服务点是宣州湖商村镇银行党建工作的创新亮点，我们组织客户经理每周两天上午驻村工作，以普惠金融为切入点，通过党建活动、村委会议、公益宣传、走访调研等方式开展多频次、深入式对接，了解村民金融需求，打造多元化服务窗口，老百姓在村委即可享受借记卡开立、农户贷款辅助等综合性多功能服务，切实推进村镇银行与地方村委联点共建，实现金融对点'村村通'"。丁店村党建引领服务站是宣州区首家党建引领信用村金融服务站，目前已实现集客户咨询、便民服务、非现金业务办理一体功能。

路遥而不坠其志，行远而不改初衷。站在历史交汇点上，宣州湖商村镇银行将在主发起行党委的坚强领导下，乘风破浪，扬帆启航再出发。以更加昂扬的斗志，更加饱满的热情，更加坚定的决心，更加务实的作风，全力谱写村镇银行高质量发展新篇章。

85. 交一份合格的"民生答卷"

访安徽天长民生村镇银行党总支书记、行长 ◎ 朱有辉

📷 龚杰　吴叶琪　朱荣红

坚持"支农支小",以"为农、支农、富农"为责任担当。朱有辉行长的开场白,直接点明了天长民生村镇银行的定位。天长市南临长江,北枕淮河,区位优势较好,是长江三角洲经济区重要的配套加工业生产基地,作为国家首批商品粮、油基地县(市)和"全国百强县",如何服务好天长经济发展,推进乡村振兴,多年来,我们始终保持开拓、创新、进取的精神状态,在设立支行的基础上,通过创建农村综合金融服务工作站,将服务"三农"工作下沉、再下沉,触角进村、进户、到田,累计发放涉农贷款超60亿元,涉农贷款余额近7亿元,天长民生村镇银行已成为当地服务"三农"重要的金融力量。

├ "双基共建",党建领航

金融必须将其政治性、人民性、专业性"三性"融合。朱有辉行长说,天长民生村镇银行始终坚持"政治上姓党,业务上姓农",在金融服务中不断强化党的领导,积极推动党建工作与业务发展深度融合,推进党建工作向村镇银行外部延伸、拓展,主动和村党支部开展党建共建,先后与全市26个自然村(社区)签署"村银共建"协议,将融资与融智相结合,在共建的26个村设立农村综合金融服务工作站,全面开展信用数据的采集、评级授信工作,大

力推进线上金融服务，实现了系统自动评分、分级和预授信，提升服务普惠化、便利化，扩大金融惠农的广度与深度。我们通过推进整村授信，树信用户等形式，充分发挥金融杠杆的作用，引导乡风文明建设，增强农民信用意识，改善农村的金融生态环境，目前整村授信资金超1.2亿元，授信户数超1 600户，有效提高了金融服务覆盖率和可得性。

在党建共建过程中，我们派驻党员员工积极参与"村两委"的工作，在交流党建经验的同时，主动为村里经济发展提供信息支持，为村里的产业发展提供金融融资咨询服务，向村民普及金融知识，使金融服务工作站成为宣传站、产业发展播种站。朱有辉行长说天长民生村镇银行做到下接"地气"、上接"天线"、中间不"掉档"。坚持用习近平新时代中国特色社会主义思想领引党建工作，拥护"两个确立"，做到"两个维护"。建立与政府相关部门及中国人民银行、地方金融监督管理局等单位的常态化工作联络机制，定期交流，互通信息，互派行业专家和业务骨干开展党建与业务交流，在市委、市政府的领导下，围绕地方经济发展战略开展金融服务。

⊢不断创新，深化普惠理念

农村可供信用评级的大数据少，为破解信用评级数据缺少难题。朱有辉行长说："天长民生村镇银行创新性地推出了'三信'循环信用评价体系，将农户的基础信息、家庭财务状况、乡风文明评价数据列为信用评级要素，发挥基层党组织的作用，进村入户，通过摸清人品、资金用途、经营能力，用小数据打通'信息、信用、信贷'体系，推出一批'信用村''信用户'，将小数据提升为可靠的信用大数据，形成信息与信贷互为促进的要素。为金融助力乡村振兴，天长民生村镇银行建立'五个一'工作机制。一个'共建目标'，即围绕村集体增收、农户金融服务获得率、乡风文明建设等制订具体的工作目标和举措；一套'金融服务方案'，即根据'一村一品'的建设目标，有针对性的制订金融服务方案，开发个性化金融产品，开展有针对性的服务活动；一个'金融服务工作站'，在每一个共建村挂牌设立村级金融服务工作站，固定的地点、固定的时间、固定的团队，将现代金融服务阵地延伸到村级'最后一公里'；一个'金融服务团队'，在每一个共建村配备1~2名固定人员组成现场服务团队,各管理条线人员也分片包干组成服务支撑团队,在村委及各村民组内指定人员组织村级服务保障团队,各自发挥所长,共同为乡村振兴发力;一个'考核激励方案',天长民生村镇银行内部针对共建村各项活动制订详细的目标方案及成效目标,对内实行专向资源配置、专项考核激励,切实发挥团队成员的积极性。"

为更及时、便捷地服务客户,天长民生村镇银对接省、市信息平台、利用省、市政府相关平台数据,借助主发起行民生银行的科技力量,引入先进的管理系统,开通了手机银行、卡片银行等线上服务系统,大力提升移动运营服务体验,客户从达成意向到合同签订以及最后的贷款投放,全程无须客户到天长民生村镇银行网点办理,可全程上门服务,有效破解天长民生村镇银行物理网点缺少的难题,让金融服务专业化,效率化。

记者认为天长民生村镇银行服务"三农"的"五个一"工作机制和金融科技服务体系,不但体现了普惠金融及时性、适用性的精髓,而且定点、固定人员的做法,有助于推进差异化金融服务,践行"人人可贷"的理念,能更好地推进经济发展。推出以人为本的尽责免责、奖优汰劣的考核激励方案,有助于调动员工的工作热情,激发潜能;金融科技的介入,有助于降低成本,提升服务效能,让更多的人享受到普惠金融的红利。

创新在天长民生村镇银行是永恒的主题,从朱有辉行长的介绍中,记者了解到全国第一笔"两权"抵押贷款(即农村土地承包经营权和农村集体资产股权)发放在天长民生村镇银行,滁州市的第一笔农村宅基地抵押贷款发放也在天长民生村镇银行,"两权"抵押贷款48户341万元,农村宅基地抵押贷款10户125万元。近几年,天长民生村镇银行与担保机构创新开展银担"见贷即保"合作新模式,加入安徽省党建引领信用村建设信息平台,推出"惠农通·村集体贷",根据全市特色产业分布创立"惠农通"服务品牌,在"信用户贷"的基础上,创新系列特色产品,如"劝耕贷""芡实贷""稻虾贷""水产贷"等一系列助农金融产品。

朱有辉行长说:"农村现状、业态和经济发展特点决定了农村的金融服务需求散、乱、小、个性化强,现有金融服务形态无法盘活农村农户存量资产,要释放农村农户存量资产的能力,只有走创新之路。我们知道创新是有风险的,失败是需要担责的,如果太多地考虑单位和个人得失,金融强农就会成为一句空话。创新不是蛮干,我们每次创新都是建立在充分调研的基础上,在内部形成上下联动,寻找政策和基本信息的支撑点,极大地降低了创新成本,丰富了天长民生村镇银行金融强农业产品,也为同行金融强农提供了一定借鉴经验。"

天长民生村镇银行目前虽小,但高质量发展的基础已筑牢,有了坚实的发展基础,我们坚信,具有难能可贵创新精神的天长民生村镇银行已进入腾飞发展期。

86. 党建引领　做好支农支小时代答卷

访宁国民生村镇银行党总支书记、董事长◎周家凯

徐国维　陈智胜

久闻宁国民生村镇银行支农支小工作做得扎实，成效显著，恰逢近日本报组织"党建引领业务发展，助力乡村振兴"大型主题采访活动，记者一行有机会到该行一探究竟。

2023年8月下旬，皖南一带依然高温不退，骄阳烤得大地热烘烘的，好在记者来到宁国采访时，天上云来雾去，有了下雨迹象。8月26日下午，当记者走进宁国民生村镇银行大楼时就落下了雨点，该行党总支书记、董事长周家凯笑迎调侃："是你们给这里带来了清凉！"

周家凯很健谈，一开口就直奔主题。他说，今年宁国等地连续高温干旱，农业严重受损，涉农小微企业举步维艰。为了保民生，实现对小微及涉农借款主体的精准"滴灌"，他们加强了市场调研，加快了产品、服务和科技创新，推出了更多适合小微、"三农"的信贷产品，不断简化审批流程，提高办贷效率，降低企业融资成本。

周家凯在宁国民生村镇银行一干就是6年，还身兼池州民生村镇银行董事长，每周两地来回跑，工作连轴转。两家村行虽处地域不同，但经营宗旨都是一个——"支农支小，服务'三农'"；金融理念也是一个——"脚踏实地，做小做美"。用他的话说，村镇银行生来就姓"村"，乡村是村镇银行的主要"阵地"，助力产业振兴更是村镇银行的主要任务。在金融支持乡村振兴工作中，

他们始终坚持以党建引领，积极发挥基层党组织的战斗堡垒作用，与行政村党组织"结队共建"，在支持产业发展方面作出了很多有益的探索。

党建引领结对，共建"背包银行"服务乡村

近年来，该行党总支主动与多个行政村党总支对接，积极实施党建引领信用村建设计划，以产业振兴为主题，以结对共建为抓手，开展农户建档、评级、授信工作，并围绕促进农村信用体系建设和支持乡村振兴拓宽共建范围，在信用宣传、政策传导、送金融知识下乡、送文化下乡、主题党日活动、春蕾行动、关怀困难党员和群众等方面深入持续开展共建活动，受到村级党组织的广泛称赞。

该行深入推进党建引领信用村建设，促进乡村振兴，2021年制定了《党建引领信用村建设实施方案》，由行党总支、行政村党总支及当地人民银行共同开展信用示范村、信用农户评定，并实施整村授信。2021年以来，该行已签约、授牌党建引领信用村建设示范村4个，实现整村授信共9 000万元，四个村用信农户已达到320余户金额3 500多万元。

为弥补该行物理网点不足的现状，由党支部牵头规划，该行在村委会设立民生村镇银行驻村"金融服务室"，指派专门客户经理每周不少于两个半天，开展驻点服务，受理农户金融需求。目前，该行已根据村级经济发展和金融需求情况，设立民生金融服务室6个，为农户及其他农业主体提供方便快捷的金融服务。与此同时，他们还积极与村党总支开展村级民生文化广场共建、图书馆建设，通过送文化、送戏曲、送电影下乡等丰富多彩的活动，助力乡村文化振兴，实现乡村振兴工作多形式、全方位推进。

据介绍，该行建立了银行、乡镇、行政村、农户"四极联动"机制，形成了支持产业振兴的一体化运作模式。首先联动乡镇党委政府，争取乡镇领导的支持；走进村"两委"，了解村级产业规划、产业布局，因地制宜确定服务方案，将金融服务方案嵌入村级产业发展规划，实现精准对接；走近农户，大力提倡"背包银行"，客户经理走村串户，深入了解农民所想所盼所愁所愿，打通金融服务乡村"最后一公里"，将适合的产品送到农民手中。为服务好偏远乡村，支部成立"党员突击队"，哪里有困难，党员走在前。

物理网点不足是村镇银行在支持乡村振兴中的劣势所在。如何以少的网点，做出大的服务？他们的做法是聘请村级联络员，架起村镇银行与乡村联通的"桥梁"，聘作村镇银行与农民联姻的"红娘"。目前，该行已发展以村干部为主体的村级联络员68人，并发放联络员聘书。很多联络员已然成为该行派出的"客户经理"，及时传递金融信息，准确对接农村金融需求，为该行做好农村金融服务打下了良好的基础。

推动党建与业务融合，助力农民致富增收

在积极推动党建与业务融合，全方位、多角度探索帮助农民增收致富的新途径、新路子方面，宁国民生村镇银行党总支近年来取得了较好成效。

"我们经常听人说银行'嫌贫爱富'，其实这是一种误解。在服务乡村振兴的道路上，我行始终不忘初心、牢记使命，致力推动农民共同走上致富路。在宁国民生村镇银行，只要想干事、真干事、干实事，不论贫困富裕，我们一视同仁。"周家凯说。

"穷可贷富可贷，不务正业不能贷；老可贷少可贷，不讲信用不能贷。"已成为该行客户经理发放农户贷款的基本原则。

周家凯提到这么一个例子，客户李某某家住该市皖南川藏线景区，随着当地旅游业的迅速发展，想尝试开一家农家乐，但由于家庭困难，借款无门，心愿难了。该行了解情况后，根据此人在当地人品口碑，先后两次对其发放信用贷款共20万元办起了农家乐。农家乐开业后，生意红火，家庭年净收入近40万元，这也成为该行小额贷款支持农民致富，助力乡村振兴的典型案例。

在支持个体发展的同时，该行积极推动产业发展。据了解，宁国素有"中国山核桃之乡"的称号，其中的鸿门村山核桃资源十分丰富，但由于缺乏资金、技术和销路，村民们对山场管理投入少，基本"靠天收"，很多村民放弃了优势资源直接外出务工，大量的山林荒废，农户收入一直处于极低水平。而毗邻的浙江临安、安吉等地山核桃产业发展迅猛，一大批农户通过种植山核桃走上了致富道路。

作为党总支书记，周家凯主动与鸿门村党总支对接，详细了解乡情民意，并与村支部书记一起赴浙江临安等山核桃盛产地，调研产业发展状况。在借鉴

浙江发展模式和经验的基础上，与村委共同制订"一村一品"发展规划。村镇银行与村党总支首批遴选了10户有一定经营基础的种植户和经营户，以信用方式对每户发放10万~30万元的启动资金，办起山核桃家庭农场、加工厂。

针对农户提出的病虫害防治问题，该行主动与市农业农村局对接，请来专家做专题讲座，帮助解决病虫害防治技术难题；针对销售不畅的问题，主动与本市最大电商阿三食品和多家农业产业化龙头企业对接，从线上线下打开销售渠道。

功夫不负有心人。在该行的精心运作下，首批试点农户第一年户均收入就超过15万元。试点的成功，带来了"羊群效应"，越来越多的农户放弃务工回归本村，加入到山核桃种植、收购、加工的产业链中来。

目前，该行已对该村农户授信1 300多万元，参与山核桃的经营户已达到300余户，山场种植面积已超过4万亩，山核桃产量呈逐年快速增长态势，仅山核桃带来的户均净收入超过10万元，小小山核桃成为了该村名副其实的"致富果"。党建引领业务，金融"开花结果"。

截至2023年2月末，宁国民生村镇银行各项存款近11亿元，各项贷款近7.9亿元，服务小微及农户2 850余户。宁国民生村镇银行党总支2021年度、2022年度荣获中国民生银行总行党委、合肥分行党委"先进基层党组织"称号，宁国民生村镇银行连续4年荣获中国民生银行总行"先进村镇银行"。

87. 坚守"金融为民"初心 勇担"强农兴农"使命

访广西上林国民村镇银行党支部书记、董事长◎黄劲松

伍洪 韦燕珍

广西上林国民村镇银行由主发起行鄞州银行于2013年发起设立，坐落于"世界长寿乡""霞客眷恋地"的上林县。目前，该行现设有1家营业部，7家支行，4家自助银行，两家普惠金融服务点，覆盖全县11个乡镇，网点覆盖面达100%。

自成立以来，该行秉承"全心全意服务上林的银行"理念，坚持发起行"天道酬勤"价值观，奉行"勤劳、团队、奉献、自律"的蜜蜂文化精神，坚持服务"三农"、服务小微、服务县域不动摇；坚定支农支小的定位自信、制度自信、企业文化自信，持续创新金融产品和服务，满足"三农"和小微群体差异化的金融需求，全力打造"小而美"的"四好银行"（合规稳健可持续的好银行、客户心智上有定位的伙伴好银行、地方政府有价值的好银行、员工可依赖的共同成长的好银行），坚守"金融为民"初心，勇担"强农兴农"使命。

├ 强化党建引领，发动联动共建

上林县，隶属于广西壮族自治区省会城市南宁市，位于广西壮族自治区中南部，大明山东麓，南宁市东北部。全县户籍人口49.56万人，常住人口

36.26万人,是个景色宜人,山清水秀,物产丰富的县域。

"我行始终把普惠金融重点工作放在乡村,致力于服务'三农'、小微企业,主动下沉村庄,助推农业经济发展",上林国民村镇银行党支部书记、董事长黄劲松向笔者说道。

该行始终坚持党对金融工作的全面领导,充分发挥党组织"把方向、管大局、保落实"的领导作用,充分引导金融行业加大对小微企业、绿色发展等领域的支持力度,推动"党建+金融"业务深度融合。该行高度重视党建共建联建工作,积极与上林县党委、村委、社区搭建联学共建平台,实施党建引领业务发展战略,实施党建引领业务发展。一是通过"党建+公益"模式,助推业务发展。该行积极开展"七一"主题党日学习教育,通过设立便民驿站,开展反洗钱、防诈骗讲座,厅堂沙龙,网点定点金融知识普及等志愿服务,以"党建红"带动"志愿红"。二是党建联建,开展信用村建设。该行积极开展整村授信活动,对横岭村委整村授信6 000万元;全县建设挂牌信用村12个,累计发放信用村农户贷款534笔、金额6 522.83万元。

├ 创新服务,支持特色产业

为扎实做好金融服务实体经济,助力金融服务深耕县域走深走实、见行见效,上林国民村镇银行以调查为基础,先后前往象山工业园区、企业走访调研,深入了解企业生产经营情况和金融需求,打通"银企"合作、互利共赢的"最后一公里"。

依托上林县域独特的地理环境和宜人的气候,"上林大米"被列为"国家地理标志保护产品"之一。为了推动大米产业成为上林县域特色产业之一,建行以来,上林国民村镇银行始终坚持并致力于对大米产业的扶持,将大米产业贷款作为该行的特色产品。目前,全县具有规模的大米产业加工厂有25家,他们均得到了该行的信贷支持,累计发放贷款3 500万元。

├ 做实服务创新,下沉重心

"我行开展了网格管理模式,启动了'网格管理+全员营销下沉工作机制+358工作方式',全行统一划分网格区域至客户经理,分成30个小组,每个小组均由客户经理担任小组组长，柜员、总行员工任组员，各小组明确网格区域，沉下心了解村民、沉下身服务村民，持续把村镇银行的品牌植入上林县，打通乡村金融服务'最后一公里'。"黄劲松向笔者说道。

上林国民村镇银行加强对"三农"和小微企业的金融服务，先后推出了"助农贷""微企贷""甘蔗贷"等信贷产品，并提供精准化服务。2023年，该行根据上林县域产业特色，推出贷款产品"甘蔗贷"，全年共支持甘蔗种植户461户、金额3 331万元。

截至2023年12月末，该行累计投放涉农贷款34.16亿元；累计投放普惠小微企业贷款14.6亿元；累计投放民营企业贷款31.04亿元。

同时，该行积极响应上林县政府号召，大力落实自治区人民政府推出的"桂惠贷"政策。截至2023年12月末，该行发放"桂惠贷"2 073笔、金额5.62亿元，累计降低企业融资成本1 124.5万元，有力地支持了上林县域中小微企业和"三农"发展。

以文化建设凝心聚力，同心同德创佳绩

"我始终坚持企业十年靠制度，企业百年靠文化。"黄劲松向笔者介绍道。在发起行的指导下，上林国民村镇银行高度重视企业文化建设，积极完善制度体系、内控体系、考核体系、培训体系，关注员工成长，加强人文关怀，健全党团、工会组织，增强队伍凝聚力；树立"简单做人，透明做事"的良好风气。近3年来，该行通过"传帮带"输送人才到发起行培训、到"兄弟行"交流学习、跨业务进行培训、跨部门跟班学习，增强员工知识储备，补齐业务短板，着力培养"全能型"人才，全面畅通员工晋升通道。

"初心如磐，使命在肩！我行将坚定不移走中国特色金融发展之路。努力扎根县域，将普惠金融理念植入员工心中，引导员工向上、向善，勇担'强农兴农'使命。"黄劲松向笔者表示。

88. 为有"活水"奔涌来

访丹江口楚农商村镇银行原行长◎刘朝东

张华　张慧

湖北省丹江口市，位于汉江中上游，是亚洲第一大人工淡水湖、国家南水北调中线工程水源地、国家一级水源保护区，被誉为"亚洲天池、中国水都"。多年来，为了"一江清水永续北送"，库区人民作出了巨大牺牲。在这里，有着一支躬耕三农、守护"源头"的金融队伍，丹江口楚农商村镇银行原行长刘朝东就是其中一员。2015年3月，刘朝东带着十堰人行的嘱托，离开条件优渥的人民银行，怀着干事创业的激情，背井离乡从郧西县来到丹江口市，着手筹建丹江口楚农商村镇银行。一切从"零"起步，如今员工队伍15人，从注册资金3 000万元到资本净额4 812万元，各项存款3.44亿元，各项贷款2.25亿元，累计发放贷款8.35亿元，户均贷款21.12万元，累计纳税1 045万元，且信贷资产持续6年保持"零不良"，各项业绩始终在全省同类银行中名列前茅。在目前经济形势下行压力较大和银行业绩普遍下滑、资产质量承压的大背景、大趋势下，他们却如傲雪梅花、迎风绽放。他是怎么做到的？有什么诀窍？

目前，带着对"南水北调源头"的向往和这些疑问，笔者专题采访了刘朝东。

├ 精心谋划，起步必须走稳

万事开头难。丹江口楚农商村镇银行成立之初，面对"私人银行""外地来的小银行"的猜测和质疑，面对人生地不熟的实际情况，该行紧紧依靠当地政府、人民银行和监管部门，刘朝东带领员工制订业务发展规划、市场营销计划，并采取大走访、大调研方式，地毯服务、上门问需，坚持用真情换取信任，用服务赢得支持。他负责走访当地机构和企业，员工负责走访附近居民和商户。为了实现有效走访，刘朝东都会提前做好"功课"，提前做"演练"，通过互联网查询拟走访人的基本信息，以不怕碰壁、一切为了单位发展的热忱去拜访机构及企业负责人。短短1个月的时间里，他就跑坏了一双皮鞋，人瘦了20多斤。

"第一步必须走稳，第一脚必须踢开，如果起步就摔跤，那我们村镇银行在此就无立锥之地、无出头之时"。对如何稳步创业、坚实起步，刘朝东头脑保持着十二分的清醒，为实现从一个管理者到经营管理者的蜕变做好了充分的准备。

为确保走访营销取得显著成果，刘朝东对全体员工进行了业务培训，要求所有营销人员坚决杜绝"走马观花"式走访，走访前要提前酝酿、谋划，认真备课，哪里是重点营销区、可能出现的问题以及解决方案，做到事先有计划、有准备，确保走访一户就能有效获客一户。功夫不负有心人，不断有客户前来丹江口楚农商村镇银行开户，营业大厅前来办业务的人也慢慢多了起来。

├ 坚守定位，变劣势为优势

"村镇银行的机构设置在城区，只有一个单一网点，主要为当地'三农'、小微企业提供金融服务。在规模方面，他是真正意义上的'小银行'，但'麻雀虽小，五脏俱全'。与其他银行相比，无论市场、人才、资源等，都如同在'夹缝中求生存'。但村镇银行又有着信贷措施灵活、决策链条短等特点。这一特点，正是发挥村镇银行'小而分散，短而灵活'的优势，坚守支农支小定位，走错位经营之路，村镇银行才能闯出了一片大市场。"刘朝东如是说。

丹江口楚农商村镇银行始终以践行普惠金融为己任，把握"小"和"农"

88. 为有"活水"奔涌来

的战略方向,只做小,不做大;打造支农支小的"主力军",只做实,不做虚;建设农村金融市场的"主阵地",只做土,不做洋……

为推进金融服务乡村振兴战略,打通普惠金融服务"最后一公里",丹江口楚农商村镇银行以"村银共建+金融村官"的形式,以"整村授信"工作为抓手,通过村组会议,了解当地扶贫村各领域现状和发展规划,为乡村振兴出谋划策,向扶贫村的服装、香菇、艾蒿、乡村旅游等扶贫产业给予了金融支持。截至2021年5月末,该行共向扶贫村发放贷款118笔、金额3 158万元,为丹江口市脱贫"摘帽"做出了积极贡献。

2020年,为支持受新冠疫情影响的小微企业顺利复工复产,丹江口楚农商村镇银行第一时间推出"天使贷""发展贷""亲情贷"等信贷产品,坚决做到"应延尽延",同时简化了信贷资料、缩短了审批流程。据统计,该行当年累计投放贷款462笔、金额1.28亿元,受到地方党委政府和监管部门的肯定和赞誉。

⊢ 牢记担当,守护"一江清水"

为了"一江清水永续北送",2015年,丹江口市作为南水北调水源地取缔了投饵网箱,一场网箱养殖的清理工作在丹江口市轰轰烈烈地展开,渔民纷纷转产上岸,箱拆除、鱼搬家、人改行……将近千户家庭失去收入来源。面对渔民"洗脚"上岸后的生计及再就业难题,该行发挥了自己的能力。"作为地方银行必须要有政治担当,替地方政府分忧!"刘朝东这样说,也是这样做的。

丹江口楚农商村镇银行主动请缨,替政府解忧,为渔民解难,克服网点和人员"双少"困难,利用为渔民代发柴油补贴资金的优势,顺藤摸瓜,积极走访对接上岸渔民,宣传创业贴息政策,当好政策"宣传员"。考虑到渔民普遍文化程度不高,刘朝东号召员工们坚持"白加黑""5+2""雨+晴"的走访模式,协助上岸的渔民办理营业执照、就业失业登记等证件。为从根本上解决渔民转行创业等"生计"问题,丹江口楚农商村镇银行与丹江口市财政局、就业局签订合作协议,为创业者发放"创业贴息贷款",有效解决了创业者的资金需求。据了解,该行通过"创业贴息贷款"支持再就业、再创业,共发放762笔资金,金额达1.06亿元,占该市创业贷款1/3以上,为200余户渔民解决了生计出路问题,让一辈子以渔为业、靠渔养家的渔民终于"上岸",实现了转型转产,迎来了新的生活。

⊢ 差异经营,视"对手"为"盟友"

"我行办过最小的一笔贷款是1万元,这也是其他银行不愿意做才推荐过来的,但是不管是多小的客户、多小的贷款,我们都坚定不移地以最优态度为客户提供优质的服务。村镇银行做不了的大额贷款我们主动推荐给其他行,合作才会共赢,村镇银行的获客渠道才会越来越宽。"刘朝东这样告诉笔者。

几年来,该行利用小法人快捷、灵活的优势下沉村镇、社区、农区、田间地头,与其他银行展开差异化的竞争,在众多银行的夹缝中寻求生存发展机会,努力打造"鲶鱼效应"的升级版。该行利用"福e贷""亲情贷""创业贷""荆楚贷""楚商贷""楚薪贷"等微贷品种发放贷款,并迅速和其他商业银行建立良好的合作关系。他们经常把50万元以上的大额贷款推荐给其他银行,而对因信贷准入"门槛"等其他原因,其他商业银行做不了、不想做或者因审批环节多而导致难做的小额贷款又转而推荐给村镇银行,这种良性互动促进供需信息对称,大大节约了信息沟通、人力资源和资金成本。

"我们确定了'与别的大行比效率、比服务'的错位竞争策略和'相互推介、互惠共赢'的良好合作关系。经过多年的实践,我们在丹江口市支农支小这块阵地上树立了'村镇银行效率高、服务好'的口碑。"刘朝东介绍称。据悉,自成立以来,该行农户、个体工商户和小微企业贷款占比始终保持在97%以上,累计为2 000多名客户提供了优质信贷服务。

"我是个永远不服输的人,遇事也敢打敢拼,是村镇银行给我提供了平台,有了这个平台我才能抓住机遇,挑战自我。"谈及村镇银行发展规划,刘朝东十分动情:"未来,我们将用更加饱满的热情,坚定'小、农、实、特'的市场定位,带领丹江口楚农商村镇银行全体干部职工,全力向'小而优、小而精、小而美、小而强'的精品银行迈进,为把丹江口市建设成为宜居宜业宜旅的生态旅游城市助力加油!"